APA 출판 매뉴얼 7판에 맞춘 개정판

APA 스타일로 질적 연구 논문 작성하기

Reporting Qualitative Research in Psychology

How to Meet APA Style Journal Article Reporting Standards

Revised Edition

Heidi M. Levitt 저
박승민 역

학지사

Reporting Qualitative Research in Psychology:
How to Meet APA Style Journal Article Reporting Standards, Revised Edition
by Heidi M. Levitt

역자 서문

질적 연구방법과의 만남은 상담사로서, 또 상담학자로서 제 인생에 매우 큰 행운이며 감사의 주제입니다. 질적 연구를 통해 만난 한 명 한 명의 참여자들이 살아낸 인생의 소중함과 가치, 그리고 그 속에 숨어 있는 무궁무진하고 보석 같은 교훈과 학술 지식의 원석들을 발견할 수 있었습니다. 그리고 이 발견은 내담자들이 자신의 어려운 인생 주제들과 겨루고 고군분투하며 문제해결 및 성장으로 변화해 가는 상담 과정 속에서의 발견과 매우 흡사하다는 것을 말할 수 있었습니다.

연구자로서 지금까지 나름대로 질적 연구를 수행하고, 방법론을 가르치고 감수 및 논문심사를 하면서 20여 년 이상의 세월을 보냈지만, 질적 연구의 세계는 제게 여전히 매력적이면서도 참으로 어렵습니다. 하지만 질적 연구방법의 바로 이 매력 때문에, 저는 박사학위 논문을 준비하면서 만난 근거이론 접근을 비롯하여, 사회과학 분야에서 활용되는 다양한 질적 연구방법들을 지금까지도 활용하고 있습니다. 각 방법론들이 갖는 그 바탕의 철학과 초점을 잘 이해할수록 연구 질문에 대한 깊이 있는 답을 찾는 묘미와 발견의 기쁨을 누리게 된다는 것을 새삼 깨닫게 됩니다.

많은 질적 연구자가 경험한 것처럼, 사실 저 또한 좋은 질적 연구물에 대한 고민을 해 왔고, 출판에 이르기까지 겪어야 하는 '고난(?)'의 경험 또한 끊임없이 해 왔습니다. 그래서 질적 연구의 고유한 기본 철학과 정신을 잘 반영하면서도 많은 독자(양적 연구방법에 익숙한 연구자들을 포함한)에게 설득력 있게 다가갈 수 있는, 또 탄탄한 논리와 학술적 시사점과 감동을 주는 질적 연구논문의 작성 기준 마련을 열망하던 터였습니다. 때문에 저에게 이 책은 가뭄 속 단비처럼 참으로 반갑게 다가왔습니다. 이 책의 저자인 Heidi M. Levitt 교수를 비롯한 서구의 질적 연구자들이 저와 같은 경험과 고민을 하고 있다는 점에서 동병상련의 연결감 또한 느낄 수 있었습니다. 독자 여러분도 이 책의 1장을 읽으면서부터 그 경험을 함께 할 수 있을 것이라 생각합니다.

특히 이 책은 APA의 학술지 출판 위원회가 심리학 분야의 질적 연구 논문을 작성할 때의 구체적 가이드라인을 제시한, APA에서 발간한 질적 연구 출판 매뉴얼의 성격을 갖고 있습니다. 연구자 입장에서는 가장 반가운 점이었습니다. 또한 심사자 입장에서 참고할 내용 역시 풍부하게 수록하고 있습니다. 때문에 그리 볼륨이 크지 않은 책임에도 불구하고, 생각보다 번역에 꽤 많은 시간이 들었습니다. 이 방법론에 오랫동안 관심을 둔 연구자로서 책임감도 컸고, 일을 하느라 번역 작업이 우선순위에서 꽤 오랫동안 밀린 것도 이유였습니다. 무엇보다도, 어떻게 하면 원 저자의 의도와 뉘앙스가 '질적 연구'를 준비하는 연구자들에게 잘 전달될 수 있을지를 고심하는 시간을 보낸 이유가 제일 클 것입니다. 그럼에도 국내 연구자들이 질적 연구를 수행하고 논문을 작성하는 데 이 책이 많은 도움이 될 것이라는 확신을 가지고 번역에 임하였습니다. 나름 원문을 여러 차례 읽으면서 뉘앙스를 살려 옮기려 하였으나, 역자의 역량으로 인한 한계가 있을 수 있습니다. 독자 여러분의 너그러운 이해를 바랍니다.

이 책의 주 초점은 질적 연구를 수행한 결과물을 학술지 소논문으로 작성할 때, APA 출판 매뉴얼 7판에 부합하면서도 질적 연구가 갖는 독특성을 어떻게 잘 구현할 수 있을지를 목차별로 소개하는 데 두고 있습니다. 그리고 책 말미 부록에는 APA의 분과 학술지에 게재된 논문의 초록을 예시로 제공하고 있습니다. 이것은 원문 그대로 실었습니다. 독자들이 실제 논문 사례를 보면서 내용을 이해하는 데 큰 도움이 될 것이라 기대합니다. 또한 APA 스타일을 사용하는 해외 저널의 투고부터 심사 프로세스에 이르기까지 우리와는 다소 다른 측면도 살펴볼 수 있을 것입니다.

번역 결정 이후, APA와의 판권 계약부터 책이 나오기까지 모든 과정을 오래 기다리며 아낌없이 지원해 주신 학지사 김진환 사장님과 최임배 부사장님, 보기 좋은 모양으로 책을 만들고 편집의 전 과정을 도와주신 백소현 실장님께 감사드립니다. 그리고 늘 기도와 응원으로 든든하게 힘이 되어 주는, 사랑하는 가족에게도 깊은 고마움을 전합니다.

2026년
역자 박승민

차례

제1장

심리학 분야의 질적 연구를 위한 보고 기준: 그 기준은 무엇이고, 왜 필요한가

좋은 이야기는 누구에게나 사랑을 받는다. 잘 쓰여지거나 잘 전달된 이야기는 사람들을 끌어당기는 힘이 있고, 이전에는 생각해 보지 않았던 문제에 관심을 갖게 할 수 있다. 그것은 다른 사람들의 경험을 더 깊이 이해하도록 도와줌으로써 새로운 문을 열고 관계를 변화시킬 수 있다. 그리고 사람들이 공감능력을 키우거나 특정 상황, 시간, 장소에 있었을 때 어떻게 느낄지에 대해 상상할 수 있게 해 준다. 또한 사람들이 보였던 반응과 추구하는 가치들을 확인해 주고, 어떤 유형의 사람이 되고 싶은지에 대한 가이드라인을 제공할 수 있다.

질적 연구에 대해 배우기 전에, 나는 내 삶에서 복잡한 딜레마에 직면했을 때 소설과 단편을 읽곤 했다. 거기에서 나는 사람들이 어떻게 마음의 상처를 겪어내고, 영감을 찾고, 고난을 극복하는지 볼 수 있었다. 나 자신이나 중요한 타인들, 또는 내담자들을 이해하려고 노력할 때에도 마찬가지였다. 이해가 되지 않던 경험도, 시간이 지남에 따라 한 개인이나 한 집단이 어떻게 그들 자신을 이해했는지에 대한 전체적인 설명 속에서 이야기의 일부가 어떻게 들어맞는지 볼 수 있었기 때문에, 더 명확해질 수 있었다.

탄탄한 질적 연구는 독자에게도 이와 같은 효과를 가져옴으로써, 복잡한 과정에 대한 이해를 심화시키고 새로운 방식으로 문제에 대응하도록 안내할 수 있다. 이 책에 설명된 질적 연구의 보고 기준은 연구의 저자와 심사자가 연구 결과의 영향력을 높이기 위해 그 연구 결과에 대해 어떻게 잘 표현할 수 있을지를 고려하도록 안내하고자 고안되었다. 이 책을 읽으면서 이러한 기준들이 여러분의 연구 이야기를 더 명확하고 설득력 있게 전달하는 데 어떻게 도움이 될 수 있을지 생각해 보기를 바란다.

질적 학술지 논문의 보고 기준이란 무엇인가

질적 연구자들은 이야기를 들려주는 것뿐만 아니라 질문에 답하거나 문제를 해결하기 위한 지식을 발전시키는 데에도 관심이 많다. 연구를 마무리하고 새로운 이해를 얻게 되면, 질적 연구자들은 이 정보를 다른 사람들이 잘 활용할 수 있도록 자신의 분야에 전달하고자 한다. 보고 기준(reporting standards)이란 연구 노력의 산물인 이야기에 독자가 다가가 이해할 수 있도록 하기 위해, 학술지 논문에 그 연구의 발견들을 어떻게 명확하게 전달할 것인지를 설명하는 글쓰기 가이드라인을 말한다.

미국심리학회(APA)의 출판 및 커뮤니케이션 위원회에서는 저자가 원고를 작성하고 평가하는 과정 그리고 편집자와 심사자가 원고를 평가하는 과정에서 보고 기준이 도움이 될 수 있다는 점을 인식하고, 학술지 논문의 양적 및 질적 연구 보고 기준 개발을 위해 두 개의 태스크포스 팀을 꾸렸다. 먼저 양적 학술지 논문의 보고 기준(JARS-Quant) 마련을 위한 실무 그룹(Mark Appelbaum[위원장], Harris Cooper, Rex B. Kline, Evan Mayo-Wilson, Arthur M. Nezu, Stephen M. Rao)은 정량적 연구를 위한 기준(Appelbaum et al., 2018)을 개발하였으며, 별도의 책(Cooper, 2018)에서 이 기준을 상세히 다루고 있다.

질적 학술지 논문의 보고 기준(the Qualitative Journal Article Reporting Standards: JARS-Qual)의 개발은 심리학 분야에서 이 연구방법의 사용이 급격히 증가함에 따라, 미국심리학회의 출판 및 커뮤니케이션 위원회가 중요하게 본 의제였다. 여러 철학적 틀 안에서 다양한 질적 연구방법이 활용되고 있기 때문에, 질적 연구방법에 익숙하지 않은 학술지 심사자들이 원고의 게재 여부를 평가하는 것이 어려울 수 있다. 질적 연구방법에 전혀 익숙하지 않거나 한 가지 방법 또는 한 가지 탐구 전통에만 익숙한 심사자는 다른 방법이나 다른 전통을 사용하는 연구를 평가할 때 자신이 갖고 있는 지식을 부적절하게 사용할 수 있다. 또 정량적 기준에 근거하여 잘 맞지 않는 기준을 고수하는 경우도 있다. 마찬가지로 질적 연구에 대한 배경지식이 없는 편집자들은 원고에 대한 평가가 서로 다를 때 어떻게 판단해야 할지 난감할 수 있다. 이러한 상황으로 인해, 질 높은 질적 연구물을 출판하는 것은 상당히 어려울 수 있다.

이러한 기준을 개발하기 위해, 출판 및 커뮤니케이션 위원회는 다양한 주제에 대해 다양한 질적 연구방법을 사용해 본 경험이 있고 학술지 편집 경험을 공유한 6명의 연구자들(Heidi M. Levitt[위원장], Michael Bamberg, John W. Creswell, David Frost, Ruthellen Josselson, 그리고 Carola Suárez-Orozco)을 소집하여 논의하였다. 질적 학술지 논문의 보고 기준 마련을 위한 실무 그룹은 질적 보고와 관련된 저술들(예: Levitt, Motulsky, Wertz, Morrow, & Ponterotto, 2017; Madill & Gough, 2008; O'Brien, Harris, Beckman, Reed, & Cook, 2014; Tong, Sainsbury, & Craig, 2007; Walsh, 2015)을 고려하고, 대면 회의를 통해 기준의 핵심을 구성한 후, 비대면 회의를 통해 함께 작업하면서 권고사항을 개발했다. 그들은 출판 및 커뮤니케이션 위원회, 미국심리학회 편집자 위원회, 심리학 분야 질적 탐구 학회의 국제 위원회(International Committee of the Society for Qualitative Inquiry in Psychology)에 이러한 권고에 대한 피드백을 요청하였다. 또한 APA 연차학술대회에서 기준의 시안을 발표하고 일반 회원의 의견을 수렴하였다(Levitt, Bamberg et al., 2016). 이 일련의 과정을 거친 최종 기준안은 『American Psychologist』(Levitt, Bamberg et al., 2018) 학술지에 발표되었다.

이 책은 위의 그룹이 개발한 보고 기준을 기반으로 한다. 이 책의 장점은 그 기준들의 아이디어를 확장하고 각각의 근거를 명확하게 설명할 수 있도록 한다는 점이다. 이 근거를 알면 이들 기준을 해석하는 방법에 대한 결정을 내리는 데에, 또 자신의 질적 연구물을 작성하는 데에 도움이 될 수 있다.

연구를 향상시키기 위해 이 책을 어떻게 활용하는가

이 책은 질적 보고의 특징적 요소를 설명하며, 질적 보고에 관한『American Psychologist』 학술지 논문(Levitt, Bamberg et al., 2018)과 APA의 출판 매뉴얼(7th ed.; American Psychological Association (APA), 2020)에 제시된 것 이상의 내용을 제공한다. 이 가이드라인은 연구자가 논문을 발표하는 방법을 결정할 때 저자로서 내려야 할 결정을 명확하게 설명한다. 또한 탄탄한 발표 양식을 설명하기 위한 예시를 제공하며, 이러한 예시는 유용한 모델로 사용될 수 있다. 이 책이 글쓰기 양식에 대한 APA 출판 매뉴얼의 모든 정보를 검토한 것은 아니므로, APA 출판 매뉴얼 또한 안내서로서 도움이 될 것이다.

2장과 3장에서는 저자가 논문 작성 과정에서 내리는 보고 결정에 대한 개념적 토대를 제공한다. 2장에서는 질적 연구의 보고가 연구 프로젝트의 목적과 사용 중인 연구 전통에 의해 어떻게 영향을 받는지를 설명한다. 예를 들어, 참여적 실행 연구를 하는 구성주의 관점의 저자들은 연구 결과의 구성과 그 함의를 강조하고, 결과는 객관적으로 제시하는 반면 논의는 주관적 측면에서 제시하는 식으로 따로따로 제시하는 것이 아니라, 연구방법 파트에서의 초점을 논의 파트의 내용과 서로 호응시키는 방식으로 작성할 수 있다. 탐구에 대한 접근 방법과 연구 전통은 연구 목표와 관련하여 그리고 그 접근의 전통 안에서 생각한 바에 따라 연구자들이 결과물을 발표하도록 안내할 수 있다.

3장에서는 방법론적 무결성의 개념에 대해 논의한다. 이 개념을 이해하는 것은 질적 연구에 대한 성공적인 글쓰기에 있어 매우 중요하다. 이 장에서는 저자들이 그들의 엄밀함을 전달하는 방식으로 그들의 연구의 독특한 측면을 보고하도록 안내하고, 또한 어떻게 무결성에서의 격차를 해결했는지 설명한다.

4장부터 7장까지는 질적 연구 논문의 전형적인 섹션인 서론, 방법, 결과 및 논의에 대해 설명한다. 이 장에서는 질적 연구에 있어 독특한 보고의 측면들을 강조한다. 이들은 질적 연구 논문에 보고되어야 하는 일반적인 요소를 설명하고, 향후 심사에 밑받침이 될 종합 보고서를 작성하는 데 도움이 될 수 있다. 질적 연구를 가장 잘 표현하는 방법에 대한 가이드라인이 각각의 근거 그리고 예시와 함께 제공된다.

앞서 수행된 질적 연구의 결과들을 통합적으로 분석하는 질적 메타분석에 대한 보고의 기준은 8장에 제시되어 있다. 이들 기준은 양적 메타분석 및 원 질적 연구에 대한 기준과 구별된다. 8장은 저자가 이러한 보고서에 포함해야 할 사항을 이해하는 데 도움이 된다.

혼합 연구방법은 질적 방법과 양적 방법을 모두 사용한다. 9장에서는 이러한 형태의 연구에 대한 보고 기준을 설명한다. 혼합 방법 연구에 대한 보고 기준은 양적 연구와 질적 연구 모두에 대한 기준에서 도출되지만, 이 기준들은 이해를 높이기 위해 이러한 방법이 어떻게 함께 작동하는지 보고할 필요가 있음을 강조한다.

마지막으로 10장에서는 연구 보고에서 객관주의적이고 구성주의적인 문장 스타일에 대해 논의한다. 이 장에서는 연구자들이 자신이 작성한 글의 문구가 그들의 탐구 접근 방식을 어떻게 전달하는지 고려하고, 그 접근 방식과 일관된 스타일을 사용하여 독자들의 관심을 끌도록 장려한다. 또한 이 장에서는 심사를 받기 위해 논문 원고를 제출하는 과정에서 학술지 편집자와 소통하는 과정을 설명하고, 질적 연구물을 제출할 때 자주 발생할 수 있는 문제들을 강조하며, 심사를 용이하게 하기 위한 팁을 제공한다. 마지막으로 질적 연구방법에 대한 수용성과 이해가 지속적으로 증가함에 따른 향후 질적 연구 보고의 방향에 대해 설명한다.

이 책에는 질적 학술지 논문의 보고 기준 가이드라인을 나열한 세 개의 표가 나와 있다. 이들 표의 단축형은 온라인(http://www.apastyle.org/jars/)

에서 확인할 수 있다. 또한 각 하위 섹션의 주제와 관련된 질적 학술지 논문의 보고 기준 표의 일부를 발췌한 텍스트 상자도 포함되어 있다. 이 장의 부록에 있는 〈표 A1.1〉은 일반적인 질적 연구의 기준을 제시한다. 8장 부록에서는 질적 메타분석에 대한 보고 기준을 제시하는 표를 확인할 수 있다. 9장의 부록에는 혼합 연구방법으로 수행된 연구에 관한 보고 기준에 대한 표와, 보고할 때 반드시 이해해야 하는 양적 학술지 논문의 보고 기준 가이드라인을 제시하는 표가 포함되어 있다. 본문을 읽으면서, 이 표들을 참고하면 도움이 될 것이다.

질적 학술지 논문의 보고 기준 표에는 세 개의 열이 있는 반면, 양적 학술지 논문의 보고 기준 표에는 두 개의 열만 있다. 질적 학술지 논문의 보고 기준 표의 첫 번째 열에는 보고할 논문의 요소가 포함되어 있다. 이 열의 중분류에는 논문을 구성하는 데 사용할 수 있는 섹션과 하위 섹션(예: 서론, 목적, 방법)이 제시되어 있지만 질적 연구자는 때때로 섹션을 변경하거나 결합하고 논문에서 서술 형식을 사용하는 것을 선택할 수도 있다는 점도 표에 명시되어 있다. 표의 두 번째 열에는 보고할 정보에 대한 설명이 포함되어 있다. 섹션이 질적 학술지 논문의 보고 기준 가이드라인의 개요를 따르든 따르지 않든 간에, 각 요소와 관련된 정보는 논문에 보고되어야 한다. 세 번째 열에는 저자와 심사자가 고려할 수 있는 권장 사항과 팁이 포함되어 있다.

보고 기준의 근거를 이해하면 프로젝트 내에서 기준을 적용하는 방법을 이해하는 데 도움이 될 수 있다. 곧 설명되겠지만, 일부 기준은 특정 연구 방식에 더 잘 맞도록 조정될 수 있다. 연구자는 자신의 연구를 가장 잘 알고 있으므로, 여러분 연구의 방법론적 무결성을 지원할 수 있는 방법이 있을 수 있다. 자신의 작업을 강화하고 자신이 말하고 있는 이야기가 의미 있고, 혁신적이고, 신뢰할 수 있는 것으로 받아들여질 수 있는 발표 방식에 맞추도록 하라.

또한 이 책은 기준에 대한 근거를 설명함으로써 심사자 또는 편집자에게 저자의 보고에 대해 설명하는 데 도움이 될 수 있다. 보고 기준에는 유연성(flexibility)을 존중해야 한다고 명시한 곳이 많다. 이 책에서는 특정 기준이 모든 연구에 다 적용되지 않는 이유를 설명하고 있으며, 이러한 설명을 글쓰기 과정뿐만 아니라 심사 과정에서도 참고할 수 있다. 다양한 보고의 근거를 이해하면 심사자에 대한 답변을 작성하는 데 도움이 되고, 심사자와 편집자가 저자의 보고 결정을 더 잘 이해할 수 있다. 이 책은 심리학 분야의 질적 연구방법 전문가들이 개발한 기준 이면에 있는 사고를 설명하기 때문에, 연구자들도 이러한 사고에 기반하여 설명하는 능력을 키움으로써 동료 심사를 위한 논문을 투고하거나 편집자에게 답변할 때 설득력을 가질 수 있다.

부록 1.1: 질적 연구 설계에 대한 학술지 논문 보고 기준

(Journal Article Reporting Standards for All Qualitative Research Designs)

◈ 표 A1.1. 질적 학술지 논문의 보고 기준(JARS-Qual): 질적 연구 원고에 기본적으로 포함하도록 권장되는 정보

논문 섹션 또는 요소	보고할 정보에 대한 설명	저자가 고려해야 할 권장사항 및 심사자를 위한 참고사항
■ 제목 페이지		
- 제목	• 고려 중인 핵심 이슈/주제를 식별하기	
- 저자 노트	• 연구비 출처 또는 기여자를 알리기 • 이해상충이 있는 경우, 이를 인정하기	
■ 초록	• 연구된 문제/질문/목적을 진술하기 • 참가자 또는 자료 출처의 유형, 분석 전략, 주요 결과/발견사항 및 주요 시사점/중요성을 포함하여 연구 설계를 명시하기 • 5개의 주제어를 식별하기	• 저자: 연구방법을 설명하는 주제어와 연구 참여자 또는 현상의 유형을 설명하는 주제어를 하나 이상 포함하는 것을 고려하라. • 저자: 논문의 심사 과정과 이해도를 용이하게 하는 데 도움이 되도록 연구의 접근 방식을 잘 기술하는 것을 고려하라. 특정한 탐구 접근방식에 근거하지 않거나 접근방식이 너무 복잡하여 할당된 단어 수로 설명하기 어려운 경우가 있다 하더라도, 초록에서는 이 점에 대한 설명을 구구절절하게 제공하지 않는 것이 바람직할 것이다.
■ 서론		
- 연구 문제 또는 질문에 대한 기술	• 문제 또는 질문과 그 맥락을 정형화하기 • 관련 문헌의 핵심 이슈/쟁점/이론적 틀을 식별하기 위해 해당 문헌을 검토, 비평 및 종합하여 장벽, 지식 격차 또는 실제 요구를 명료화하기	• 심사자: 서론은 사례, 개인적인 서사, 축어록 또는 다른 예시적인 자료를 포함할 수 있다.

◈ 표 A1.1. (계속)

논문 섹션 또는 요소	보고할 정보에 대한 설명	저자가 고려해야 할 권장사항 및 심사자를 위한 참고사항
- 연구 목적/목표	• 연구의 의도 또는 목적을 기술하기 • 만일 필요하다면 어떤 독자를 염두에 두고 있는지를 기술하기 • 이 목적/목표를 조사하는 데 사용되는 설계 적합성에 대한 근거를 제시하기(예: 이론 구축, 설명, 이해 증진, 사회적 행동, 기술, 사회적 실제 강조) • 연구 목적과 연구의 근거를 밝히는 탐구 접근 방식을 기술하기(예: 서술적, 해석적, 여성주의적, 정신분석적, 후기실증주의적, 비판적, 포스트모던적 또는 구성주의적 또는 실용주의적 접근)	• 저자: 목적과 관련이 있는 경우, 현재의 분석과 이전 논문 또는 출판물과의 관계를 설명하라. • 심사자: 질적 연구들이 학술지 논문 페이지 수 제한 때문에 여러 원고로 나누어져야 하는 경우가 있으나, 이때에도 각 원고는 별도의 초점을 가져야 한다. • 심사자: 질적 연구는 가설을 확인하는 게 아니라 연구의 질문과 목표를 확인하는 경향이 있다.
■ 연구방법		
- 연구 설계에 대한 개요	• 데이터 수집 및 분석 전략, 그리고 조명할 경우 탐구에 대한 접근 방식(예: 서술적, 해석적, 여성주의적, 정신분석적, 후기실증주의적, 비판적, 포스트모던적 또는 구성주의적 또는 실용주의적 접근)을 포함하여 연구 설계를 요약하기 • 선택한 설계에 대한 근거를 제공하기	• 심사자: 방법론 파트는 연대기적 혹은 서사적 형식으로 작성할 수 있다. • 심사자: 다른 연구자들이 따를 수 있는 방법을 제시하지만, 다른 연구자가 반드시 동일한 결론에 도달해야 하는 것은 아니며, 오히려 비슷한 정도의 방법론적 무결성을 지닌 결론에 도달해야 한다. • 심사자: 때때로 요소들은 여러 섹션에 관련될 수 있으며, 저자는 방법을 일관성 있게 설명하고 중복을 줄이기 위해 각 하위 섹션에 속하는 내용을 정리해야 한다. 예를 들어, 개요 및 목표 진술이 하나의 섹션에 제시될 수 있다.

◈ 표 A1.1. (계속)

논문 섹션 또는 요소	보고되어야 할 정보에 대한 설명	저자가 고려해야 할 권장사항 및 심사자를 위한 참고사항
		• 심사자: 질적 연구의 과정은 선형적이기보다는 반복적인 경우가 많고, 탐구 과정을 통해 진화할 수 있으며, 여러 형식의 데이터 수집과 분석 사이를 다양한 방식으로 왔다 갔다 할 수 있다. 따라서 데이터 수집과 분석 섹션이 결합될 수도 있다. • 심사자: 위에서 제시한 이유와 질적 방법은 종종 창의적으로 적용되고 결합되어 자세한 설명과 근거가 필요하기 때문에, 본문에서 통상적으로 질적 연구의 방법론 섹션은 양적 연구의 방법론 섹션보다 길다.
- 연구 참여자 혹은 데이터 소스		
○연구자에 대한 기술	• 연구 중인 현상에 대한 사전 이해를 강조하면서, 연구자(예: 면접자, 분석가 또는 연구팀)의 배경을 기술하기 • 연구 중인 현상에 대한 사전 이해가 연구에 어떻게 관리되거나 혹은 영향을 미쳤는지 설명하기(예: 데이터 수집 및 분석의 강화, 제약 또는 구조화)	• 저자: 분석과 관련된 사전 이해에는 연구자의 인구통계학적/문화적 특성, 자격, 현상에 대한 경험, 훈련, 가치, 분석할 보관기록 혹은 자료 선택에서의 의사결정 등에 대한 설명이 포함될 수 있지만, 여기에만 국한되지는 않는다. • 심사자: 연구자마다 보고서에서 반성적인 자기-설명의 범위가 다르다. 따로 가이드라인이 없는 경우라면, 어느 정도 깊이의 설명을 원하는지 예측하기 어려울 수 있다.

◈ 표 A1.1. (계속)

논문 섹션 또는 요소	보고되어야 할 정보에 대한 설명	저자가 고려해야 할 권장 사항 및 심사자를 위한 참고 사항
○참여자 또는 다른 자료 출처	• 분석된 참여자/문서/사안의 수를 제공하기 • 수집된 자료에 영향을 미칠 수 있는 자료 출처의 인구통계학적인/문화적인 정보, 참여자의 관점 또는 특성을 기술하기 • 관련되는 경우, 기존 자료 출처를 기술하기(예: 신문, 인터넷, 보관기록물) • 해당되는 경우, 공개적으로 공유된 자료에 대한 자료 목록 정보를 제공하기 • 해당되는 경우, 분석을 위해 데이터를 찾는 아카이브 검색 또는 프로세스를 기술하기	
○연구자와 참여자 관계	• 연구과정과 관련되거나 그 과정에 영향을 미치는 연구자와 참여자 간의 관계 및 상호작용(예: 연구 이전에 관계가 있었는가? 이전 관계와 관련된 윤리적 고려사항이 있는가?)을 기술하기	
- 참여자 모집		
○모집 과정	• 참여자 모집 과정을 기술하기(예: 대면, 전화, 우편, 이메일, 모집 프로토콜) • 인센티브 또는 보상에 대해 설명하고, 자료 수집 및 동의 절차와 관련된 윤리적 절차(IRB 승인, 취약한 집단, 안전한 모니터링 등)에 대한 보증을 제공하기	• 심사자: 질적 연구에는 최소 참가자 수가 몇 명인지에 대해 합의된 기준은 없다. 오히려 저자가 선정된 참여자 수에 대한 근거를 제공해야 한다.

◈ 표 A1.1. (계속)

논문 섹션 또는 요소	보고되어야 할 정보에 대한 설명	저자가 고려해야 할 권장 사항 및 심사자를 위한 참고 사항
	• 연구 설계와 관련하여 참여자 수가 결정되는 과정을 기술하기 • 중도탈락자 수와 최종 참가자 수/출처(해당되는 경우, 탈락률 또는 탈락 사유)를 통해 숫자에 변동이 있는 경우 이를 제공하기 • 자료 수집 중단 결정의 근거를 설명하기(예: 포화) • 명시된 연구 목적과 다른 경우에는, 참가자들에게 연구 목적을 그대로 전달하기	• 저자/심사자: 모집 절차 및 선정 과정의 순서와 내용은 저자의 방법론적 접근 방식에 따라 결정될 수 있다. 일부 저자는 선발 프로세스를 수립한 다음 그 기준에 따라 참여자 모집 방법을 개발한다. 다른 저자들은 모집 프로세스를 개발한 다음 점차 진화하는 연구 결과에 따라 참여자를 선정한다.
○참여자 선정	• 참여자/자료 출처 선택 과정과 포함/제외 기준을 설명하기(예: 최대 변산, 다양성 표집과 같은 목적에 맞는 표집 혹은 눈덩이 표집, 이론적 표집 같은 편의 표집) • 연구에 대한 일반적인 맥락(자료가 수집된 시점, 수집한 장소) 제공하기 • 보관된(archivec) 자료 세트에서 참여자를 선택한 경우, 해당 자료 세트에서 참여자를 모집 및 선택하는 과정과 해당 자료 세트에서 참여자 선택결정을 한 것에 대해 설명하기	• 저자: 질적 연구의 결과를 다른 맥락으로 이전할 수 있다는 것의 의미는 오류의 양적 추정과 모집단에 대한 일반화를 말하는 것이라기보다는, 독자가 적용할 수 있는 보다 심층적이고 맥락을 고려한 이해를 개발하는 데 기반한다는 점을 인식하고, 참여자 수가 현재 연구 설계의 실제와 어떻게 부합하는지 명확히 설명하는 것이 중요하다. • 저자/심사자: 저자의 방법론적 접근과 관련하여, 모집 과정 및 선발 과정의 순서와 그 내용을 정할 수 있다. 일부 저자들은 참여자 선정 과정을 결정한 후 그 기준에 따라 모집 방법을 개발할 것이다. 또 다른 저자들은 모집 과정을 개발한 다음 점차 진화하는 연구 결과에 호응하여 참가자를 선정할 것이다.

◈ 표 A1.1. (계속)

논문 섹션 또는 요소	보고되어야 할 정보에 대한 설명	저자가 고려해야 할 권장 사항 및 심사자를 위한 참고 사항
– 자료 수집		
○자료 수집/식별 절차	• 수집된 자료의 형태(예: 인터뷰, 설문지, 미디어, 관찰)를 기술하기 • 자료 수집 프로토콜의 기원 또는 진화에 대해 설명하기 • 진화하는 연구 결과 또는 연구 근거에 대응한 자료 수집 전략의 변경 사항을 기술하기 • 자료 선택 또는 자료 수집 프로세스를 설명하기(예: 자료 수집 시 다른 프로세스가 존재했는지, 데이터 수집 횟수, 수집 기간, 맥락) • 참여의 범위를 전달하기(예: 관여 정도, 자료 수집의 시간 집약성) • 인터뷰 및 서면 연구의 경우 자료 수집 프로세스에서 시간의 평균과 범위를 제시하기(예: 인터뷰는 75분에서 110분, 평균 인터뷰 시간은 90분이었다) • 연구에서 조명되듯이 자료 수집 과정에서 반영성의 사용 혹은 관리를 기술하기 • 자료 수집 시 질문 내용, 질문 형식(예: 열린 질문과 닫힌 질문)을 기술하기	• 심사자: 연구자들은 자료 식별, 자료 수집 또는 자료 선택과 같은 연구 접근 및 프로세스 내에서 일관성 있는 자료 수집 용어를 사용할 수 있다. 그러나 설명은 독자들에게 접근 가능한 용어로 제공되어야 한다. • 심사자: 특히 비구조화 또는 반구조화 면접의 경우, 질문이 각 면접의 내용에 맞게 조정되기 때문에, 연구자가 한 면접에서 했던 모든 질문들을 다른 인터뷰에서 똑같이 반복하는 것은 유용하지 않을 수 있다.
○기록 및 자료 변환	• 사용된 자료의 오디오/비디오 기록 방법, 필드 노트 및 전사 프로세스를 확인하기	

◈ 표 A1.1. (계속)

논문 섹션 또는 요소	보고되어야 할 정보에 대한 설명	저자가 고려해야 할 권장 사항 및 심사자를 위한 참고 사항
– 분석		
○ 데이터 분석 전략	• 사용된 방법과 절차, 그리고 그 목적/목표에 대해 기술하기 • 투명성의 원칙이 의거 절차(예: 코딩, 주제 분석 등)에 대한 일부 논의를 포함하여 분석 과정을 상세히 설명하기 • 연구자 설명 섹션(예: 코더 선택, 협업 그룹)에 아직 설명되지 않은 경우, 코더 혹은 분석가와 그들의 훈련에 대해 설명하기 • 코딩 범주가 분석으로부터 나온 것인지 혹은 선험적으로 개발된 것인지를 확인하기 • 분석 단위(예: 전체 축어록, 단위, 텍스트)와 만일 해당하는 경우 그 단위가 어떻게 만들어졌는지 확인하기 • 해당되는 경우, 분석 도식에 도달하는 프로세스를 기술하기(예: 분석 전 또는 분석 중에 개발되었거나 전반적으로 나타난 경우) • 관련이 있는 경우, 개발에 대한 그림과 설명을 제공 • 만일 사용한 경우, 소프트웨어 이름을 기재하기	• 심사자: 연구자들은 연구 접근 방식과 과정에서 일관된 데이터 분석 용어(예: 해석, 단위화, 정체성 분석, 문서화)를 사용할 수 있다. 그러나 독자층과 관련하여 접근 가능한 용어로 설명을 제공해야 한다. • 저자: 연구 목표와 관련하여 분석적 선택을 조명할 수 있는 근거를 제공하라.

◈ 표 A1.1. (계속)

논문 섹션 또는 요소	보고되어야 할 정보에 대한 설명	저자가 고려해야 할 권장 사항 및 심사자를 위한 참고 사항
○방법론적 무결성	• 분석을 통해 제기된 주장이 정당화되고 방법론적 무결성을 갖춘 결과를 도출했음을 보여 주기. 방법론적 무결성(즉, 충실도 및 유용성)을 지원하는 절차는 일반적으로 논문의 관련 섹션에 걸쳐 설명되지만, 정교화 또는 강조가 도움이 될 경우 별도의 섹션에서 설명할 수 있음. 방법론적 무결성 이슈에는 다음이 포함됨: – 질문, 연구 목표 및 탐구 접근법과 가장 관련성이 높은 다양한 형태의 자료를 얼마나 잘 포착할 수 있는가의 측면에서 자료의 적정성을 평가하기 – 자료수집과 분석 모두에서 연구자의 관점이 어떻게 관리되었는지 기술하기(예: 자료수집에 미치는 영향을 제한하고, 분석을 구조화하기 위해) – 연구결과가 증거에 *근거*하고 있음을 입증하기(예: 인용, 발췌 또는 자료 수집에 대한 연구자의 참여에 대한 기술을 사용) – 연구의 기여점이 통찰력 있고 의미 있음을 입증하기(예: 현재 문헌 및 연구 목표와 관련하여) – 발견사항과 관련된 맥락적인 정보를 제공하기(예: 연구 설정, 참여자에 대한 정보, 인터뷰 질문은 필요에 따라 발췌하기 전에 제시)	• 심사자: 질적 분석의 반복적 과정에서는 엄격성이 중심이 되며, 반복적 과정을 통해 지속적인 자기점검이 이루어진다. 이를 통해 연구의 방법론적 무결성을 강화할 수 있다. 질적 연구방법의 접근별로 어떤 점검이 가장 중요한지의 측면에서는 상이한 전통을 가지고 있다.

◈ 표 A1.1. (계속)

논문 섹션 또는 요소	보고되어야 할 정보에 대한 설명	저자가 고려해야 할 권장 사항 및 심사자를 위한 참고 사항
	– 자료에서 모순이나 확인되지 않는 증거를 이해할 수 있도록 일관된 방식으로 결과를 제시하기(예: 불일치를 조정하고 결과에 충돌이 존재할 수 있는 이유를 설명) • 분석 프로세스와 관련하여 일관성(예: 분석자들은 일관성을 지원하기 위해 분석 시연을 할 수 있으며, 안정적 관점, 평가자 간 신뢰도, 합의의 개발을 설명할 수 있음)을 입증하거나 불일치에 대해 대응함(예: 분석의 중반부에 코더를 서로 바꾸어 분석 시행하기, 분석 프로세스를 중단), 윤리적 이유로 방법론적 무결성이 변경된 경우, 그 이유와 조정사항을 설명하기 • 질적 분석에 추가된 점검 절차를 통해 참여자의 요청(claim)에 대한 지원이 어떻게 이루어지고 보완되었는지 설명하기. 연구를 강화할 수 있는 이루어지고 보완적 점검의 예는 다음과 같음: – 피드백을 위해 참여자에게 돌려준 수집된 축어록/자료 – 여러 정보 출처, 발견사항 혹은 조사자에 의한 자료의 삼각화(triangulation)	

◈ 표 A1.1. (계속)

논문 섹션 또는 요소	보고되어야 할 정보에 대한 설명	저자가 고려해야 할 권장 사항 및 심사자를 위한 참고 사항
	– 인터뷰의 철저함 혹은 면접자 요구를 점검 – 합의 혹은 감수(auditing) 과정 – 발견사항에 대한 참여자의 피드백 또는 참여자의 점검 – 자료 디스플레이/매트릭스 – 심층적인 두터운 기술, 사례 예시 혹은 그림 – 구조화된 연구자의 성찰의 방식(예: 메모, 필드 노트, 로그 일지, 일기, 괄호치기) – 연구 문제에 대응하는 데 있어 결과의 유용성(예: 해결책이 작동했는지 여부의 평가)을 확인	
■ 주요 발견들/결과		
– 발견사항/결과 하위 섹션	• 연구 결과(예: 주제, 범주, 내러티브)와 연구자가 데이터 분석을 통해 도출한 의미와 이해에 대해 설명하기 • 결과에 도달하는 분석적 과정을 입증하기(예: 인용, 자료 발췌) • 연구 설계와 호환되는 방식으로 연구 결과를 제시하기 • 결과를 정리하고 전달하는 데 유용한 경우, 종합적인 그림(예: 다이어그램, 표, 모형)을 제시. 사진이나 동영상 링크를 사용할 수 있음.	• 심사자: 분석 절차에 대한 평가 부분까지 허용할 것을 요구하는 글쓰기 방식으로 인해, 질적 연구의 결과 섹션은 양적 연구 논문보다 긴 경향이 있다. • 심사자: 탐구 접근방식에 따라, 연구 결과 및 논의에는 연구자의 분석 참여를 묘사하기 위해 결합되거나 개인적 담론 스타일이 사용될 수 있다. • 심사자: 연구 결과 파트에는 연구의 목표, 탐구에 대한 접근법 및 연구 특성에 따라 정량화된 정보가 포함될 수도 아닐 수도 있다.

◈ 표 A1.1. (계속)

논문 섹션 또는 요소	보고되어야 할 정보에 대한 설명	저자가 고려해야 할 권장 사항 및 심사자를 위한 참고 사항
		• 저자: 예술적 방식으로 제시된 결과(예: 발견사항의 극화된 제시로 연결)도 보고 기준에 따라 연구 발표를 뒷받침하는 정보를 포함해야 한다. • 심사자: 인용문 또는 발췌문을 사용하여 데이터 기술(예: 두터운 기술, 기억을 연상시키는 기술, 필드 노트, 텍스트 발췌)을 보강하되, 이러한 인용문이 분석 결과에 대한 설명을 대체해서는 안 된다.
■ 논의		
- 논의 하위 섹션	• 학술적인 이해를 진전시키는 데 핵심적인 기여와 그 의의를 기술하기 • 연구 결과가 기여한 유형(예: 관련성을 설명하는 문헌과 선행 연구 또는 이론에 대한 도전, 정교화 그리고 지지)과 발견사항이 어떻게 가장 잘 활용될 수 있는지 기술하기 • 이전의 이론들과 연구 결과와의 유사점과 차이점을 확인하기 • 연구 결과에 대한 다른 대안적인 설명을 포함하기 • 연구의 강점과 한계점을 식별하기(예: 자료의 질, 출처 또는 유형 또는 분석 프로세스가 방법론적 무결성을 어떻게 지지하거나 약화시킬 수 있는지 고려)	• 심사자: 설명은 단지 단일한 해결책이 아니라 여러 해결방안으로 이어질 수 있다. 많은 질적 접근 방식에서는 주어진 데이터 군에서 하나 이상의 유효하고 유용한 결과 집합이 있을 수 있다고 주장한다.

◈ 표 A1.1. (계속)

논문 섹션 또는 요소	보고되어야 할 정보에 대한 설명	저자가 고려해야 할 권장 사항 및 심사자를 위한 참고 사항
	• 전이 가능성(transferability) 범위의 한계에 대해 기술하기(예: 독자들이 맥락 전반에서 연구 결과를 활용할 때 염두에 두어야 할 사항) • 직면한 윤리적 딜레마나 도전을 재검토하고 향후 연구자를 위한 관련 제안을 제공하기 • 향후 연구, 정책 또는 실무에 대한 영향을 고려하기	

주. 다음의 논문에서 발췌 및 수정함: "Journal Article Reporting Standards for Qualitative Primary, Qualitative Meta-Analytic, and Mixed Methods Research in Psychology: The APA Publications and Communications Board Task Force Report," by H. M. Levitt, M. Bamberg, J. W. Creswell, D. M. Frost, R. Josselson, and C. Suárez-Orozco, 2018, *American Psychologist*, *73*(1), pp. 34–37 (https://doi.org/10.1037/amp0000151). Copyright 2018 by the American Psychological Association.

제2장

질적 스토리텔링 하기: 연구의 목적이 논문 보고에 어떻게 영향을 주는가

연구자들은 다양한 목적으로 질적 연구방법을 사용하고, 질적 연구 보고와 관련된 다양한 목표와 과정을 충족하기 위해 프로젝트를 구성한다. 그들은 그들 자신과 독자들에게 의미가 되는 특정한 이유로 그들의 연구 이야기를 전한다. 나는 오랫동안 내 아이디어를 검증하기 위해 양적 연구를 설계하는 것을 즐겼지만, 내가 진정으로 연구자라는 역할을 핵심적인 직업적 역할로 고려하기 시작한 것은 바로 질적 연구방법을 발견했을 때였다. 나는 사람들의 삶의 복잡성에 바탕을 둔 이야기들을 탐구하고 소통하는 능력에 끌렸다. 학자로서의 경력을 시작하면서, 내가 흥미롭게 생각하는 문제에 대해 전문성을 가진 사람들과 인터뷰를 함으로써 그들의 경험을 공유한다는 것이 내게는 놀라운 일이었다. 나는 그들로부터 배우고 그들의 지식과 경험을 다른 사람들과 공유할 수 있는 경험적인 내러티브로 만들 수 있었다.

나의 관심사가 다양해지면서 연구 또한 다양해졌다. 나는 한때 히말라야 산기슭에 위치한 고대의 도서관에 앉아 소금과 버터 차를 마시며 수도원에서 기도 소리가 울려 퍼지는 동안 수도자들이 지혜를 설명하는 것을 듣고 있었다(Levitt, 1999). 또 다른 시기에, 나는 여성 레즈비언이 된다는 것이 무엇을 의미하는지를 배우고 있었고, 내 자신의 정체성이 변하고 변화하는 것을 발견했다(Levitt, Gerish, & Hiestand, 2003). 다른 연구에서, 나는 내담자가 세션 중에 도움이 된다고 생각하지만 치료자와 공유하지 않는 것(Levitt, Butler, & Hill, 2006)과, 숙련된 치료자가 내담자의 요구에 맞게 개입을 조정할 때 주의해야 할 점(예: Levitt & Williams, 2010)을 발견했다. 나는 각 연구의 목표를 마음 한가운데에 두고 원고를 쓰는 일에 몰두하였다. 나는 연구에 참여한 경험, 내가 사용한 연구방법의 논리, 그리고 연구 과정의 투명성을 높이기 위해 노력하였던 탐구의 전통에 대해 성찰하였다.

질적 연구에 대하여 일관성 있게 전달하기 위해서는 연구방법의 단계를 자세히 설명하는 것만으로는 충분하지 않으며, 연구자가 작업할 때 사용하는 개인적인 가정, 방법, 전통 그리고 탐구를 진행해 가는 방식을 이해하는 것 역시 중요하다. 질적 학술지 논문의 보고 기준(JARS-Qual)을 검토하다 보면 연구자의 목표, 탐구 접근방식 혹은 연구방법과 관련하여 가이드라인이 중심 뼈대를 이루게 된다는 것을 알 수 있다. 이 장에서는 이러한 핵심적인 몇몇 개념들 중 일부를 검토하여 이러한 개념이 연구 보고에 영향을 미칠 수 있는 이유를 이해하고, 이 용어를 사용하여 책 전반에 걸쳐 보고에 대한 논의를 촉진할 수 있도록 할 것이다.

질적 연구란 무엇인가

질적 연구는 심리학 분야가 시작된 이래로 계속 수행되어 왔지만, 당시의 과학적인 보고 방식에 맞지 않아 발표되지 않는 경우가 많았다(Wertz, 2014). Sigmund Freud(1900)의 사례 연구, Abraham Maslow(1968)의 자기실현 연구, Carol Gilligan(1977)의 도덕성 연구와 같은 사실상의 질적 연구를 통해, 심리학 이해에 대한 심오한 전환이 이루어졌다. 이러한 연구는 이 분야에서 인간이라는 존재의 의미를 개념화하는 방식에 지각변동을 일으켰다(초기 질적 연구의 혁신적 사례가 무수히 많음에 대해서는 Madill, 2015b; Wertz, 2014를 참조).

연구자들이 질적 연구방법에 대한 체계적인 절차를 명료화함에 따라, 이러한 방법의 가치가 점점 더 인정받게 되었고, 이에 대한 친숙도도 높아졌다(예: Gergen, Joselson, & Freeman, 2015). 지난 50년 동안, 질적 연구방법을 사용한 학술논문과 학위논문의 수는 빠르게 증가해 왔다(Ponteroto, 2005a,

2005c). 질적 연구자를 위한 여러 학술지가 창간되었으며(예: Qualitative Health Research, Qualitative Inquiry, Qualitative Psychology, Qualitative Research in Psychology), 질적 연구물들은 광범위한 주류 학술지에도 게재되고 있다. 2011년, 미국심리학회(APA)의 5분과인 '양적 그리고 질적 방법론 분과(Quantitative and Qualitative Methods Division)'에서는 질적 연구방법에 초점을 맞춘 하위 분과로 '심리학 분야의 질적 탐구학회(The Society for Qualitative Inquiry in Psychology)를 설립하였다. 요컨대, 질적 연구 방법은 많은 사회과학에서 그랬던 것처럼 심리학 분야에서도 번성해 왔다. 이에 따라, 질적 연구를 보고하는 방법도 점차 진화해 왔고 이에 대한 일반적인 기대들 역시 발전해 왔다.

질적 연구라는 용어는 여러 가지 방법론과 탐구 전통을 포괄하게 되었지만, 다음과 같은 네 가지 핵심 특징을 공유하는 일련의 방법들이 한데 모인 것으로 이해할 수 있다:

1. 질적 연구에는 숫자가 아닌 자연어 및 기타 형태의 인간 표현(예: 텍스트, 인공물, 예술작품 등)에 대한 분석이 포함된다. 분석에 활용되는 이러한 형태의 데이터는 통계적 및 수학적 분석과는 구별되는 질적 방법을 설정한다. 이러한 언어적 기술은 모호하고, 불완전하며, 복잡하게 서로 관련된 프로세스와 경험들을 포착할 수 있다는 것을 의미한다. 또한 이러한 데이터의 분석은 연구자가 데이터 수집 전에 가졌던 믿음이나 가정을 뛰어넘어 새로운 통찰력, 이론, 설명 및 이해를 도출하는 경우가 많다.
2. 질적 연구방법은 반복적인 과정, 즉 순환적이고 반복적인 방식으로 데이터를 분석하고 의미를 생성하는 데 집중한다. 데이터를 검토함에 따라, 데이터가 담고 있는 의미에 대한 초기 이해가 이루어지고, 그 다음에는 새로운 데이터에 비추어 의미를 재검토하고 다듬을 수 있다. 새

로운 데이터에 대한 이해가 이미 조사된 데이터에 대한 이해를 바꿀 수 있으며, 그 반대도 마찬가지이다. 이 과정을 통해, 연구자들은 그들이 조사하고 있는 데이터의 핵심적인 측면을 연결할 수 있는 발견사항을 점진적으로 개발한다.

3. 질적 연구자들은 당시의 맥락과 상황을 강조하는 방식으로 연구결과를 제시하고자 한다. 예를 들어, 연구자들은 규칙을 찾기보다는 연구 결과가 속해 있는 시간, 장소, 문화, 대인관계의 역학 관계를 명확하게 설명하려고 노력한다. 이에 따라, 연구자들은 그 연구 결과를 소비할 독자들로 하여금 연구 결과가 독자 자신의 상황에 적절히 적용될 수 있도록 연구 과정을 유동적이고 관계적이며, 시간에 따라 진화하는 방식으로 공공연히 드러내는 경향이 있다.
4. 질적 연구방법은 연구자가 데이터에서 인지한 패턴에 대한 해석이나 설명을 기반으로 하기 때문에, 연구자의 이 작업 수행 능력에 대한 의문이 제기될 수 있다. 이에 대응하여, 이 접근법을 사용하는 연구자들은 주관적 체험 내용 공개를 포함하는 수사적(rhetorical) 스타일로 결과를 보고하는 경향이 있다(Levitt, Pomerville, Surace, & Gravowski, 2017). 연구자는 자기 성찰에 참여하고 자신의 관점과 한계가 연구에 어떤 영향을 미칠 수 있는지에 대해 고려할 뿐만 아니라, 질적 학술지 논문의 보고 기준 가이드라인에 설명된 대로 이러한 고려사항과 우려사항을 해결하기 위해 취한 조치를 설명한다. 이들 접근 방식에서 연구자가 자신의 입장과 참여자와의 관계를 투명하게 밝히는 것은 연구자가 자신의 관점이 연구에 미치는 영향을 제한하기 위해 주의를 기울였거나 독자가 연구 결과를 특정 입장에서 나온 것으로 이해할 수 있도록 자신의 관점에 대해 미리 밝혔음을 보여 줌으로써, 연구에 대한 독자의 신뢰도를 높이는 데 기여한다. 이 점에 대한 자세한 내용은 3장에서 설명하기로 한다.

질적 연구에 대해 보고할 때, 질적 연구의 이러한 독특한 측면을 명확하게 이해하는 것이 도움이 된다. 질적 연구방법에 대한 오해를 드러내는 일반적인 보고 전략의 몇 가지 예로는, 표본추출 이론을 사용하여 모집단을 추정한 것이 아님에도 연구 참여자를 "표본(sample)"이라고 지칭하거나, 자신의 가정(assumptions)을 "가설(hypotheses)"로 설명하거나, 연구 결과를 설명할 때 결과를 탈맥락화(decontextualizes)시켜 버리거나, 시간 또는 문화와 관계없이 지속되는 자연 법칙임을 암시하는 언어를 사용하는 것을 포함한다. 질적인 방법과 양적인 방법을 혼동하는 언어를 사용하면 연구자가 수행 중인 연구가 모호해지고 신뢰도가 떨어질 수 있다. 단일 보고서 내에서 혼합 방법 연구를 제시할 때, 연구자는 해당 섹션에서 제시되는 연구의 측면(예: 질적 또는 양적)과 일치하는 언어를 사용해야 한다. 자세한 내용은 9장의 혼합 연구방법 보고에 대한 권장 사항을 참조할 수 있다.

탐구의 전통이란 무엇인가

때때로 연구자들은 자신의 연구방법이 연구자의 목표, 가치, 그리고 연구 과정의 개념을 명확히 표현하는 철학적 틀 안에서 수행되는 것으로 간주한다. 탐구 전통(Traditions of Inquiry)을 명확하게 표현할 수 있다면 연구 프로젝트의 목표를 명확히 하는 데 유용할 수 있으며, 이는 프로젝트의 목표 달성에 대한 평가 방식에 영향을 미칠 수 있다. 문헌에서 이러한 전통들은 인식론적 신념, 세계관, 패러다임, 전략 또는 연구 전통으로 번갈아 설명되는 것을 볼 수 있다(Creswell, 2013a; Levitt, Bamberg 등, 2018; Morrow, 2005; Ponteroto, 2005b). 예를 들어, 연구자들은 자신의 탐구 접근 방식이 서술적, 해석적, 여성주의적, 정신분석적, 후기 실증주의적, 비판적, 포스트모던 또는 구성주의적이라고 나타낼 수 있다. 질적 연구는 종종 탐구 전통을 암시할 때도 있지만, 대개는 명시적으로 제시하지 않는 경향이 있다. 어떤 연구는 이러한 전통 중 하나에 결정적으로 기반을 두는 반면, 또한 이러한 가치들의 조합에 기반하거나, 질문을 중심으로 실용적으로 수행될 수도 있다(Morgan, 2007).

물론 이론가들이 이러한 철학을 여러 그룹(예: Creswell, 2013a; Guba & Lincoln, 2005; Madill & Gough, 2008; Mertens, 2010; Parker, 2004; Ponteroto, 2005a)으로 나누기도 하고, 또 이러한 접근법에 대한 묘사가 항상 명확한 것도 아니지만(Staller, 2013), 다음 단락에서는 공통적으로 사용되는 네 가지 탐구 전통의 핵심 특징(후기 실증주의, 구성주의적-해석적, 비판적-이데올로기적, 실용적)을 간략하게 요약함으로써, 각 전통에서 추구하는 다양한 목표를 살펴보고 이들 방법을 사용한 질적 연구 결과를 보고할 때에 어떻게 적용될 수 있는지 설명해 보고자 한다. 이러한 전통은 기타 문헌들(Morgan, 2007; Morrow, 2005; Ponteroto, 2005a)에서 보다 자세히 살펴볼 수 있다.

후기실증주의(postpositivist) 연구자들에게 있어, 과학은 연구가 관찰의 오류와 편견을 최소화하려는 객관적인 분석 접근 방식을 통해 기능한다. 이 연구의 목표에는 이론을 거부하거나 확인하는 것, 설명을 제공하거나 예측을 가능케 하는 것이 포함된다. 예를 들어, 교육 연구자들이 영어 교과 과정에서 위대한 문학 작품에 대해 토론할 때 학생들에게 대조적인 관점을 가르친다는 교육 목표가 얼마나 잘 달성되는지 조사하는 경우를 생각해 보자. 그들은 여러 연구자들이 배정된 책에 관한 에세이에서 관점 수용 유형을 구별하고 코딩에 대한 상호 신뢰도를 확보하여 현상을 객관적으로 운영하고 있음을 입증하도록 훈련하는 방법을 설명할 수 있다. 그들은 교사들이 이 기술을 배우는 학생들을 지원하고 평가할 수 있도록 세 가지 주요 관점 훈련 형태를 식별하는 시스템을 개발할 수 있다. 이러한 과정을 통해, 학생들에게 어떠한 유형의 관점 수용 형태가 존재하는지에 대한 신뢰성 있는 연구자 간 의견 확인이 이루어질 수 있다. 연구를 보고할 때 그들의 담화 스타일은 연구자들의 객관성과 신뢰성을 강조하고 주관성이 드러나는 것을 최소화하기 위해 3인칭을 사용할 수 있다. 중립적인 어조를 사용하고 연구자의 개인적 정체성이나 진행 중인 연구와 관련된 이전 경험에 대한 설명을 피하는 것도 후기실증주의 연구의 특징이다. 5장에서는 이러한 전통을 비롯하여 또 다른 탐구 전통에 따라 연구방법을 설명하는 방식을 살펴보기로 한다.

구성주의적-해석적 연구자들은 연구자와 참여자가 탐구 과정을 통해 발견 사항을 함께 발견해 나간다고 믿는다. 이들의 목표는 주의 깊은 분석 과정 전반에서 일어나는 해석적 과정을 투명하게 공개하면서 의미를 발견하는 것이다. 즉, 이러한 연구자들은 분석에 미치는 영향을 고려할 뿐만 아니라 결과를 형성하는 과정을 연구 결과의 핵심 부분으로 보고한다는 것을 의미한다. 만약 이 연구자들이 문헌을 통해 특정 관점을 학습하는 방법에 관심이 있다면, 그 관점에 대한 이해를 자신과 독립적으로 존재하는 것으로 보지 않기 때문에, 살펴본 것에 대한 연구자 간 신뢰도를 입증하는 데에는 그다지 관심이 없을 것이다. 대신에, 그들은 관점 취하기의 유형을 구분하는 방법과 해석 과정이 연구 전반에 걸쳐 또는 시간에 걸쳐 어떻게 발전하는지를 고려하는 데 관심이 있을 것이다. 그들은 해석 작업에 암묵적으로 문학적 이론들을 도입하여 그 이론에 비추어 관점을 어떻게 이해하게 되었는지 살펴보는 방식으로 보고할 가능성이 높다. 예를 들어, 정신역동 이론의 배경을 가지고 학생들의 에세이에 접근한 연구자는 행동주의 또는 인본주의적 관점을 가진 연구자와는 확연히 다른 통찰을 얻을 수 있다. 연구팀 내에서의 토론을 통해, 각 연구자들은 에세이에 대한 이해를 바꾸고 새로운 형태의 관점을 인식할 수 있다.

비판적-이데올로기를 추구하는 연구자들은 해방, 변혁, 사회 변화를 촉진하기 위해 연구를 활용하며, 이러한 목적이 데이터 분석과 보고에 공공연하게 반영된다. 연구 목표에는 특권과 권력, 억압을 문서화하고, 가면을 벗기고, 부수는 것이 포함된다. 비판적 연구자는 소설에서 취하는 관점이 사회적으로 지배적인 관점과 어떻게 일치하거나 도전하는지 살펴봄으로써 문학 작품 속에 내포된 관점의 발달에 관한 연구를 수행할 수도 있다. 또는 학생들의 에세이를 통해 학생들이 지배적인 위치에 있는 인물과 소외된 위치에 있는 인물의 관점을 전환할 수 있는지 살펴볼 수도 있다. 학생들이 대조적인 사회적 위치에 있는 사람들의 관점을 받아들일 수 있을까? 이러한 질문은 독자들이 어떻게 사회적 신화에 비판적 태도를 취하고 소외된 관점에 대한 이해를 받아들이게 되는지에 대해 살펴볼 수 있게 한다. 이러한 접근 방식은 다음 절에서 논의되는 몇 가지 독특한 방법을 사용한다.

마지막으로, 실용적인 접근법을 사용하는 연구자들은 연구 과정에 대한 철학적 가정을 세우기보다는 다양한 실용적 목표를 달성하기 위한 방법을 사용하는 경향이 있다. 이 연구에서는 특정 문제를 해결하고 유익한 결과를 도출하는 것을 목표로 한다(Patton, 2015). 예를 들어, 연구자들은 소수 인종 문제에 대한 복합적 사고를 개발하는 데 가장 유익한 책을 찾아내는 것을 목표로 문학 작품 연구를 시작할 수 있다. 연구자들은 이 질문에 답하기 위해 다양한 방법이나 절차를 결합하여 사람들이 어떻게 이해를 형성하는지에 대한 인식론적 질문에 투자하지 않고도 이 질문에 답할 수 있다(McLeod, 2011). 예를 들어, 질적 주제 분석을 수행하여 에세이 질문에 대한 반응에서 사고의 복잡성을 평가하는 데 사용할 수 있는 척도를 만들어 낼 수 있다. 이들은 배정된 교재와 관련하여 등급을 분석하거나 수십 년에 걸친 책을 검토할 수 있다. 이들의 보고 스타일은 문제중심적이다. 즉, 한 가지 탐구 전통을 일관되게 채택하는 대신 각 문제에서 가장 시급한 관심사에 초점을 맞추기 위해 접근 방식과 글쓰기 스타일을 다양화한다.

탐구의 네 가지 전통에 대한 이 요약은 분명 완전한 것은 아니다. 하지만 질적 연구에서 사용되는 몇 가지 뚜렷한 목표와 전통을 이해하는 데 도움이 될 수 있다.

다양한 질적 연구방법들

질적 방법들은 앞 절에서 개략적으로 다룬 특성을 공유하지만, 심리 과학에서 사용되는 구체적인 질적 방법은 그 범위가 넓다. 이러한 방법들은 종종 사례연구(예: Fishman & Westerman, 2011; Yin, 2014), 합의적 질적 연구(예: Hill, 2012), 대화적 분석(예: Madill, Widdicombe, & Barkham, 2001), 비판적 분석(예: Fine, 2013; Steinberg & Cannella, 2012), 담화분석적(예: Madill, 2015a; Pea, 1993; Potter & Wetherell, 1987), 문화기술지적(예: Suzuki, Ahluwalia, Mattis, & Quizon, 2005; Wolcott, 2008), 근거이론(예: Charmaz, 2014; Glaser & Strauss, 1967), 내러티브(예: Bamberg, 2012; Josselson, Lieblich, & McAdams, 2007), 현상학적(예: Giorgi, 2009; Smith, 2004), 수행적(예: M. M. Gergen & Gergen, 2012), 주제분석적(예: Braun & Clarke, 2006; Finfgeld-Connett, 2014) 방법을 포함한 분석에 대한 다양한 접근법으로부터 유래한다. 또한 연구자들이 연구가 진행됨에 따라 철학적 가정이나 절차를 변경할 수 있기 때문에 이들 방법 중 다수는 다양한 형태를 취할 수 있다(K. J. Gergen, 2014).

보고 기준에 초점을 맞춘 이 책에서 여러 가지 방법에 대한 심층적인 설명을 제공할 수는 없지만, 많은 훌륭한 교재(예: Creswell, 2013a; Gelo, Pritz, & Rieken, 2015; McLeod, 2011; Wertz et al., 2011)에서 질적 방법에 대한 개요를 제공하고 있으며, 각 방법에 대해 상세한 설명을 제공하는 많은 서적들이 있다.

심사자와 독자들은 보고서를 검토하여 선택한 접근 방식 내에서 가치, 목표 및 절차 준수 여부를 결정한다. 그러나 질적 학술지 논문의 보고 기준 가이드라인에는 모든 질적 방법(그것들을 다루기 어렵게 만든)에 대해 보고해야 하는 구체적인 절차가 명시되어 있지는 않다. 대신, 연구자들은 자신이 사용 중인 방법을 숙지하고 그 특징을 나타내는 방식으로 보고해야 한다. 이 절에서는 목표와 절차의 다양성을 강조하기 위해 몇 가지 방법만 설명하여(Levitt, 2016), 보고에 어떤 영향을 미칠 수 있는지 제안한다. 앞으로 살펴보겠지만, 방법론에는 분석 과정에 대한 특정 어휘, 절차 및 관점이 있으며, 연구자는 보고서에 이러한 특수성이 반영되기를 원한다. 또한 이 책의 뒷부분에서 이러한 방법을 다시 언급하기 때문에 이러한 접근법 간의 차이점을 이해하는 것이 도움이 될 것이다.

현상학적 접근방법(Phenomenological Approaches to Method)

현상학적 전통은 Husserl(1925/1977)에 의해 개발되어 20세기 유럽에서 사용된 이후 현대 심리학의 다른 질적 방법들보다 오랜 연구 역사를 가지고 있다(Wertz, 2015). Husserl의 목표는 경험을 연구하는 과학적 방법을 제시하여 자연과학적 방법을 사용한 물질적 본질에 대한 조사에 비견되는 성공을 이루는 것이었다. 1960년대에 Giorgi(2009)는 듀케인대학교에서 Husserl의 방법을 기반으로 심리학 연구를 위한 절차를 기술하고 개발하였다(Churchill, 2018; Churchill & Wertz, 2015 참조). 이 접근법에는 이론, 가설, 가정을 제쳐두고(bracketing: 괄호치기) 경험의 의미와 구조에 성찰적으로 초점을 맞추는 절차(의도적 분석이라고 함)가 포함된다. 연구자는 자유 상상적 변형(free imaginative variation)이라는 절차를 사용하여 분석 대상 사례의 사실적 세부 사항을 수정하여 경험의 본질적 의미를 더 높은 수준의 일반성에서 파악한다. 주제 요소의 구체적인 예시에 대한 인터뷰에 기반하고, 서면 및 관찰적 설명을 사용하는 이 방법의 기본 단계는 개방적 읽기, 의미 단위 구분, 심리적인 의미 성찰, 일반적인 구조적 기술에서의 성찰을 종합하는 것이다(Giorgi, 2009).

현상학적 방법에 대한 다른 영향력 있는 접근법으로, 경험적 현상학적 접근과는 독립적으로 개발된 해석적 현상학적 분석(예: Smith, Flowers, &

Larkin, 2009)이 있다. 이 접근법은 연구자들이 자신의 선입견을 (제쳐두지 않고) 분석에 의도적으로 사용하고, 의미를 만드는 과정에 대한 해석을 코드화하는 데 참여자들과 함께할 것을 장려한다. 두 가지 접근방식 모두 인기를 얻었으며, 미국을 비롯한 전세계에서 다양한 주제와 이슈를 연구하는 데 사용되고 있다. 질적 학술지 논문의 보고 기준 가이드라인은 연구자들이 자신의 관점 관리 및 해석 프로세스에 대한 접근 방식을 글에 투명하게 제시하도록 장려한다(자세한 내용은 4장, 5장 및 10장 참조).

근거이론 접근방법(Grounded Theory Approaches to Method)

현상학적 연구방법과 마찬가지로, 고유한 탐구 및 절차 전통에 기반한 여러 버전의 근거이론 접근방법이 만들어졌고(예: Bryant & Charmaz, 2010; Rennie, 2012), 심지어 이 방법의 창시자들(예: Glaser & Strauss, 1967)조차도 서로 다른 일련의 절차를 개발하기도 했다. 그러나 근거이론 접근법은 여러 가지 구별되는 요소들을 공유한다. 이들은 각 데이터 단위를 다른 모든 단위와 비교하는 지속적 비교(constant comparison)라는 분석 프로세스를 공유한다. 먼저 연구자들이 단위 간의 공통점을 파악하여 데이터를 범주로 그룹화하면, 각 범주들은 공통된 의미를 기반으로 하여 분류된다. 분류된 범주는 차례로 서로 비교되며, 상위 범주는 공유된 의미를 반영하도록 개발되고 또 범주명이 붙여지고 분류된다. 이 프로세스는 분석의 핵심적 발견인 핵심 범주를 정점으로 하는 데이터 위계가 형성될 때까지 계속된다.

근거이론의 또 다른 특징으로는 연구자가 진행 중인 분석에서의 이해를 구체화하기 위해 전략적으로 참여자를 찾는 이론적 표본 추출 방법(theoretical sampling methods)에 따라 데이터를 수집하고, 추가 데이터가 더 이상 분석에 새로운 이해를 가져다주지 않는 것처럼 보이는 포화(saturation) 지점에서 중단하는 것을 들 수 있다. 이러한 절차는 현장에서 널리 받아들여져서 이제는 다른 질적 연구방법에도 일상적으로 통합되고 있다(데이터 수집에 대한 보고 정보는 5장을 참조).

내러티브 접근 방법(Narrative Approaches to Method: 서사적 접근)

내러티브에 대한 관심은 인지심리학자들이 뇌를 디지털 형식이 아닌 서사적으로 정보를 처리하고 인코딩하는 존재로 개념화하기 시작하면서 심리학에 등장하게 되었다(Bruner, 1990; Ricoeur, 1984). 내러티브 연구자들은 사건의 현사실성(facticity)보다는 사람들이 이해를 구성하고 조직하는 방식에 더 관심을 두는 경향이 있다. 이러한 방법은 심리학의 다양한 영역에서 채택되었으며, 연구자들은 광범위한 코딩 시스템과 질적 방법을 개발하여 왔다(예: Angus & McLeod, 2004).

내러티브 접근법은 내러티브의 내용, 기능, 구조적 특징, 시간에 따른 그들의 진화, 그리고 내러티브를 만들어 내는 과정을 연구하는 방법론적 변형을 포함하도록 확장되었다(예: Labov, 2006; Polkinghorn, 1988). 종종 내러티브는 사람들이 문화적, 관계적 역학 관계의 관점에서 자신과 타인에 대한 경험을 시간적으로 배치된 방식으로 표현하는 수사적 장치로 간주된다. 개인의 사회적 위치, 사건의 순서, 저자 또는 내러티브 속 등장인물의 의도가 모두 고려될 수 있다. 전체 인생 이야기를 조사하거나, 사람들의 삶 속에서 또는 사람들의 삶과 관련된 이야기 또는 특정 주제나 관심사와 이야기에 초점을 맞춰 연구할 수 있다(예: Joselson, Lieblich, & McAdams, 2007). 내러티브는 청자에게 미치는 영향을 연구하고 역사적, 문화적 맥락 내에서 그 의미를 연구함으로써 개별적으로 연구될 수 있다.

내러티브라는 제목 아래 사용되는 매우 다양한 절차는 분석 절차를 채택하는 데 어느 정도 유연성을 제공할 수 있다. 시간의 흐름, 사회의 변화, 새로운 줄거리나 캐릭터 도입과 관련하여 주제의 진화를 조사할 수 있으며,

연구자들은 사용 중인 다양한 내러티브 프로세스를 추적할 수 있다. 예를 들어, 확인된 패턴은 다른 이야기와 연관되어 연구자들이 내러티브의 주요 특징과 프로세스를 파악하는 데 도움이 될 수 있다. 질적 학술지 논문의 보고 기준은 이러한 다양한 내러티브 접근법을 사용하는 연구자들이 자신의 방법을 어떻게 철저하게 표현할지 결정할 때 도움이 될 수 있다.

비판적 접근방법(Critical Approaches to Method)

비판적 연구는 전통적인 탐구방법의 일종으로 간주되면서도, 이 접근의 연구자들은 질적 연구를 수행할 때 특정 절차를 사용하는 경향이 있다. 이들은 대인관계 및 사회정치적 구조와 프로세스(예: 성별, 인종, 민족, 성적 지향, 이민자 신분)가 사회에서 지배적인 계층의 특권을 뒷받침하기 위해 어떻게 기능하는지에 대해 관심을 갖고 분석을 시작한다. 연구자들은 보이지 않는 억압과 불공정의 세력이 현상유지가 된 것을 밝혀 내는 데 관심이 있다(예: Fine, 2013). 또한 연구 과정과 심리학이라는 학문이 차별적 관행과 관점을 영속화할 수 있는 행위에 관여하는 방식에 대해서도 비판한다(예: Wendt & Gone, 2012). 비판적 접근은 하나의 방법론적 접근에 얽매이지 않고 다양한 방법을 수행할 수 있는 해석적 렌즈의 형태를 취하는 경우가 많다(예: Chang & Yoon, 2011). 또한 연구자들은 이러한 관점을 연구에 반영하기 위해 의도적으로 조사 대상 커뮤니티의 참여자와 연구자를 포함시키는 경향이 있다. 그러나 순수하게 새로운 지식의 창출이라는 목표보다는 사회정의, 제도적 변화, 권한 부여에 중점을 두는 뚜렷한 목표 때문에 양적 방법과 기타 프로세스(9장의 혼합 연구방법 논문의 보고 기준 참조) 중 질적 방법을 사용하는 경우가 많다.

연구자들은 특히 다양한 대상별 연구 결과를 보고하는 데 관심이 있을 것이며, 여기에는 다양한 사회적 위치와 다양한 유형의 소외(예: 인종, 민족, 성적)를 겪는 청소년, 교사, 교장, 부모 및 다양한 사회적 입장의 심리학자가 포함될 수 있다. 이러한 이유로, 시스템 내에서 영향력 있는 사람들이 연구팀에 초대되는 경향이 있다. 예컨대, 연구자들은 위기 청소년들의 진정성을 체계적으로 지원하는 문제를 전달하기 위해, 또 서로의 의견을 듣고, 함께 연구 프로젝트를 개발하고, 시스템을 개선하기 위한 경로를 확인하기 위해 비판 이론에 기반한 렌즈를 사용하여 결과를 보고할 수 있다.

담화적 접근 방법(Discursive Approaches to Method)

담론 분석가(discourse analyst)는 질적 방법을 사용하여 담론의 기능을 면밀히 조사하지만, 그 생산의 근간이 되는 내적 경험을 발견하는 것을 목표로 하지 않는다(Potter, Edwards, & Wethell, 1993). 담론 분석은 다양한 인식론적 기초와 실천을 가진 접근법을 포괄한다(예: Riley, Sims-Schouten, & Willig, 2007). 대화 분석(conversational analysis)이 상호작용적인 프로세스를 관찰하기 위한 대화에 초점을 맞추고 있지만(Madill, 2015a) 담화 분석은 단일 소스에서 텍스트 패턴을 조사하는 데 초점을 맞춘다. 심리학에서 담론 분석에 대한 질적 접근 방식은 연구자들이 문화적, 이념적 가정이 담론을 어떻게 이해 가능하게 만드는지 탐구하는 렌즈를 통합하는 경향이 있다(Parker, 2015). 이들은 의사소통에 사용되는 단어와 구절 그리고 그 수사학적 영향에 대해 면밀히 분석한다. 예를 들어, 비판적 담론 연구자들은 종종 페미니즘과 다문화 프레임워크에서 출발하며, 이런 관점을 제쳐두기보다는 억압적이거나 기만적인 사회 관행을 밝히고 사회 정의의 목표를 달성하기 위해 이를 활용한다. 3장에서는 연구 목적에 비추어 무결성을 갖춘 방식으로 연구를 발표하는 방법에 대한 자세한 가이드라인을 제공한다.

연구자들은 담론의 출현을 추적함으로써 담론이 어떻게 진화하는지 조사할 수 있다. 그들은 경쟁 담론이 어떻게 전개되고 변화하는지 조사하여 이러한 경쟁적인 담론들에 대해 보고할 수 있다. 또한 이러한 담론의 영향력과 여파에 대해서도 탐색한다. 예를 들어, 연구자들은 성차별적 담론이 여성 강간 피해자의 침묵과 대상화를 정상화하는 데에 어떻게 작용하는지 조사할 수 있다. 이러한 접근 방식은 통계를 사용하여 담화의 특징을 평가하는 언어학적 정량적 담론 분석 접근과는 다르다.

요약: 질적 학술지 논문의 보고 기준(JARS-Qual)의 역할

이 간략한 설명을 통해, 여러분은 질적 방법의 전통이 어떻게 서로 다른 목적을 향해 뚜렷하게 기능하는지 알 수 있을 것이다. 몇 가지 질적 방법론만 간략히 살펴보아도 각 방법론이 고유한 용어, 절차, 목표를 가지고 있다는 것을 알 수 있다. 예를 들어, 경험적 현상학자들은 에포케(epoché: 판단중지 또는 유보)와 환원(reduction)의 과정에 대해 보고하고, 근거이론가들은 위계 구조를 개발하고 포화상태를 확립하는 과정을 기술하고, 내러티브 연구자들은 내러티브의 구조와 과정을 사용하는 연구에 참여하는 방식을 기술하고, 비판적 연구자들은 분석 도구로 사용한 이론을, 담론 분석가들은 대화에서 담론의 기능에 대한 증거를 설명할 것이다.

질적 학술지 논문의 보고 기준 가이드라인은 이러한 각 방법론적 접근법의 수준에 대한 안내는 제공하지 않는다. 이는 연구자가 사용하는 방법의 특징을 파악하거나 자신이 개발한 방법의 근거를 제시하는 것은 연구자가 해야 할 일이라는 의미이다. 연구자가 보고서 전반에 걸쳐 사용하는 언어는 연구방법과 탐구 접근 방식을 모두 반영한다. 질적 학술지 논문의 보고 기준의 역할은 연구자들이 여러 방법의 보고에 어떤 정보를 포함할 것인지에 대해 신중한 결정을 내릴 수 있도록 지원하는 것이다. 이러한 아이디어는 방법론적 무결성에 대한 다음 장에서 계속 논의된다.

제3장

방법론적 무결성: 연구의 충실성과 유용성 확립하기

연구자들은 오랫동안 연구방법의 엄밀성을 알리는 것에 관심을 기울여 왔다. 다양한 탐구 전통에 포함될 수 있는 질적 방법들에는 여러 가지가 있기 때문에, 질적 연구를 잘 수행하는 데에는 여러 가지 아이디어가 있을 수 있다. 이 문제는 엄격한 그리고 연구 결과에 대해 확신을 주는 연구를 개발하고자 하는 질적 연구자들의 마음과 밀접한 관련이 있다. 또한 연구자는 엄격성이라는 이상과 관련하여 독자가 연구의 강점과 한계점을 모두 이해할 수 있도록 하기 위해 무엇을 보고해야 하는지 알아야 한다. 때문에 이 문제는 연구 보고 기준을 고려할 때 핵심적인 문제이다. 접근법의 모든 다양성을 고려할 때, 엄격성은 어떻게 평가될 수 있을까?

방법론적 무결성은 엄격성 측정을 위한 가장 효과적인 기준 중 하나이며, 이 장에서 고려되는 '주제에 대한 충실성'과 '연구 기여에의 유용성'이라는 두 가지 요소로 구성된다. 질적 학술지 논문의 보고 기준(JARS-Qual)에서는 방법 섹션의 맥락에서 방법론적 무결성을 논의하고 있지만, 실제 연구 시에는 선제 연구 보고서 작성 전반에 걸쳐 이 개념을 염두에 두는 것이 중요하다.

질적 연구의 다양한 전통에서 무엇이 질적 연구를 다양한 탐구 전통에 걸쳐 탄탄하게 하는지를 명료하게 설명하기 위해 다양한 기준이 개발되었다(예: Elliott, Fischer, & Renny, 1999; Guba & Lincoln, 2005; Levitt, 2015; Maxwell, 1992; Morrow, 2005; Parker, 2004; Wertz et al., 2011; Williams & Morrow, 2009). 또한 다른 저자들은 단일 방법의 바람직한 특징을 개략적으로 설명하는 질적 연구 수행 및 검토를 위한 훌륭한 가이드라인을 만들었다 (Fassinger, 2005; Fine, 2013; Gilligan, 2015; Hill, 2012; Hoshmand, 2005; Kidd & Kral, 2005;

Suzuki, Ahluwalia, Mattis, & Quizon, 2005; Wertz, 2005). 이러한 기준은 종종 질적 연구에 유리한 절차를 식별하는 데 중점을 둔다. 이러한 접근법은 연구 설계와 검토 과정에서 도움이 될 수 있지만, 두 가지 중요한 한계점이 있다. 첫째, 일부 질적 연구자들은 설계에 기존의 방법을 사용하지 않는다. 이들은 당면한 문제를 해결하기 위해 실용적으로 새로운 방법을 개발할 수 있다. 둘째, 확립된 방법을 사용하는 연구자는 종종 자신의 질문, 주제 또는 기타 연구 특성에 더 잘 대처하기 위해 이를 변형하는 경우가 많은데, 한 맥락에서는 유용하지만 다른 맥락에서는 문제가 될 수도 있다. 이러한 우려 때문에, 특정 절차에 얽매이지 않고 기본 원칙을 명시하는 질적 연구 평가 가이드라인에 대한 관심이 높아졌다. 이러한 원칙을 이해하고 어떻게 연구의 질이 결정되는지를 알면 그러한 판단을 위해 논문에 어떤 정보를 보고해야 하는지를 알 수 있게 될 것이다.

방법론적 무결성을 설명할 때,

- 분석을 통해 제기된 주장이 타당하다는 것을 입증한다. 방법론적 무결성(즉, 충실성 및 유용성)을 뒷받침하는 절차는 일반적으로 논문의 관련 섹션에 걸쳐 설명되지만, 정교하게 설명하거나 강조하는 것이 도움이 될 경우 지정된 절에서도 설명될 수 있다.

신뢰성과 방법론적 무결성

질적 연구에서 신뢰성(trustworthiness)의 개념은 질적 연구의 가치를 전달하고 연구의 독자가 프로젝트에서 제기된 주장이 타당한지의 여부를 식별할 수 있도록 돕기 위해 제안되었다(Lincoln & Guba, 1985; Morrow, 2005). 이 개념은 질적 연구 발표의 가치에 대한 평가는 독자의 판단에 근거해야 한다고 주장된다. 연구 결과를 발표할 때 독자는 연구 결과가 정당하고 연구자가 선택한 절차가 그러한 주장을 할 만한 가치가 있다고 믿기를 원한다. 신뢰성이라는 개념은 이러한 의미를 담고 있으며, 이 분야에 가치 있는 공헌을 해 왔다.

이 개념을 바탕으로, 신뢰성의 근본적인 방법론적 근거를 파악하기 위해 방법론적 무결성(methodological integrity)이라는 용어가 발전되었다(Levitt, Motulsky, Wertz, Morrow, & Ponteroto, 2017). 신뢰성의 개념은 프로젝트에 대한 독자의 믿음을 측정하지만, 그 믿음의 근거를 명시하지는 않으며 부분적으로는 연구 설계 및 실행과 무관한 특징에 기초할 수 있다. 예를 들어, 논문이 독자가 이미 가지고 있는 편견이나 관점에 부합한다면, 독자들은 이 논문의 신뢰성을 높게 평가할 것이다. 또는 유명한 심리학자가 작성한 논문이라면 연구 결과를 더 쉽게 신뢰할 수 있는 것으로 받아들일 수 있다. 이와는 대조적으로, 방법론적 무결성은 신뢰성의 근간이 되는 방법-기반 평가(method-based evaluations)를 식별한다. 방법론적 무결성은 프로젝트에서 사용해야 하는 특정 절차에 초점을 맞추는 것이 아니라, 개별 연구 프로젝트의 특징에 따라 절차를 선택하고 적용하기 위한 상황에 맞는 근거에 초점을 맞춘다.

질적 연구를 수행하는 한 가지 올바른 방법이 있다고 주장하는 대신, 연구자는 다음과 같은 연구의 네 가지 요소가 어떻게 시너지 효과를 발휘하는지 고려하는 것이 좋다: (a) 분석 방법과 연구 설계(예: 문화기술지, 대화 분석)는 (b) 연구 목표를 지원하는 방식(즉, 연구 문제 혹은 질문)으로 사용되어야 한다. (c) 연구자의 탐구 접근 방식(철학적 가정, 세계관, 문제에 대한 접근 방식을 포함한 연구 전통) 내에서 일관성이 있어야 하며, (d) 당면한 연구 특성에 맞게 조정되어야 한다. 연구의 특성 측면에서 연구자는 연구 중인 현상과 관련된 특징(예: 경험 또는 프로세스 내의 다양성 및 복잡성), 연구자(예: 개인 또는 팀 접근 방식이 최선인지의 여부, 관련 상태 또는 실제 경험), 연구 참여자(예: 언어 및 통찰력, 연구에 헌신할 잠재력, 대표성의 필요), 그리고 연구를 지원하기 위해 이용할 수 있는 자원들을 고려해야 한다.

예를 들어, 대학원생의 연구자 정체성 발달에 관한 연구에서, 연구자는 자신이 선택한 방법이 프로젝트의 목표와 어떻게 관련이 있는지 보고하길 원할 것이다. 대학원생들을 지원하기 위한 문서를 제공하는 것이 목표인가? 적극적인 연구 프로그램을 형성하는 데 필요한 자원이 무엇인지에 따라 대학 정책에 영향을 미치기 위한 목표인가? 대학원의 연구방법 관련 강좌의 교수자들에게 연구에 대한 열정을 가장 잘 키우는 방법을 알려주는 게 목표인가? 여러 가지 목표가 있을 수 있지만, 연구 목표를 가장 잘 달성할 수 있는 연구 방법이 어떻게 선택되어야 하는지가 명확해야 한다.

선택된 방법 또한 탐구 접근 방식을 고려할 때 타당해야 한다. 예를 들어, 대학원생들의 내적인 경험을 명료하게 표현하는 것이 목적이라면, 탐구에 대한 구성주의적 접근이 타당할 것이다. 연구자는 학생들과 인터뷰를 통해 연구원이 된다는 것이 무엇을 의미하는지에 대한 이해를 어떻게 구성하는지, 그리고 자신의 질문과 기대가 답변과 어떻게 관련되어 있는지에 대해 알아볼 수 있다. 그러나 대학 시스템을 변화시키기 위한 접근 방식이라면 비판적 접근 방식을 사용하는 것이 유용할 수 있다. 그런 다음 연구자는 학생뿐만 아니라 교수와 행정 관리자를 인터뷰하여 시스템 내에서 서로 다른 위치에 있는 사람들이 서로의 필요와 가치를 어떻게 오해하고 있는지 알아볼 수 있다. 탐구에 대한 접근방식, 연구 방법 및 연구 목표는 모두 서로를 발전시켜야 한다.

또한 특정 연구의 특성에 따라 탐구 접근 방식, 방법 또는 목표가 달라질 수 있다. 예를 들어, 연구자가 학생의 장학금에 대한 재정 정보에 접근할 수 없는 경우가 있을 수 있다. 학생들이 아직 대학원에 재학 중이고 이제 막 연구에 대해 배우는 중이기 때문에 진로 목표가 불확실하여 자신 있게 답할 수 있는 질문이 제한적일 수도 있다. 아마도 응용 연구에 관심을 갖기 시작한 일부 사람들은 시간이 지나서야 자신이 연구를 좋아한다는 사실을 깨닫거나 그 반대의 경우도 있을 수 있다. 어쩌면 참여자를 잘 아는 사람이라는 연구자의 위치로 인해, 물어볼 수 있는 질문의 유형이 제한될 수도 있다. 탐색하고자 하는 현상의 특성, 참여자와 연구자의 특성, 그리고 이용 가능한 자원이 모두 설계 과정에서 고려되어야 한다.

방법론적 무결성에 대한 평가

연구자가 주어진 접근 방식과 관련하여 고정된 절차를 준수하였는지를 기준으로 방법을 평가하는 접근 방식과 달리, 방법론적 무결성은 앞 절에서 설명한 대로 연구 특징의 맥락에서 두 가지 구성요소와 이들의 상호작용을 평가하는 것으로 이해할 수 있다. 이 두 가지 요소는 연구주제에 대한 충실성과 연구 기여의 유용성이다. 물론 충실도와 유용성은 연구 프로젝트 전반에 걸쳐 작용하며 연구 노력 전반(예: 질문 개발, 문헌 검토, 토론)에 걸쳐 고려될 수 있지만, 데이터 수집 및 분석이 연구설계를 검토하는 데 있어 핵심적 과정이기 때문에 그 평가에 중점을 둔다.

충실성과 유용성 모두 네 가지 특징을 참조하여 평가할 수 있으며, 이들을 사례로 설명하기로 한다(〈표 3.1〉 참조). 이러한 특징이 보고 기준에 자세히 설명되어 있지는 않지만, 기준은 Levitt, Motulsky 등(2017)에서 설명된 개념화를 기반으로 한다. 이러한 특징이 모두 논문의 방법 절에 보고되는 것은 아니다(실제로는, 논문 전체에 걸쳐 평가가 이루어질 수 있다). 그 특징들은 이 책의 마지막 장뿐만 아니라 이 장에서도 설명된다.

◈ 표 3.1. 방법론적 무결성 및 보고 기준의 요소

특징	보고 평가	보고 방식의 예
주제에 대한 충실성		
충실성을 위한 적절한 데이터	• 개념화 방식을 보고하고 데이터가 분석에 적합한지 확인하였는가?	• 자신의 연구가 문헌의 이해에 어떻게 도움이 되는지 설명하기 • 현상 내의 다양성과 가장 관련이 있을 수 있는 특징 그리고 데이터가 어떻게 다양성을 포함하는지를 설명하기
데이터 수집 시 관점 관리	• 데이터 수집에서 연구자 자신의 관점이 미치는 영향을 어떻게 관리했는지 보고했는가?	• 연구자의 관점이 자료 수집에 어떻게 영향을 미치는지를 평가하고 제한하는 방법을 설명하기[예: 메모하기(memoing), 괄호치기(bracketing)] • 유도하지 않는 개방형 질문을 사용하여 기술하기 • 면접의 이해도에 대해 참여자 피드백을 구하는 방법을 기술하기 • 내용상 불일치하는 부분이 있는지 확인을 요청하는 것에 대해 설명하기
데이터 분석 시 관점 관리	• 분석을 통한 의미 도출에 있어서, 연구자의 관점이 미치는 영향을 어떻게 관리했는지에 대해 보고하였는가?	• 연구자의 관점이 분석에 어떻게 영향을 미치는지를 평가하고 제한하는 방법을 설명하기[예: 메모하기(memoing), 괄호치기(bracketing)] • 연구결과에 대해 참여자의 피드백을 어떻게 구하였는지 기술하기 • 동의를 얻은 방법을 기술하기
근거성(Groundedness)	• 발견사항이 데이터에 근거하였는지 입증하였는가?	• 분석 과정이 잘 드러나도록 인용문과 발췌문을 제공하기 • 데이터를 보다 생생하게 전달하기 위해 아주 매력적인 인용문과 발췌문을 사용하기

특징	보고 평가	보고 방식의 예
연구 기여의 유용성		
맥락화 (Contextualization)	• 결과와 데이터를 맥락에 맞는 형태로 정리하고 그 한계를 명확히 하였는가?	• 인용, 발췌된 자료에 대해 맥락적인 정보를 제공하기 • 결과의 제한점과 맥락을 구체적으로 제시하기
통찰을 위한 촉매 (Catalyst for insight)	• 이 연구가 프로젝트 목표와 관련된 통찰을 어떻게 도출할 수 있는지 입증하였는가?	• 수집된 데이터가 어떻게 미묘한 차이를 보이는지, 상세한지, 성찰적인지 또는 통찰력 있는 발견사항을 도출할 수 있는지를 명확히 하거나 입증하기
의미 있는 기여 (Meaning Contribution)	• 연구 결과가 프로젝트 목표에 얼마나 의미 있는 기여를 하는지 기술하였는가?	• 도입부에서 검토한 문헌과 관련하여 연구의 필요성을 확립하기 • 연구결과에 대한 논의에서 연구 결과가 연구 목표를 어떻게 진일보시키는지 명확하게 설명하기
논리적 일관성 (Coherence)	• 연구에서 발견된 내용들의 의미가 다른 것과 어떻게 논리적으로 일관성이 있는지 명확히 하였는가?	• 언제 어떻게 차이가 발생하는지 독자들이 이해할 수 있도록, 잠재적으로 불일치하는 결과 간의 관계를 명확하게 하기 • 서로 다른 결과를 반영하고 통합하는 방식으로 결과의 시사점에 대해 논의하기

주제에 대한 충실성

주제에 대한 충실성 측면을 보고할 때,

- 질문, 연구 목표 및 질문 접근방식과 가장 관련성이 높은 형태의 다양성을 포착할 수 있는 능력 측면에서 데이터의 적절성을 평가한다.
- 데이터 수집과 분석 모두에서 연구자의 관점이 어떻게 관리되었는지 설명한다(예: 데이터 수집에 미치는 영향을 제한하고 분석을 구조화함).
- 연구 결과가 증거에 기반하고 있음을 입증한다(예: 인용문, 발췌문 또는 데이터 수집에 대한 연구자의 참여에 대한 기술을 사용함).

질적 연구자들은 연구 전체에 걸쳐 충실성에 관심을 두게 된다. 연구자가 자신의 탐구 접근 방식에서 생각한 대로 연구 중인 현상을 명확하고 생생하게 묘사하거나 발췌할 수 있는 데이터를 수집하고 연구 결과로 발전시키고자 한다. 주제에 대한 충실성의 개념은 사용 중인 전통이나 관점 내에서 이해되어야 한다. 예컨대, 연구 주제를 세상의 실제 현상으로 이해하거나(예: 고통의 경험을 실존적 또는 생물학적으로 주어진 것으로 간주할 수 있음), 또는 구성된 현상(예: 고통의 경험이 학습, 관심 그리고 사회적 관습에 의해 강하게 영향을 받는다고 생각할 수 있음)으로 이해할 수 있다. 어떤 현상이 구성적 현상이라고 생각하더라도, 그 현상을 명료하게 표현하고 설명할 수 있도록 해당 경험과 구성 및 해석 과정과 밀접한 관련이 있는 데이터를 수집하고 결과를 개발하는 것이 좋다. 충실성의 네 가지 특징 중 데이터 수집에서의 충실성과 관점 관리는 데이터 수집에 초점을 맞추고, 데이터 분석의 관점 관리와 근거성은 분석 과정에 초점을 맞추고 있다.

충실성을 위한 적절한 데이터 데이터 수집을 설명할 때는, 수집한 데이터가 연구 질문, 연구 목표, 그리고 탐구 접근 방식과 가장 관련이 있는 현상의 다양한 특징(예: 사람들이 한 사건을 어떻게 다르게 경험하는지)을 포착하기에 충분하다는 것을 독자에게 확신시킬 만한 정보를 전달해야 한다. 적절성은 설정한 질문과 목표의 범위를 참조하여 평가된다. 한 참가자에 대한 사례연구는 문헌에서 현상에 대한 이해를 확장하려는 목표에 부합하는 경우 적절한 다양성을 제공할 수 있다. 분석에서 모든 유형의 다양성을 확보할 수는 없으므로 연구 중인 경험에 가장 영향을 미칠 수 있는 다양성 요인이 무엇인지 고려하고 이를 찾아야 한다. 예를 들어, 아메리카 원주민 학생들의 대학 진학 경험에 관심이 있다면, 다양한 주에서 다양한 과목을 공부하는 다양한 성별과 연령대의 학생들로부터 데이터를 수집할 수 있다. 아메리카 원주민 1세대 학생들의 역사 공부 경험에 관심이 있다면, 이 질문에 따라 적절성을 입증하는 데 필요한 요소의 범위가 결정될 것이다.

데이터를 수집할수록 이러한 요소에 대한 이해의 폭이 넓어질 수 있으며, 데이터의 다양한 특성을 더 잘 이해할 수 있는 참가자를 의도적으로 찾을 수도 있다(예: 이론적 표본 추출; Glaser & Strauss, 1967). 예를 들어, 인터뷰 과정에서 가족과의 근접성이 대학 경험에 영향을 미치는 특성이라는 사실을 발견하고 가족과 떨어져 사는 참가자를 의도적으로 더 많이 찾을 수 있다. 데이터 수집의 적절성을 확립한 방법을 명확하게 보고하면, 독자들은 그 연구가 현상을 폭넓게 조명할 수 있다는 확신을 갖게 된다.

데이터 수집 시 관점 관리 질적 연구자들은 그들의 연구에 내재된 해석 과정에 대해 명백히 드러내는 주관주의적 수사법, 즉 연구에 접근하고 수행할 때 자신의 관점을 설명하려고 노력하는 경향이 있다. 자신의 신념, 가치, 정체성 또는 입장을 설명하는 것은 두 가지 측면에서 연구를 강화할 수 있다. 첫째, 자신의 관점이 연구에 영향을 미칠 수 있는 방식을 인식하고 그 영향력을 관리하기 위해 어떻게 노력했는지 서술할 수 있다. 둘째, 독자가 연구자의 출신 배경과 그 맥락에서 연구 결과를 이해하는 데 도움이 된다. 연구자는 자신의 관점을 사용하여 질문을 구체화하거나 연구 목적을 결정할 수 있지만, 참여자들의 반응을 편견 없이 듣고자 하는 것과 같이 자료 수집 과정에서 연구자 자신의 관점의 영향을 배제하고자 노력한다. 또한 연구자는 관점을 관리하는 데 사용한 절차를 보고하는 것이 중요하다. 예컨대, 개방형 질문과 비유도적 질문을 사용하고 데이터 수집 설계 평가를 통해 가치 중립 또는 균형을 맞추는 것과 같은 절차를 보고해야 한다.

데이터 분석 시 관점 관리 데이터 분석에 참여할 때 질적 연구자는 관점 관리를 위해 두 가지 전략 중 하나를 사용하는 경향이 있다. 데이터 수집에서의 관점 관리와 마찬가지로, 첫 번째 전략은 연구 프로젝트에 대한 관점의 영향을 제한하는 것이다. 이를 위해 어떤 절차를 사용했는지, 예를 들어 현상에 집중적으로 참여하여 이해를 넓히고, 여러 분석가를 활용하여 서로의 해석을 확인하고, 연구 결과에 대한 참여자의 피드백을 활용하고, 자신의 관점에 대해 토론하거나 메모하여 분석에 미치는 영향을 확인하는 등의 방법을 보고하는 것이다.

두 번째 전략은 자신의 관점을 분석에 적극적으로 활용하는 것이다. 예를 들어, 연구자는 대학 운동선수의 성차별에 대한 연구에서 여성 운동선수를 인터뷰할 수 있다. 연구자들은 참가자들이 알지 못하는 남자 운동선수들의 재정적 지원 방식과 성차별이 어떻게 드러나는지에 대한 정보를 가지고 있을 수 있으므로, 그들의 지식을 활용하여 참여자들이 파악하지 못하는 성차별이 작동하는 방식을 파악할 수 있다. 이 접근 방식은 비판적 탐구 접근 방식이나 연구자가 참여자가 식별하기 어려운 경향이나 역학을 식별하는 데 관심이 있는 경우(예: 무의식적 신념 연구, 참가자의 인식이나 연구 중인 텍스트의 저자의 인식을 넘어서는 패턴 연구)에 사용되는 경향이 있다. 이 전략을 사용하는 경우, 연구자는 분석을 구성하기 위해 어떤 관점을 사용했는지, 그리고 그 관점이 질문에 답할 수 있는 결과를 식별하는 데 어떻게 도움이 되었는지를 보고하고자 할 것이다.

근거성 마지막으로, 분석 결과에 대한 근거가 분석 데이터에 있음을 독자가 명확히 알 수 있도록 보고해야 한다. 연구자들은 종종 인용문, 발췌문 또는 연구자의 데이터 수집 참여에 대한 설명을 사용하여 연구 결과의 근거를 입증한다. 해석을 데이터와 연결하고 분석이 어떻게 이루어졌는지를 설득력 있게 보여 주면 독자의 연구 결과에 대한 신뢰도가 높아진다. 이 프로세스는 결과 섹션에 초점을 맞춘 6장에 자세히 설명되어 있다.

연구 기여의 유용성

기여의 유용성 측면에 대해 보고할 때,

- 기여가 통찰력 있고 의미 있음을 입증해야 한다(예: 현재 문헌 및 연구 목표와 관련하여).
- 연구결과에 대한 관련 맥락 정보를 제공한다(예: 연구 설정, 참여자들에 대한 정보, 필요에 따라 발췌하기 전에 인터뷰 질문 제시).
- 데이터에서 모순이나 확인되지 않는 증거를 이해할 수 있는 일관된 방식으로 결과를 제시한다(예: 불일치를 조정하고, 결과에 충돌이 있을 수 있는 이유를 설명).

연구자가 선택한 데이터 수집 및 분석 절차의 적절성은 연구 기여의 유용성을 강화하는지의 여부에 따라 평가할 수 있다. 보고에서 유용성 확립은 저자가 연구 질문에 유용하게 답하고 연구 목적을 달성하는 절차를 선택했는지의 여부를 보고하는 과정이다. 질적 연구의 목표는 다양할 수 있으므로, 연구의 구체적인 목표(예: 비판 의식 제고, 이론 개발, 이해 심화, 사회 관행 파악, 특정한 지식 개발)를 염두에 두어야 한다. 목표를 달성하는 데 유용한 결과를 도출하는 연구가 좋은 연구이다.

연구 결과가 유용한지의 여부는 연구의 목적과 담구 방식에 따라 판단된다. 예컨대, 비판적 탐구 접근 방식으로 수행된 연구는 억압과 특권의 체계적 과정에 대한 인식을 제고할 수 있는 연구 결과를 개발해야 한다. 담론의 패턴을 파악하기 위해 수행된 연구는 이러한 사회적 관행에 대한 이해에 기여해야 한다. 또한 임상 또는 교육 활동을 돕기 위해 수행된 연구는 이러한 관행을 더욱 풍부하게 이해하고 정보를 제공할 수 있는 방향으로 나아가야 한다. 유용성의 네 가지 주요 특징을 검토하고자 한다. 이 중에서 맥락화와 통찰을 위한 촉매는 데이터 수집에 초점을 맞추고, 의미 있는 기여와 응집성은 데이터 분석에 초점을 맞춘다.

맥락화 질적 연구자들은 시간, 문화 및 지역에 따라 달라질 것으로 예상되는 주제를 연구하는 경향이 있으므로, 제시하는 데이터는 적절하게 맥락화되어야 한다. 인용문과 탐구 결과를 제시할 때는, 그 맥락을 명확히 하고, 응답을 이끌어 낸 질문을 설명하거나, 인용문이나 탐구 결과 앞에 맥락 정보를 덧붙인다. 단순히 "남자 선수들이 더 나은 대우를 받고 더 많은 지원을 받는 것을 볼 수 있었다."라는 인용문을 제시하면, 독자들은 이 인용문이 어떤 스포츠 종목을 가리키는지, 의견의 근거가 무엇인지 또는 참가자의 맥락이 무엇인지에 대해 궁금해할 수 있다. 문맥이 중요하다. 예를 들어, 남자 선수에게 제공되는 장학금의 수가 다르다는 것과 관련하여 대학 농구 선배가 한 말이라는 명시를 하면 이해에 도움이 될 것이다.

연구 결과를 가장 잘 설명할 수 있는 맥락 정보를 함께 보고하는 것도 중요하다. 인도나 스웨덴에서 여성 운동선수의 의미는 미국에서 의미하는 바와 상당히 다를 수 있다. 혹은 한 시대의 경전이 다른 시대와는 다른 의미를 지닌 방식으로 번역되어 상반된 분석을 낳을 수도 있다. 또는 이전 세대에서 가정주부의 사회적 역할의 의미가 이후 세대의 주부의 사회적 역할과 다른 것일 수도 있다. 이 모든 경우에 맥락의 영향과 그것이 연구 결과에 어떤 영향을 미칠 수 있는지를 명확히 설명하는 것이 핵심이다. 이를 통해 독자가 연구 결과를 더 잘 이해할 수 있을 뿐만 아니라, 독자 자신의 맥락에 맞게 그 의미를 전달받을 수 있을 것이다.

통찰을 위한 촉매 데이터 수집 또는 선택 과정을 설명할 때는 독자에게 데이터가 새로운 순위로 이어질 수 있음을 분명히 보여 주어야 한다. 연구 목표에 대응하는 데 유용한 데이터를 확보하기 위해, 데이터 수집 프로세스를 어떻게 구성했는지 설명하는 것이 핵심이다. 여기에는 참여자가 연구 중인 현상에 대해 깊이 있는 지식이나 전문성을 갖추고 있다는 증거를 제시하는 것이 포함될 수 있다. 연구를 위해 선택한 텍스트나 아카이브에 대한 정당성을 포함하면 데이터 선택이 적절한 이유를 독자들에게 보여 줄 수 있다.

연구자는 데이터 원본과 사용자 그리고 그 둘 사이의 관계를 통해 데이터에서 통찰을 이끌어 내는 방법을 표현하기를 원한다. 예를 들어, 젊은 여성 운동선수가 나이 많은 남성 교수진에게 자신들의 생각을 공개하는 것을 불편하게 느낄 수 있다. 또는 참여자가 같은 공동체의 누군가에게 자신의 진솔한 생각만 드러내고 싶어할 수도 있다. 연구자와 참여자와의 관계를 잘 기술함으로써, 독자들로 하여금 연구자-참여자 관계가 참여자들의 응답을 제한하는 것이 아니라 통찰력 있는 자료가 확보되도록 장려할 것이라고 믿게끔 하는 것이 중요하다.

의미 있는 기여 연구자는 데이터를 통해 새로운 통찰을 할 수 있어야 하며, 연구 결과가 실제로 문헌에 기여한다는 것을 입증해야 한다. 다시 말하자면, 기여의 여부는 연구의 목표, 연구 전통 및 연구 특성과 관련하여 판단되므로 이러한 측면과 관련하여 연구 결과를 논의하는 것이 좋다. 이 유용성의 특징은 7장 연구결과에 대한 논의에서 상세히 검토하기로 한다.

논리적 일관성 언뜻 보기에 유용성의 마지막 특징은 처음에 제시한 결과가 다른 결과와 모순되거나 확증되지 않는 것처럼 보일 수 있는 상황 아래에서 독자들이 내용을 잘 이해할 수 있도록 지원할 필요가 있다는 의미를 담고 있다. 연구자는 하나의 사례에서도 데이터가 언제 그리고 왜 이쪽 상황의 지표가 되기도 하고 저쪽 상황의 지표가 될 수도 있는지를 자세히 설명할 수 있어야 한다. 참여자들이 신규 졸업생을 신입사원으로 채용하는 것을 좋아하기도 하고 싫어하기도 한다고 보고한다면 독자들은 이해할 수 없을 것이다. 참여자들이 멘토가 될 시간이 더 많을 때는 신규 졸업생을 채용하는 것을 좋아하지만, 이 시간이 없을 때는 채용하는 것을 싫어한다고 표현하는 것이 더 유용할 것이다. 나는 종종 학생들에게 연구 결과 사이의 관계를 고려하고, 어떤 것이 가장 적합한지 알아보라고 독려한다. 보통 X가 일어나고 Y는 거의 발생하지 않거나, Y가 발생할 때만 X가 발생할 수도 있다. 또는 Y는 X가 나타날 때만 이따금 발생한다. 따라서 연구자는 독자가 데이터에서 암시되는 패턴을 추측할 필요없이, 그 패턴들에 대한 연구자의 해석을 제시하는 것이 좋다.

연구절차의 일관성

방법론적인 무결성을 다룰 때,

- 분석 프로세스와 관련하여 일관성을 입증하거나(예: 분석가는 일관성을 뒷받침하기 위해 분석 시연을 사용하거나, 안정적인 관점의 개발, 평가자 간 신뢰도, 의견 합의 등을 기술할 수 있음), 혹은 불일치에 대한 대응(예: 분석 도중 코더 교체, 분석 프로세스의 중단)을 기술한다. 방법론적 무결성이 윤리적 이유로 변경된 경우, 그 이유와 조정 사항을 자세히 설명한다.

연구자는 방법론적 무결성과 그 특징, 충실도 및 유용성과 관련하여 절차의 사용을 설명하는 것 외에도, 이러한 절차가 일관되게 사용되었는지 여부를 명확히 할 필요가 있다. 분석 도중에 사용하던 접근 방식과 절차를 변경한 경우, 그 이유와 불일치 문제를 어떻게 처리했는지 설명해야 한다. 예를 들어, 데이터의 절반을 두 명의 코더가 코딩했는데, 한 명의 코더가 계속할 수 없어 세 번째 코더가 개입하는 경우를 들 수 있다. 이러한 중단에도 불구하고 절차적 일관성을 유지하기 위한 노력을 설명하는 것이 좋다. 또는 대부분의 데이터가 한 시점에 수집되고 나머지는 나중에 수집된 경우, 이러한 지연이 조사 결과에 어떤 영향을 미쳤는지 설명하는 것이 좋다. 질적 연구자는 일관성 문제를 해결하는 또 다른 방법으로 연구 전반에 걸친 자신의 관점의 변화를 설명하는 경향이 있다.

충실성과 유용성의 비교

충실성과 유용성은 서로 얽혀 있을 수 있지만, 별개의 개념이다. 예를 들어, 학생들의 학습전략을 증진시키는 것을 돕기 위한 연구를 독자가 읽고 있다고 상상해 보자. 학생들을 주의 깊게 인터뷰하고 설득력 있고 통찰적이며 흥미진진한 인용문과 함께 공부의 어려움에 대한 미묘한 차이를 잘 묘사한 질적 연구를 발견했다고 가정해 보자. 이 연구는 충실성이 높을 수는 있지만, 새로운 학습 전략을 소개하지 않았다면(또는 문헌이 없었다면) 유용성은 낮을 것이다. 문제를 이해하는 데 도움이 되었을지 모르지만, 그 분석이 뻔하거나 일반적으로 알려진 기법만 제시하는 셈이 될 수도 있다. 즉, 독자는 문제를 더 잘 이해하게 되었지만, 다음 시험이 다가오면 학생들이 무엇을 할 수 있는지에 대해서 더 잘 이해하지는 못할 수도 있다.

이 연구와 유사한 또 하나의 인터뷰 연구와 대조해 보니, 학생들이 시도할 수 있는 많은 전략을 제공했지만 문제에 대한 충분한 이해나 전략이 학생들의 향상에 어떻게 도움이 되었는지를 제시하지 않았다. 인용문이 너무 짧아서 의미가 없고 인터뷰는 피상적으로 보인다. 학생들이 시도해 볼 수 있는 여러 가지 방법을 제시하고 있지만, 그 전략이 실제로 문제에 대한 면밀한 이해에서 나온 것인지 의심스러울 수 있다. 이 두 번째 연구는 충실도는 낮지만 유용성은 높다. 학생들이 많은 전략을 시도해 볼 수는 있지만, 그 전략이 가치가 있는지 확신할 수 없으며, 학생들이 자신의 상황에 맞게 전략을 어떻게 적용할 수 있는지 확신할 수 없다.

이상적으로, 좋은 연구는 높은 충실성과 높은 유용성을 모두 가진다. 두 개념은 서로 얽혀 있기 때문에 연구에서 변화 과정에 대한 강력한 설명을 제공하면 충실성과 유용성 모두 높아진다. 그러한 연구는 현상에 대한 명확한 이해를 제공할 뿐만 아니라 달성하고자 하는 목표에도 부합한다.

방법론적인 무결성에 대한 추가 점검

방법론적인 무결성을 다룰 때는, 질적 분석에 추가된 점검을 통해 주장에 대한 뒷받침이 어떻게 보완되었는지 기술한다. 연구를 강화할 수 있는 보완적인 점검에는 다음과 같은 것들이 포함될 수 있다.

- 피드백을 위해 참여자에게 반환된 수집된 전사기록/데이터
- 정보의 다중 원천, 발견사항 혹은 조사자에 걸친 삼각화
- 면접의 철저성 혹은 면접자의 요구에 대한 점검
- 합의 및 감수 과정
- 연구 결과에 대한 구성원 점검 또는 참여자 피드백
- 데이터 제시/도식화
- 깊이 있는 두터운 설명, 사례 예시, 그림 제공
- 구조화된 연구자의 성찰 방법들(예: 메모, 필드 노트, 일지, 진행기록, 괄호치기) 또는
- 연구 문제에 대응하는 데 있어 결과의 유용성(예: 솔루션이 작동했는지 여부 평가)을 점검

질적 방법 자체는 진화하는 분석에 대한 지속적인 점검을 포함하는 반복적 분석을 담고 있기 때문에 엄격성이 확립되어야 하는 핵심적인 방법이지만(Osbeck, 2014; Rennie, 2012; Wertz et al., 2011), 연구자들은 때때로 추가적 점검을 통해 분석을 이어 가거나 보완한다. 연구자가 분석을 강화하기 위해 보고할 수 있는 점검사항의 예는 다음과 같다:

- 수집된 데이터 또는 연구 결과에 대한 참여자 피드백을 구함
- 여러 정보 소스(예: 참여자와 그 배우자), 연구 결과(예: 두 개의 다른 각도에서 질문을 조사) 혹은 조사자(조사자가 데이터를 별도로 코딩하거나 분석한 다음 분석 결과를 비교)에 걸쳐 삼각화 방법을 사용

- 면접의 철저성 혹은 면접관의 요구에 대한 점검을 통합(일반적으로 참여자들에게 면접이 완결되었다고 느끼는지 또는 면접관의 영향을 받았다고 느끼는지 질문함)
- 합의 혹은 감수 과정을 사용하여, 조사자가 동일한 데이터를 코딩 및 분석하고, 서로의 해석을 고려하거나 혹은 데이터 코딩에 참여하지 않은 조사자가 코딩 및 분석을 검토하고 원래 코더에게 고려되어야 할 피드백을 제공
- 참여자들에게 연구 결과에 대한 피드백을 제공하도록 요청
- 데이터 디스플레이 또는 매트릭스를 사용하여 결과를 생생하게 묘사함
- 심도 있는 설명, 사례 또는 일러스트를 제시하여 연구 결과에 생동감을 불어넣음
- 구조화된 연구자 성찰 방식들(예: 메모, 필드 노트, 일지, 진행기록, 괄호넣기)을 사용
- 연구 문제에 대응하는 데 있어 발견의 유용성에 대해 추가적 점검(예: 연구 결과에서 나온 해결책이 실제로 문제를 해결하는 데 효과가 있는지 평가)

이러한 모든 추가 확인 사항이 보고될 수 있지만, 특정 연구에서 이러한 점검사항의 대부분이 사용되는 경우는 드물다. 탐구 접근법에는 보고 전통에 따라 강조하는 일련의 점검방식을 갖는 경향이 있으므로, 자신이 사용하는 방법이나 접근법을 모델로 삼아 논문을 살펴보는 것이 의사결정에 도움이 될 수 있다. 또한 연구를 설계하는 과정에서 연구 목표를 달성할 수 있도록 연구를 발전시키는 데 가장 유용한 점검사항이 무엇인지 고려하는 것이 좋다. 이 과정은 연구 논문을 작성하는 과정에서 보고해야 하는 확인 사항의 수를 제한하는 데 도움이 된다.

방법론적 무결성에 대한 보고

방법론적 무결성에 대한 보고는 전략을 요약하는 개별 절에 포함할 수 있지만, 종종 논문 전체에 분산되어 있다. 예를 들어, Griffith(2016)는 고등학생 청소년들이 방과 후 프로그램에서 성인들과 어떻게 신뢰를 형성하는지에 대해 탐구했다. 연구자는 현상에 충실하고자 여러 주에서 다양한 프로그램에 참여한 청소년을 인터뷰하고, 처음 성인을 만났을 때부터 현재까지의 신뢰 형성 과정을 나타내는 그래프를 그려달라고 요청하였다. 청소년, 지역, 프로그램의 다양성을 통해 다양한 사례와 역학관계를 포함한 풍부하고 다양한 데이터를 수집하고자 했다는 것을 독자들에게 보여 주었다. 참여자들의 그래프는 여러 가지 공통된 궤적을 보여 줌으로써 충실성을 기록하기 위해 논문에 제시되었다.

Griffith(2016)는 자신의 연구 결과의 유용성을 입증하기 위해 평균적인 변화 과정뿐만 아니라 신뢰 발달의 다양한 궤적을 설명했으며, 각 궤적에서 중요한 과정을 확인하였다. 이러한 방식으로, 연구자의 연구 결과는 다음과 같은 범위에서 유용하였다. 과정을 분석하여 초기 신뢰 정도가 낮은 청소년과 시간이 지남에 따라 신뢰 정도가 하락하여 회복이 필요한 청소년 모두에게 중요한 문제가 무엇인지 파악하였다. 이러한 면밀한 분석을 통해, 다양한 신뢰 패턴을 가진 청소년을 위한 프로그램을 개발할 때 연구 결과를 더 잘 활용할 수 있게 되어, 연구의 유용성을 높였다. 낮은 최초 신뢰를 가진 청소년과 시간이 경과함에 따라 회복할 필요성을 신뢰에 담은 청소년의 경우, 이들 둘 다에 대한 중요한 이슈를 식별함으로써 연구자의 발견사항은 일련의 과정들에 유용성을 지녔다. 이러한 면밀한 분석은 독자들이 다양한 패턴의 신뢰를 가진 청소년을 위한 프로그램을 개발하는 데 있어 그 발견사항을 더 잘 활용할 수 있도록 함으로써 유용성을 증가시켰다.

일부 저자들은 방법론 섹션 끝부분에 이러한 정보를 전달하는 하위 섹션을 추가하여 방법론적 무결성의 특징과 자신이 사용한 관련 점검사항을 강조한다. 아래의 내용은 동료와 내가 연구의 방법론적 무결성에 대해 어떻게 보고하였는지를 보여 주는 예시이다(Levitt, Pomerville, & Surace, 2016).

방법론적 무결성 점검

질적 연구자들은 종종 연구 결과의 신뢰성을 높이기 위해 합의 및 감수자 확인과 같은 프로세스를 사용한다(예: Levitt, Morrow, Motulsky, Ponteroto, & Wertz, 2016). 이러한 절차는 데이터에 대한 해석이 여러 사람에 의해 공유되고 특이한 것이 아님을 보여 준다. 우리는 다음과 같이 네 가지의 점검 절차를 활용하였다.

1. 우리 팀은 합의 프로세스를 사용하여 데이터의 다양한 해석에 대한 민감도를 높여서 우리가 보기에 적합한 해석을 식별할 수 있도록 하였다. 가장 의미 있는 표현을 찾아내려고 노력하였다. 즉, 저자들은 서로 다른 해석을 놓고 경쟁하기보다는 서로의 해석을 이해하고, 그 해석의 근거를 논의하며, 서로 다른 해석이 공존할 수 있는 방법을 고려하였다(합의에 대한 자세한 설명은 Levitt, 2015 참조).
2. 근거이론 방법에서, 포화 상태(saturation)는 새로운 범주의 개발로 이어지는 새로운 데이터의 유입이 중단되는 지점을 의미한다. 이는 데이터 수집이 중단되고 분석이 포괄적으로 이루어진 것으로 간주되는 시점이다. 이 연구에서 포화 상태는 47번째로 연구할 때에 발생했으며, 이는 지난 20번째 연구까지는 새로운 범주를 충분히 분석해 내는 데에 자료 수집이 아직 기여하지 않았다는 것을 의미한다. 이는 높은 기준이다.
3. 초기 구조가 완결된 후에, 세 번째 저자는 감수자로서 구조를 검토하고 데이터의 표현과 명확성에 대한 피드백을 제공하였다. 세 번째

저자의 피드백을 통해, 우리 팀은 일부 범주의 이름을 명확히 하고 하나의 상위 범주에서 이탈한 프로세스 내에서의 내담자 요인과 관련된 하위 범주를 통합하도록 장려했다. 연구진은 각 군집 내의 핵심적인 결과들을 검토하고, 이 위계 구조에 대한 전반적 결과와 관련하여 이를 고려함으로써, 치료를 안내하는 원칙을 개발하였다(이 사례에 대해서는 Levitt et al., 2005 참조).

4. 이러한 점검과 더불어 “틀릴 수 있는 메모하기(fallible memoing)”의 과정(Rennie, 1994)이 사용되었다. 틀릴 수 있는 메모하기는 모든 연구자의 영향력을 제한할 수는 없다는 전제하에, 메모를 통해 연구자의 관점이 분석 과정에 미치는 영향을 제한하려는 노력이다. 목표는 데이터의 정보에 개방적이고 자기 성찰을 촉진하는 것이다(p. 817).

이 하위 섹션은 종종 구체적인 확인 사항에 대한 주의를 환기시키고 독자가 연구 결과의 신뢰성을 입증하기 위해 기울인 노력을 이해할 수 있도록 한다. 연구를 보고할 때는 전반적으로 연구의 충실성과 유용성을 명확하게 설명해야 한다. 방법론적 무결성 점검에 대한 내용을 요약하는 섹션과 관련된 이 보고 전략은 심사자에게 탄탄한 연구 진행 절차의 유형을 알리고, 연구를 탄탄하게 하기 위해 적용한 특이한 연구 절차의 기능을 설명하는 데 유용하다. 방법론적 무결성의 개념은 논문을 작성할 때 어떤 자료를 제시하는 것이 중요한지 결정할 때 논문 심사자와 연구 설계의 논리를 이해하는 데 도움이 될 수 있다.

제4장

연구 제목, 초록, 서론: 연구의 미션을 어떻게 배치하는가

모든 이야기의 시작에는 도입부가 있다. 여기에는 등장인물들이 소개되며, 그들의 역사와 배경이 설명된다. 또 그들의 목표와 문제도 기술되며, 이야기의 긴장감이 고조된다. 독자로서 우리는 종종 사람, 문제 그리고 그 안의 이슈들에 대해 관심을 가지게 될 때 그 스토리에 더 주목하게 된다. 연구보고서의 서론에서는 연구질문이 왜 중요한지를 설명함으로써 독자들이 그 파급효과를 이해할 수 있도록 방향을 제시한다. 그리고 독자가 자신이 따르는 이론(및 이론가 그룹)과 연구 결과에 의존하는 연구자(또는 연구자 그룹)를 식별할 수 있도록 자신의 분야에 대한 스토리를 배치한다. 이렇게 함으로써, 이 과정에서 주제에 대한 독자의 이해에 관한 신뢰를 쌓는 데 도움이 된다. 독자들이 연구자 자신의 미션뿐만 아니라 연구 분야에서 그것을 어떻게 생각하고 실천하는지를 이해하도록 돕는 것이다. 독자가 기존의 논쟁과 문제의 시급성을 이해하게 되면 연구에 관심을 갖게 되고, 연구 결과에 대한 호기심이 커질 것이다.

문헌에 대한 설명은 글의 독자층에 맞춰져야 한다. 연구 논문은 매우 특정한 청중, 즉 과학자와 연구 소비자에게 이야기를 전달한다. 논문을 새로운 방식으로 지식을 발전시키거나 문제를 해결하는 논문으로 독자들이 이해하도록 도와주려면 그들의 언어(일반적으로 측정되고 간결하며 정확한)를 사용하여 논문을 작성해야 한다. 또한 청중은 전문 데이터베이스를 검색하여 연구자의 논문을 찾을 것이므로, 그들이 문헌에서 논문을 찾아서 읽기에 적합한지 판단할 수 있도록 도와야 한다. 논문의 제목 페이지, 초록 및 서론은 이러한 오리엔테이션이 이루어지는 곳이다. 15개 예시 논문의 제목, 초록 및 키워드의 예는 책 말미에 있는 부록을 참조하라.

제목 페이지

논문 제목

> 논문의 제목은:
>
> • 고려 중인 주요 이슈/주제를 파악할 수 있도록 해야 한다.

논문의 제목은 연구가 초점을 맞춘 주요 이슈와 주제를 전달한다. 일반적으로 연구 중인 현상, 참여자 또는 사용하는 데이터 원천의 유형 그리고 문제의 맥락에 대한 정보를 포함하며, 다루어질 문제 혹은 질문이 무엇인지 제시해야 한다. 연구에서 중요한 모든 것을 제목에 포함시킬 수는 없다. APA 출판매뉴얼(7th ed.; APA, 2020, p. 31)에서는 2.4절에서 제목을 초점화되고 간결하게 작성할 것을 권장하고 있으므로(일부 학술지에서는 더 구체적인 단어 수 제한을 두고 있음), 이 모든 정보를 포함하는 것은 어려울 수 있으며 저자는 연구에서 가장 중심이 되는 측면을 결정해야 할 수도 있다. 간혹 연구자가 제목에 연구 방법을 포함하기도 하지만, 정량적 연구자가 분석에 사용한 통계 유형을 제목에 표시하지 않는 것처럼 반드시 그럴 필요는 없다. 하지만 질적 메타분석에서와 같이 해당 분야의 방법론적 발전에 주목하고 싶을 때 저자는 자신의 방법을 언급할 수 있다.

좋은 제목은 논문의 주제를 명확하게 표현하기 때문에 독자를 논문으로 끌어들인다. 연구자가 컴퓨터 화면 앞에 앉아 전자 데이터베이스에서 그들의 프로젝트와 관련된 문헌을 검색한다고 상상해 보라. 검색어를 시스템에 입력하면 수백 개의 논문에 대한 설명이 나타난다. 이 모든 글을 다 읽을 수는 없다. 대신 원하는 정보를 담고 있을 가능성이 가장 높아 보이는 논문의 제목을 검색한 다음 해당 논문의 초록을 읽고, 읽을 논문의 범위를 좁힌다.

따라서 제목을 통해 논문에 원하는 정보가 포함되어 있는지의 여부를 명확하게 전달할 수 있어야 한다.

눈길을 사로잡는 제목은 독자가 논문에 주목하고 내용을 확인하도록 유도할 수 있다. 제목에는 은유, 말장난, 대중문화에 대한 언급 등이 포함될 수 있다. 질적 연구의 장점은 종종 제목을 정할 때 고려할 수 있는 연상적인 인용문이 데이터에 많이 포함되어 있다는 것이다. 내가 가장 좋아하는 연구 제목은 공동 저자와 내가 중남부 지역의 종교 지도자들을 대상으로 가정폭력과 관련된 문제에 대한 인터뷰를 분석한 연구(Levitt & Ware, 2006)에서 직접 인용한 내용을 바탕으로 한 것이다. 이 연구는 평등주의 결혼에 대한 그들의 우려를 담았다: "'머리가 두 개인 것은 무엇이든 괴물이다': 결혼 평등과 가정폭력에 대한 종교 지도자들의 시각". 나는 아직도 이 인용문이 으스스하다.

이 예시에서 보듯, 제목에는 보통 두 부분, 즉 주 제목 다음에 콜론과 부제가 포함된다. 이 형식은 제목의 단어 수를 줄이고 더 간결하게 만드는 데 도움이 될 수 있다. 제목에 원하는 모든 정보를 넣는다는 것은 종종 까다로운 일이다. 예를 들어, 나는 내 연구의 제목이 APA 권고보다 조금 더 긴 것을 보았다. 제목을 줄여야 한다면, 이 프로젝트의 초점이 아내 학대에 맞춰졌기 때문에, "'두 머리를 가진 모든 것은 괴물이다'라고 보는 가정폭력에 대한 종교 지도자들"이라고 부를 수도 있었을 것이다. 하지만 나는 아마도 그 인용문을 삭제하고 "결혼 평등과 가정폭력에 대한 종교 지도자들의 관점"이라고 부를 것이다. 나는 인용문을 다는 것을 좋아하지만, 제목의 주요 기능, 즉 사람들이 논문을 검색하고 찾는 데 도움이 될 필요까지는 없다. 즉 괴물에 대해 검색하는 사람이 우리의 논문에 관심을 가질 가능성은 거의 없다! 간결해야 하고 독자들에게 글의 내용을 알려야 하기 때문에, 부록에 제공된 샘플 제목 페이지에서 많은 제목들이 매우 핵심적인 내용을 담고 있음을 알 수 있다.

저자의 노트

저자의 노트는 다음과 같아야 한다:

- 연구비 지원 또는 기여자를 알려야 한다.
- 이해 상충이 있는 경우, 이를 알려야 한다.

또한 저자는 아니지만 지원을 제공한 사람이나 기관에 감사를 표할 수도 있다.

대부분의 논문에는 저자의 노트가 포함되어 있다. 노트는 연구비 출처나 저자가 아닌 기여자를 인정하는 데 유용하다. 예를 들어 대학원생 연구자의 경우, 심사위원들이 편집 관련 의견을 제시하여 논문에 기여했지만 공동 저자로 등재될 만큼의 충분한 실질적 기여가 아닐 때, 저자 노트를 통해 이 심사위원들에게 감사를 표하는 경우가 많다. 또한 저자가 이해상충이 있는 경우 저자노트를 통해 이를 보고하기도 한다. 많은 논문에는 저자 노트가 포함되어 있지 않으며, 전달할 정보가 없는 경우라면 굳이 저자 노트를 포함할 필요는 없다. 출판 매뉴얼의 섹션 2.7은 저자 노트의 전형적인 요소에 대해 더 자세히 설명한다(APA, 2020, pp. 35−37).

초록

초록은 다음과 같아야 한다:

- 연구 문제/질문/목적을 명시해야 한다.
- 참여자 또는 데이터 원천의 유형, 분석 전략, 주요 결과/발견사항, 그리고 주요 시사점/의의를 포함한 연구 설계를 표시한다.
- 다섯 개의 키워드를 식별해야 한다.

제목에는 제한된 정보만을 담을 수 있으므로, 초록은 잠재적인 독자들이 연구 목적과의 관련성을 판단할 수 있도록 연구를 요약할 수 있는 더 많은 공간을 제공한다. 단어 수 제한은 일반적으로 학술지에 따라 150~250단어 정도이다. 대부분의 학술지에서는 이 단어 수와 제출 형식 지정에 대한 기타 가이드라인을 명시하는 온라인 가이드라인을 저자에게 제공한다.

초록은 일반적으로 연구의 주요 질문이나 문제, 데이터 원천 또는 참여자의 주요 특성 및 연구 맥락의 관련 특징(예: 학교, 미국 남부, 저소득 지역, 의료 병원)을 식별한다. 또한 연구방법에 대한 간단한 설명도 제공한다. 종종 연구자는 데이터 수집과 분석 방법을 설명하는 경우가 많지만, 자신의 탐구 전통도 함께 진술할 수 있다. 다음으로, 초록은 주요 연구 결과와 그 결과의 주요 시사점을 요약한다.

초록의 구조는 전형적인 논문의 주요 부분을 반영한다. 일부 학술지에서는 초록에 절의 명칭(예: 목적, 방법, 결과, 결론)을 표시하기를 요구하지만 대부분은 그렇지 않으므로, 일반적으로 초록은 연구의 각 주요 섹션에서 한두 문장으로 구성된 서술적 흐름이 더 많다. 출판 매뉴얼의 섹션 3.3에 "잘 준비된 초록은 논문에서 가장 중요한 단일 단락이 될 수 있다."(APA, 2020: p. 73)라고 명시되어 있는데, 이는 제목 다음으로 독자가 문헌 검색 중 여러 초록을 검색하는 동안 논문을 접하게 되는 유일한 접점인 경우가 많기 때문이다. 출판 매뉴얼에서는 잘 작성된 초록은 정확하고, 비평가적이며, 일관성 있고, 가독성이 있으며, 간결해야 한다고 상세히 설명한다. 이 책의 말미에 있는 부록에서는 좋은 초록의 예를 제공한다.

전형적으로, 학술지에서는 잠재적 독자들이 전자 데이터베이스에서 논문을 쉽게 찾을 수 있도록 저자들에게 초록 아래에 3~5개의 키워드를 표시하도록 요청한다. 예를 들어, 내가 앞서 설명한 논문 제목에서 결혼평등을 삭제하더라도, 이 용어를 키워드로 나열하여 평등 문제에 관심이 있는 독자들이 쉽게 찾을 수 있도록 할 수 있다. 또한 종교 지도자, 가정 폭력, 친밀한 파트너 폭력, 그리고 근거이론이라는 키워드도 포함할 수 있다. 질적 학술지 논문의 보고 기준에서는 방법을 설명하는 키워드와 연구 참여자 혹은 현상의 특성을 설명하는 키워드를 하나 이상 포함할 것을 권장한다. 표준화된 검색어를 찾기 위해, 연구자는 심리학 색인 용어 사전(Gallagher Tuleya, 2007)을 참조하거나 자신의 연구와 유사한 논문에서 사용된 주제어를 살펴볼 수 있다. 키워드의 예는 부록에 포함되어 있다.

공적인 중요성 진술과 보충 자료

최근에 일부 학술지들에서, 저자가 자신의 연구에 대한 공적인 중요성 진술을 제공할 것을 요청하기 시작했다. 이러한 진술은 전문가가 아닌 독자에게 논문이 더 많은 대중과 관련성이 있음을 명확히 하기 위한 것이다. 이 독자에는 실무자, 정책 입안자, 환자들 또는 미디어가 포함될 수 있으므로, 독자가 이해할 수 있는 언어로 작성하고 독자가 가질 수 있는 질문에 답해야 한다. 이러한 진술은 보통 1~3개의 문장(약 30~70단어)의 길이이며, 초록이나 더 큰 논문을 참조하지 않고도 이해할 수 있어야 한다. 부록의 Arczynski와 Morrow(2017)의 논문 제목 페이지에 예시가 나와 있다.

또한 학술지에서는 논문을 이해하는 데는 필요하지 않지만 데이터 세트, 절차 또는 발견사항에 대한 독자의 이해를 높일 수 있는 보충 자료를 공유할 수 있는 선택사항을 이용할 수 있다. 질적 학술지 논문의 보고 기준을 만든 실행 그룹은 질적 분석에 사용된 방법을 설명하고 인용 자료를 통해 분석 과정과 결과를 설명하는 데 필요한 길이를 고려하여, 학술지에서 질적 논문의 경우 10페이지 정도를 추가로 허용할 것을 권장한다. 이 표준은 모든 논문에 양적인 논문 원고를 위해 설계된 표준 길이를 채택하도록 요구하는 대신, 학술지가 다양한 방법론적 접근 방식에 걸쳐 적절한 검토 과정을 허용하는 방법을 고려하도록 제안한다. 그럼에도 불구하고 질적 연구를 설명하는 논문의 경우 더 많은 지면이 필요할 수 있으며, 검토 과정에서 비본

질적인 정보를 공유하고 독자들에게 제공할 수 있도록 온라인에 보충 자료를 배치하는 옵션이 도움이 될 수 있다. 보충 자료 링크의 예는 부록에 포함된 두 논문(Smith et al., 2017; Suárez-Orozco et al., 2010)의 제목 페이지에서 찾을 수 있다.

서론

서론에는 두 가지 주요 요소가 있다. 첫째는 관련 문헌에 대한 검토이고, 둘째는 본 연구의 목적에 대한 설명이다. 이 섹션을 통해 독자들의 관심을 높이려는 것이 바로 이 부분이다. 문헌에 내포된 이야기를 명확하고 설득력 있게 정리하고 전달함으로써, 독자들이 연구 작업에 관심을 갖도록 한다. 소설처럼 등장인물이 나오지는 않지만 그대신 독자들의 질문에 대한 호기심을 불러일으키고 특정 연구 분야에 대한 논쟁에 익숙해지도록 함으로써 독자의 참여를 유도할 수 있다. 질적 연구에서는, 저자가 당면한 문제를 분명히 하고 독자들의 호기심을 유발하기 위한 방법으로 사례, 개인적인 서사, 삽화 또는 다른 예시적인 자료를 활용하는 경우를 흔히 볼 수 있다. 출판 매뉴얼의 섹션 3.4에서는 해결하고자 하는 문제와 해당 문제에 접근하는 방법을 제시하여 독자의 관심을 끌 수 있는 매력적인 이야기의 기초로 삼을 것을 제안한다(APA, 2020, p. 75).

연구 문제 혹은 질문에 대한 기술: 문헌 검토

연구 문제 혹은 질문에 대한 기술은 다음과 같아야 한다:

- 문제 또는 질문과 맥락의 틀을 짜고 관련 문헌을 검토, 비평, 종합하여 주요 이슈/논쟁/이론적 틀을 파악하고, 관련 문헌에서 장벽, 지식 격차 혹은 실질적 필요를 명확히 파악한다.

연구 문제 또는 질문에 대한 기술의 목표는 해당 주제에 대해 기존 연구의 맥락에서 고려 중인 문제 또는 질문을 배치하고, 자신의 연구가 해당 분야를 어떻게 발전시킬 수 있는지 보여 주는 것이다. 자신의 연구가 기존 지식에 기여한다는 것을 입증하는 방법에는 여러 가지가 있다. 전형적으로, 논문은 원고의 첫 두 페이지에 중심 질문과 그 맥락을 명확하게 진술한 다음, 문헌 검토에 비추어 연구 목표를 재검토할 수 있는 서론 말미에 이 중심 질문을 더 상세히 제시한다.

출간을 위한 논문을 쓸 때, 독자들이 현재 연구의 필요성을 알 수 있도록 문헌을 소화하기 쉬운 방식으로 제시하는 것이 저자의 역할이다. 강력한 서론은 이론적 글과 경험적 연구들을 검토할 뿐만 아니라 문헌의 공통 주제를 강조하기 위해 해당 정보를 정리한다. 이론적인 맥락과 이전의 경험적 발견사항과의 관계라는 두 가지 측면에서 연구를 놓고 보면 연구의 가치가 더 명확해진다. 이 과정에 참여할 때는 주제와 관련된 논문을 파악한 다음, 논문을 설명할 섹션과 단락으로 구성하는 계획을 수립한다. 지금은 주로 컴퓨터로 작업하지만, 예전에는 바닥에 앉아 다른 논문들 더미에 둘러싸여 이리저리 옮기며 계획이 완성될 때까지 이 작업을 하였다. 나는 글의 줄거리가 내 연구의 필요성을 명확하게 보여 줄 수 있도록 문헌에 담긴 이야기를 가장 잘 표현할 수 있는 방법을 찾을 때까지 이 작업을 계속하였다.

이를 수행하는 데는 다양한 방법이 있다. 연구에 따라 질문, 이론적인 관점, 참여자 유형과 데이터의 원천, 발견사항들, 방법들, 시간대에 따른 연대기적 분류가 이루어질 수 있다. 문제는 어떤 구성 방법이 연구의 맥락을 파악하고 연구의 필요성을 보여 주는 데 얼마나 도움이 되는지이다. 두 가지 수준의 구성이 있을 수 있다. 서론의 각 절은 제기된 질문에 초점을 맞추고, 그런 다음 해당 절의 각 단락은 해당 연구 결과를 관통하는 중심 경향을 명확하게 표현할 수 있다. 개요(혹은 여러 개요들)를 작성하면 대안적인 구조를 비교하는 데 도움이 될 수 있다.

일단 문헌이 정리되면, 한 번에 여러 논문을 검토하고 그 결과를 요약하기가 더 쉬워진다. 또한 문헌을 식별하고 비평하여 더 깊은 이해를 가로막는 장벽, 실현되지 않은 실질적인 요구 또는 연구를 통해 해결할 수 있는 지식 격차가 있는 부분을 명확히 파악하는 것도 쉬워진다. 문헌에서 이러한 누락된 요소를 파악하고 이를 어떻게 해결할 수 있는지 보여 주는 것이 서론의 주요 기능이다. 서론은 독자들에게 여러분의 연구가 무엇을 제공할 수 있는지 알려준다. 그리고 필요한 것이 무엇인지 명확히 함으로써, 연구 목표를 기술하는 쪽으로 이동할 때 서둘러 착수하고 시간을 절약할 수 있다.

연구의 목적

연구의 목적에 대한 기술은 다음과 같아야 한다:

- 연구의 목적과 목표를 표명한다.
- 대상 청중을 구체적으로 명시한다.
- 이 목적/목표를 조사하는 데 사용된 설계의 적합성에 대한 근거를 제공한다(예: 이론 구축, 설명, 이해 증진, 사회적 행동, 기술, 사회적 실천 강조).
- 연구 목적과 연구 근거를 밝히는 경우, 탐구에 대한 접근 방식을 기술한다(예: 기술적, 해석적, 여성주의적, 정신분석적, 후기실증주의적, 구성주의적, 비판적, 포스트모던 또는 구성주의적 또는 실용주의적 접근).

일반적으로 연구 목표에 대한 기술은 1페이지 이하로 비교적 짧게 작성한다. 이 기술은 서론과 결합되거나 부제목으로 설정될 수 있다. 이 시점에서 문헌을 검토한 후에, 파악한 문제와 우려 사항에 비추어 연구 목표를 설명한다. 양적 연구와 달리, 질적 연구는 연역적 연구보다는 귀납적 연구 경향이 있으므로, 검증할 특정 가설을 명시하지 않고, 대신 연구 질문과 목표를 기술한다. 예를 들어, 피부암으로부터 회복한 경험을 이해하거나, 피임과 관련하여 미디어에서 경쟁 담론이 어떻게 발전해 왔는지 검토하는 것이 목표일 수 있다. 특정 집단의 사람들이 여러분의 논문을 읽도록 하려는 경우, 대상 독자들(예: 정신건강 전문가, 교사, 의사)을 명시한다.

또한 연구의 목표 절에서는 선택한 방법론적 설계에 대한 근거를 기술하고, 그것이 연구질문을 파고드는 데 적합한 이유를 설명해야 한다. 질적 연구방법은 많은 청중들에게 여전히 생소하므로, 연구자 자신의 방법이 프로젝트에 어떻게 적합한지 한두 문장으로 명확하게 설명해야 할 수도 있다. 이 절에서는 질적 연구방법이 전체적으로 무엇인지 또는 어떻게 작동하는지 설명할 공간이 없으므로, 선택한 방법론과 그것이 어떻게 특정 연구의 목표에 부합하는지에 초점을 맞추는 것이 좋다. 예를 들어, 특정 유형의 도전적인 내담자의 경험을 밝히기 위해 현상학적 접근법을 선택했을 수 있다. 이는 그 방법이 살아있는 내적 경험에 대한 서술적 묘사를 발전시키는 데 초점을 맞추고 그들의 경험에 대한 더 깊은 이해를 제공할 수 있기 때문이다. 아니면 대중의 정서를 이해하기 위해 미디어에서 정치적 이슈가 어떻게 전달되는지에 대한 담론분석을 수행했을 수도 있는데, 이 방법은 사회적 의사소통에서 패턴을 식별하기 위해 고안된 방법이기 때문이다. 만약 연구의 목적과 설계에 대한 근거를 밝히는 경우, 채택하고 있는 탐구에 대한 접근방식에 대해서도 기술할 수 있다. 예를 들어, 비판적인 구성주의적 관점에서 연구하고 있음을 표시하면, 독자는 연구의 목적과 연구자로서의 역할을 어떻게 이해하는지를 알 수 있다.

연구가 더 큰 규모의 연구에서 비롯된 경우, 목표 설명에서 이를 명확히 알 수 있다. 질적 연구는 학술지 페이지 제한을 초과할 수 있기 때문에 여러 개의 원고로 나누어야 하는 경우가 많다. 이는 독자가 질적 방법에 익숙하지 않아 더 많은 설명이 필요한 경우와, 당면한 문제에 맞게 방법을 독특하게 적용하여 방법 섹션에 절차와 근거에 대한 자세한 설명을 제공해야 하는 경우에 발생한다. 결과 섹션은 저자가 원 데이터에서 발췌하여 연구 결과를 어떻게 발전시켰는지 설명할 때 더욱 길어지는 경향이 있다.

질적 프로젝트의 경우에도, 보통 그 결과를 여러 개의 원고로 나눌 수 있지만, 현재 논문이 얼마나 뚜렷하게 객관적이고 일관성이 있는지를 표시하는 것은 저자의 의무로서 중요하다. 또한 연구자는 현재 논문이 동일한 데이터에서 나온 다른 논문과 차별화되는 결과와 시사점을 제시하고 있음을 보여 주고 싶을 것이다. 또 자신의 연구가 기여할 수 있는 고유한 무언가가 있다는 것을 보여 주고 싶을 것이다. 도움이 된다면, 연구 목표와 관련된 연구자(또는 연구팀)로서 자신의 배경과 신념을 설명할 수 있다. 연구의 맥락과 초점을 명확히 하고 나면 독자는 이러한 의도를 수행하기 위해 연구 설계를 어떻게 개발하였는지를 듣고 싶어할 것이다.

제5장

방법론 섹션: 어떻게 탐구의 과정을 기술하는가

픽션이든 논픽션이든, 좋은 이야기는 논리가 뒷받침이 되는 줄거리를 갖는다. 논리의 유형은 이야기에 따라 다르겠지만, 이야기가 믿을만 하려면 종종 내적인 일관성이 필요한 경우가 많다. 과학적 탐구를 기술함에 있어서, 탐구를 구성한 방식과 선택은 독자가 조사 결과에 대해 갖게 될 믿음의 핵심이 된다. 보고서에는 질문을 구성한 방식, 데이터를 수집한 방식, 선택한 방법과 절차, 그 과정을 통해 결론에 도달한 방식에서 일관되게 논리가 관통해야 한다. 이러한 논리는 논문 전반에 걸쳐 전개되지만, 연구방법 부분에서 가장 집중적으로 다루게 될 것이다. 흔히 이 연구방법 섹션을 "무엇을 했는지"에 대한 설명이라고 생각하지만, 나는 "무엇을 했는지, 왜 그것이 합당한지"를 설명하는 것으로 생각하는 것이 더 낫다고 본다. 질적 연구방법의 인식론은 양적 접근 방식에 비해 많은 독자에게 덜 친숙하기 때문에 선택에 대한 근거를 전달하는 것이 중요하다.

나는 내 아이들이 네 살과 여섯 살이었을 때 "그럴 수 있을까?(Could it happen?)"라는 게임을 하곤 했다. 내가 문장을 제시하면, 아이들은 그 문장이 일어날 수 있는 일인지 말하곤 하였다. 예를 들어, 내가 "나는 섬에 갔어."라고 말한다. 그럼 아이들은 그에 대해 생각하고, 일어날 수 있는 일이라고 인정한다. 그러고 나서 내가 "나는 여기서 그 섬까지 걸어갔어."라고 말한다. 그럼 아이들은 바로 "안 돼~!!" "수영을 해서 가야 돼요!"라고 소리를 지른다. 또 다른 예로, 내가 "난 지하실에서 보스턴의 유령에 관한 책을 읽었어."라고 말했다고 가정해 보자. 아이들은 충분히 그럴 수 있다고 동의했을 것이다. 하지만 내가 "나는 사다리를 타고 지하실로 올라가 유령에 관한 책을 읽었어."라고 덧붙인다면, 아이들은 "있을 수 없는 일이에요! 엄마가 지하실로 가려면 내려가야죠!"라고 말했을 것이다. 그들은 내 진술의 신빙성을 약화시키는 요인이 무엇인지를 알아내려고 하였다.

논문을 쓸 때, 심사자와 독자들은 여러분이 한 일뿐만 아니라 여러분이 한 일이 얼마나 그럴듯한 결과를 가져올 수 있는지 연구 결과에 대한 확신을 가질 수 있다. 저자는 연구 결과의 어떤 측면이 독자의 신뢰를 약화시킬 수 있는지 고려하고 이를 미리 해결하는 것이 도움이 될 것이다. 다양한 독자의 관점으로 "그럴 수 있을까?" 게임을 해 보는 것도 도움이 될 수 있다.

예를 들어, 사람들의 이혼 경험에 관심이 있고 결혼한 사람들을 인터뷰하는 경우, 이혼하지 않는 것에 대해 배우는 것이 이혼에 대해 배우는 데 도움이 될까? 결혼한 사람들이 이혼의 경험과 이혼에 수반되는 내용을 실제로 이해할 가능성은 얼마나 될까? 이혼이 무엇을 의미할지에 대한 그들의 추측이 실제와 얼마나 가깝게 반영될 수 있을까? 이 경험을 겪은 사람들의 답변과 비교했을 때 그들의 답변에 얼마나 확신을 가질 수 있을까?

나는 사람들에게 자신이 겪지 않은 경험을 설명하도록 요청하는 이 연구 설계가 여러 차례 사용되는 것을 보아왔다. 독자들은 이러한 연구 설계가 실제 이혼 경험을 포착할 수 있다는 확신을 갖지 못할 수도 있다. 기혼 참가자의 경우 이혼에 대한 두려움 등 결혼 생활의 경험은 전달할 수 있겠지만, 한 번도 겪지 않은 이혼 경험은 설명할 수 없다. 그럴듯하지 않기 때문이다. 그러나 모든 기혼 참가자가 현재의 결혼 전에 이혼을 경험했다고 보고하면 독자가 조사 결과에 대해 높게 신뢰할 수 있다. 즉, 조사 방법이 무결성이 있음을 분명히 하는 것이다. 그리고 이혼 경험에 대해 정확하게 보고할 수 있을 것이다.

방법론 섹션은 연구 이야기의 한 부분으로서, 여기에서 연구자는 연구자로서의 모험을 펼쳐나간다. 연구자가 무엇을 하려고 했고, 어떻게 그리고 왜 그 과정을 따르고자 하였는가? 연구자는 자신이 한 일을 이해하고 선택한 방법이 신뢰로운 결과를 가져왔다고 독자들이 믿기를 원한다. 독자들의 신뢰를 높이려면 연구방법 장에서는 세 가지 작업, 즉 (1) 수행한 작업을 투명하게 기술하고, (2) 결정의 근거를 제시하고, (3) 연구의 방법론적 무결성을 높이기 위해 취한 단계를 분명하게 설명하는 작업을 수행해야 한다. 이 장에서는 질적 학술지 논문의 보고 기준(JARS-Qual; Levitt, Bamberg et al., 2018)에 명시된 바와 같이, 방법론 섹션에 포함될 수 있는 항목을 검토하여 연구 결과를 충실히 제시하는 데 도움이 되고자 한다. 질적 연구 논문의 방법론 섹션에 포함되어야 하는 정보의 유형은 또한 미국심리학회 출판 매뉴얼 7판(APA, 2020)의 3.14 절에 설명되어 있다.

포함할 수 있는 하위 섹션을 제시하며 방법 섹션을 개관할 수 있지만, 일부 하위 섹션은 프로젝트와 관련이 없을 수도 있다. 또한 일부 설계 요소가 여러 섹션과 관련이 있다는 것을 발견할 수도 있고, 이러한 요소들을 어디에 배치하여 방법을 일관성 있게 설명하면서도 논문에서 중복성을 줄일지를 결정해야 할 수도 있다. 또한 일부 질적 전통에서 저자들은 방법 섹션을 결합하거나 연대순 또는 서사적 형식으로 작성하는 경향도 있다. 예를 들어, 일부 전통(예: 문화기술지)에서, 데이터 수집과 분석은 서로 얽혀 있을 수 있으며(예: 데이터 수집은 데이터의 지속적인 분석과정 중에 이루어질 수 있음), 이러한 섹션들을 결합하는 것이 타당할 수 있다. 투고를 고려 중인 학술지를 참고하여 유사한 논문에 사용된 형식을 평가하는 것이 도움이 될 수 있다. 어떠한 경우든 핵심은 방법을 평가하는 데 필요한 정보가 명확하게 제시되어 있는지 확인하는 것이다. 또한 질적 절차는 개별 프로젝트에서 사용될 수 있도록 창의적으로 적용되고 결합될 수 있으므로 상세한 기술이 필요하며, 따라서 질적 방법 섹션은 전형적인 양적 방법 섹션보다 더 긴 경향이 있다.

질적 방법과 양적 방법의 또 다른 중요한 차이점으로, 질적 연구에서도 다른 연구자가 따를 수 있는 방법 기술을 제공하려 하지만 대부분의 질적 연구에 대한 접근 방식에서 선행 연구와 동일한 방법을 사용하는 다른 연구자가 선행 연구에서 도출된 것과 동일한 결과에 도달할 것이라 기대할 수 없다는 점이다. 예를 들어, 한 연구팀은 치료 상호작용의 특징이 빈약한 치료적 동맹이라는 것을 발견할 수 있고, 같은 방법을 사용한 다른 연구팀은 동일한 치료가 빈약한 윤리성이라는 것을 발견할 수 있다. 두 결과 모두 당면한 역학관계를 설명하는 데 똑같이 적용될 수 있으며, 차이점이 있다고 해서 두 결과 중 하나가 훼손되지는 않는다. 실제로, 빈약한 치료적 동맹과 윤리성이 모두 작용할 수 있으며, 각 팀은 각자의 관점이나 맥락에서 가장 관련성이 높은 문제를 강조할 수 있다. 그러나 두 연구 모두 비슷한 수준의 방법론적 무결성을 갖춘 결론에 도달할 수 있을 것으로 기대할 수 있다.

재현 가능성(replicability: 다른 연구자가 같은 데이터를 가지고 동일한 연구를 반복하여 같은 결과를 얻을 수 있는 성질)이 질적 연구의 일반적인 기준이 아닌 또 다른 이유는 대부분의 질적 연구자들이 데이터의 충실성을 유지하려는 강한 추진력과 함께, 역사적으로 당연히 그러하리라고 생각되는 주제에 대해 설명과 해석의 프로세스를 적용하기 때문이다. 그들은 연구자들이 장소와 시간에 따라 달라질 수 있는 질문, 기술 및 관점을 연구에 가져온다는 것을 알고 있다. 예를 들어, 세계의 한 지역(예: 사하라 사막)에서 물의 의미를 연구하는 연구팀은 베니스에서 같은 주제를 연구하는 연구팀보다는 데이터에서 다른 패턴을 발견할 것으로 예상할 수 있다. 비록 두 팀의 방법이 모두 엄격할지라도, 연구 결과가 동일하지는 않을 것이다. 연구 중인 현상은 특정 장소, 역동, 집단 규범 및 기간에 고유한 특성을 가질 수 있으며, 새로운 맥락에서 재현되지 않을 것으로 예상될 수 있다.

연구 설계 개요

연구 설계 개요에서는,

- 연구 설계를 요약한다: 데이터 수집 전략, 데이터 분석 전략, 그리고 밝히고자 하는 경우 탐구에 대한 접근 방식(예: 기술적, 해석적, 여성주의적, 정신분석적, 후기실증주의, 비판적, 포스트모던 또는 구성주의적, 실용주의적 접근 방식), 그리고
- 선택된 설계에 대한 근거를 제공한다.

여러분이 대학원생들을 대상으로 연구자 정체성 발달 경험에 대해 인터뷰하고 데이터를 분석한 후, 이제 방법 섹션에서 이를 기술한다고 가정해 보자. 종종 연구자들은 자신의 연구 설계(즉, 데이터 수집 및 분석 과정, 더 상세히 밝히고자 하는 경우 탐구 과정)를 검토하는 단락으로 방법 섹션을 시작하는 경우가 많다. 이는 방법 섹션에서 이어질 하위 섹션을 예고한다.

연구의 목표 섹션에서 아직 명확하지 않은 경우, 선택한 설계에 대한 근거를 제공하는 문장을 포함할 수도 있다. 이때는 간략하게 작성하면 된다. 앞서 설명한 연구자 정체성 연구에서는 특정 분야의 연구자 정체성 발달에 대해 대학원생들을 인터뷰하였으며 데이터를 분석하기 위해 특정 방법(예: 주제 분석, 근거이론, 현상학)과 탐구 전통(예: 구성주의적, 여성주의적, 비판적)을 사용했다고 말할 수 있다. 학술논문 작성자는 간결하게 작성하기 위해 노력하므로 여기에서는 자세한 내용을 다음 하위 섹션에서 설명할 것이다. 이 단락은 앞으로 나올 것에 대한 방향성을 제시하는 것에 불과하다.

연구 참여자 또는 자료의 출처

질적 연구 논문을 작성할 때, 참여자가 누구인지 또는 데이터의 출처를 이해하면 데이터의 맥락을 파악할 수 있다. 고려해야 할 중요한 많은 맥락의 수준에는 여러 가지가 있다. 예를 들어, 참여자들이 특정 주, 도시, 학교, 학년, 학급, 전공, 나이 또는 어떤 문화적 배경을 가진 학생들이었는지? 또한 연구에 참여하는 연구자가 누구인지, 데이터의 출처와 어떤 관계가 있는지 설명해야 한다. 해당 학교의 선생님인지, 교과서 저자인지, 아니면 학부모인지? 참여자들과 연구자 자신의 관점이 연구에 영향을 미칠 수 있는 다양한 측면을 고려해야 한다. 연구자는 발표할 내용의 순서를 결정할 수 있다. 어떤 연구자들은 시간순으로 하위 섹션을 배치하고 연구 주제에 대한 관심을 갖게 된 계기부터 시작하는 반면, 또 다른 연구자들은 참여자에 대한 설명부터 시작하는 경우도 있다.

연구자에 대한 설명

연구자에 대한 설명에서는,

- 연구 중인 현상에 대한 연구자의 사전 이해를 강조하면서, 연구에 접근하는 연구자의 배경을 기술한다(예: 면접자, 분석가 혹은 연구팀).
- 연구 중인 현상에 대한 사전 이해가 어떻게 관리되고/또는 연구에 영향을 미쳤는지 기술한다(예: 데이터 수집과 분석을 향상하거나 제한하거나 구조화한 것에 대해).

연구자에 대한 설명 파트에서 답변하게 될 질문은 이 연구를 수행하게 된 계기와 연구를 시작할 때 가졌던 주제에 대한 연구자의 관점에 대한 것이다. 이 하위 섹션에서는 자신의 인생 이야기(또는 전문가로서의 자격 증명 목록)를 제공하지는 않지만, 연구 중인 현상에 대한 사전 이해를 투명하게 드러내는 정보를 선택해야 한다. 이러한 정보에는 인구통계학적 및 문화적 배경에 대한 설명, 자격 증명, 현상에 대한 개인적 경험, 받아온 교육, 가치관, 분석할 기록물 또는 자료 선택 시 내린 결정 등이 포함될 수 있으나 이에 국한되는 것은 아니다.

예를 들어, 두 개의 치료 센터에 대해 비교 연구를 수행하면서 연구자 본인이 이 중 한 센터에 고용되어 있다면, 이를 언급하는 것이 중요하다. 이민자들에 대한 연구를 수행하는 경우, 여러분의 이민자 신분을 설명할 수도 있다. 또는 특정 집단을 대상으로 심리치료에 대한 연구를 수행하는 경우, 여러분의 심리치료 지향과 해당 집단과 함께 일한 경험 수준을 설명할 수 있다. 여러분은 특정한 신념과 기대를 가지고 연구를 시작했는가? 이러한 요소들은 분석을 통해 여러분의 관점에 영향을 미칠 수 있는 요소이므로 명시적으로 설명해야 한다.

살아온 경험(lived experiences)은 더 민감하게 여러분의 연구에 접근할 수 있게 함으로써 분석에 도움을 줄 수 있고, 혹은 자신의 경험에 반하는 방향으로 생각을 제한할 수도 있다. 연구 중인 현상에 대한 사전 이해가 연구에 어떻게 관리되거나 영향을 미쳤는지(예: 데이터 수집과 분석을 강화, 제한 또는 구조화)에 대해 설명해 보라. 또한 다른 사람(예: 면접관, 분석가, 연구팀)과 함께 작업하는 경우에도 마찬가지로 그들의 관점에 영향을 미칠 수 있는 요소들에 대한 설명도 함께 제공하는 것이 중요하다. 질적 연구자들은 그들의 연구를 보고함에 있어 투명성의 윤리를 가지고 있으며, 독자들은 여러분이 연구를 시작했을 때 사전 약속과 신뢰뿐만 아니라 연구의 과정에서 이를 어떻게 다루었는지 이해하고자 할 것이다. 이들 설명에는 이러한 관점이 어떻게 관리되고 연구에 어떻게 영향을 미쳤는지가 포함되어야 한다.

예를 들어, 만약 여러분의 분야에 있는 대학원생들을 대상으로 연구자 정체성 발달에 대해 인터뷰하는 연구를 수행하고 있다면, 여러분은 스스로 성찰한 결과 자신이 발견한 것들에 대해 전율을 느끼고, 다른 사람의 경험으로부터 배우는 과정을 즐기는 영민한 연구자라는 것을 발견할 수 있을 것이다. 이러한 태도가 어떤 면에서는 자신의 연구를 어떻게 향상시켰는지(아마도 다른 사람의 흥분에 대한 묘사에 더 민감하게 반응하도록 만들었을 수도 있고), 또 어떤 면에서는 제한적이었는지(다른 사람들이 연구를 즐기지 않는 이유를 이해하기 어렵게 만들었을 수도 있고), 그리고 자신의 관점을 어떻게 사용하여 주제에 민감한 데이터 수집 및 분석 과정을 구조화하는 데 도움이 되었는지(아마 자신과 다른 태도를 이해하기 위해 호기심의 태도를 채택하기로 결정했을 수도 있음)를 설명할 수 있을 것이다. 일부 연구자는 자신의 관점을 반성적으로 고려하는 데 도움이 되는 절차(예: 일기, 메모, 현장 노트)를 사용하고 연구에 미치는 영향을 제한하기 위해 노력하거나(특히 의견이 자신과 다를 때, 개방적이고 유도적이지 않은 질문을 하는 것에 신중을 기하는 것) 이러한 관점을 최대한 활용하기도 한다. 아마도, 참여자들이 연구에 대해 어떻게 생각하는지 설명을 듣고 그들의 태도와 여러분의 태도 사이의 차이를 인식한 후, 참가자들에게 연구를 할 때 흥분과 스릴을 느끼지 못하는 요인이 무엇이라고 생각하는지 또는 무엇이 도움이 될 수 있는지 물어볼 수도 있다. 어떤 절차를 사용했든 여러분은 그것을 기술하고자 할 것이다.

여성주의 심리치료 수퍼비전 내에서 권력의 복잡성을 조사한 연구에서 연구자의 반영적 사고(reflexivity)에 대해 기술하는 것의 예는 다음과 같다:

> 여성주의-구성주의 연구자들은 연구 대상에 자신을 위치시켜 연구자의 견해와 사회적 위치가 연구 결과에 미치는 영향에 대해 독자가 스스로 결론을 내릴 수 있도록 돕는다(Morrow, 2005). 두 저자 모두 여성주의-다문화(Feminist-Multicultural: FM) 및 사회정의 지향적 수퍼비전을 제공하며 성별, 다양성 및 사회 정의에 초점을 맞춘 질적 연구를 전문으로 한다. 첫 번째 저자는 라틴계가 아닌 백인이고, 영어권,

성별과 성적 지향 모두에서 퀴어인 미국 시민 1세대로서 폴란드계 미국인이며 여성주의자이며 상담심리학 분야의 초심 대학 교수이다. 첫 번째 저자는 두 번째 저자의 자문을 받아 데이터를 수집하고 분석하였다. 두 번째 저자는 비라틴계 백인, 영어권, 시스젠더(cis-gender: 생물학적 성과 성정체성이 일치하는 사람) 레즈비언 여성주의자인 고급 경력의 상담심리학 전공 교수이다. 그녀는 데이터 수집, 분석 절차, 긴급한 프레임워크 및 초안을 검토하고 피드백을 제공했다. 데이터 수집에 앞서 우리는 여성주의-다문화 지향 수퍼바이저들이 (a) 평가 권력, 제도적 권력 및 억압과 특권의 시스템을 염두에 두고, (b) 그들의 권력을 남용하지 않도록 행동하고, (c) 억압에 대한 저항의 관점에서 행동을 바라보며, (d) 내담자의 개념화에 심리내적, 대인관계적, 사회/정치적, 개인적, 가족적, 문화적 차원을 통합하는 것을 촉진한다고 가정하였다(Kulpinski, 2006; Nelson et al., 2006; Porter, 1995; Proouty, 1996).

나는 참여자들의 실제 살아온 현실에 부합하는 엄격하고 신뢰할 수 있는 분석을 수행하기 위해 몇 가지 전략을 사용하였다(Guba & Lincoln, 1989). 성찰 일지를 쓰면서, 나는 프로젝트 기간 내내 나의 생각, 감정, 그리고 가정을 기록하였다(Morrow, 2005). 새로이 대두되는 프레임워크를 정교화하기 위해, 동료 및 두 번째 저자와 격주로 동료 디브리핑을 진행하여 연구 절차, 프로세스 및 분석에 대한 피드백을 얻었다. 나는 확증 편향에 도전하고 프레임워크에 다양성을 더하기 위해 후속 및 피드백 인터뷰와 동료 디브리핑을 통해 확증 편향에 대한 반박 증거를 찾으려 했다. 엄격성 기준의 이행을 모니터링하기 위해 감수 추적(즉, 연구 과제의 상세한 연표)을 사용하였고, 비식별화된 감수 추적을 감수자 패널들과 공유하였다(Arczynski & Morrow, 2017, p. 4).

이 예에서는 연구자의 정체성에 대한 설명뿐만 아니라 연구 초기에 그들의 가정에 대한 성찰과 이러한 가정을 어떻게 다루었는지에 대한 정보를 볼 수 있다. 비판적 접근법이나 과제 분석과 같은 다른 방법에서는 연구자가 이론적 모델을 사용하여 분석을 안내할 수 있으며, 본문에 이론(예: 비판적 인종 이론, 여성주의 이론, 퀴어 이론)에 대한 설명이나 연구자가 처음에 가졌던 모델에 대한 설명을 제시할 수 있다(예: Pascual-Leone & Greenberg, 2007). 이 이슈에 대한 자세한 내용은 3장의 방법론적 무결성에서 확인할 수 있다.

참여자 또는 기타 자료원

참여자 또는 기타 자료원에 대해 기술할 때,

- 분석된 참여자/문서들/사건들의 수를 제공한다.
- 수집된 데이터에 영향을 미칠 수 있는 인구통계학/문화적 정보, 참여자의 관점 또는 자료원의 특성을 기술한다.
- 관련성이 있는 경우에는, 기존의 자료원(예: 신문, 인터넷, 기록물)을 기술한다.
- 해당되는 경우에는, 공개적으로 공유된 데이터에 대한 데이터 저장소 정보를 제공한다.
- 해당되는 경우, 기록 검색 또는 분석을 위한 데이터 발견 과정을 설명한다.

하위 섹션에서는 참여자 또는 데이터 원천에 대한 정보를 제공하고자 한다. 여기에는 참여자 수, 문서 또는 사건의 수가 포함될 수 있다. 참여자와 함께 작업하는 경우, 참여자의 관련 인구 통계 및 문화적 정보와 연구 중인 주제에 대한 참여자의 관점에 영향을 미쳤을 수도 있는 요소도 포함해야 한다. 주제와 관련이 있을 수 있는 다른 기술적인 특징도 고려할 수 있다. 출판 매뉴얼에서는 "결과 해석에 영향을 미칠 수 있는 특성에 특히 중점을 두고 가능한 한 구체적으로 [참여자]를 설명할 것"을 권장한다(APA, 2020, p. 83). 예를 들어, 대학원생에게 연구자 정체성에 대해 묻는 연구에서는 대학원생의 경력 목표와 교육 프로그램 초점에 대해 물어볼 수 있다.

인터뷰에 기반하지 않고 텍스트나 기타 커뮤니케이션을 분석하는 데 초점을 맞춘 연구라면 해당 데이터 원천(예: 신문, 아카이브, 인터넷 데이터)과 수집된 데이터에 영향을 미칠 수 있는 원천의 특성을 설명해야 한다. 또한 해당되는 경우 공개적으로 공유된 데이터에 대한 데이터 저장소 정보를 제공하고 분석을 위해 데이터를 찾는 아카이브 검색 또는 과정을 설명해야 한다. 이러한 설명의 예는 내담자의 인종 간 치료 경험에 관한 다음 Chang과 Berk(2009)의 연구에서 찾을 수 있다:

> 광범위한 모집 노력으로 인구통계학적으로 다양한 참여자 표본이 확보되었으며, 이는 본 연구를 위해 분석된 16명 참여자의 인구통계학적 다양성에 반영되어 있다. 이 표본의 경우, 연령은 19세에서 50세까지 다양했으며, 평균 연령은 33.5세(SD=8.8)였다. 교육 수준은 석사학위 이상 5명, 학사학위자 2명, 대학수료자 6명, 고교졸업은 단지 3명이었다. 참여자 중 5명(32%)은 미국 밖에서 태어났다. 전체 표본에서 성적 지향은 세게적으로 평가되지는 않았지만, 6명(38%)의 참여자는 인터뷰에서 레즈비언, 게이, 트랜스젠더, 양성애자 또는 퀴어라고 스스로 밝혔다. 모든 참여자들은 비히스패닉 백인 치료사들과 만났으며, 16명의 치료사들 중 12명이 여성이었다. 치료 기간은 6주에서 6년 사이였다. 참여자 중 7명은 1년 이상, 7명은 6개월~1년간, 2명은 6개월 미만의 치료를 받았다.
>
> 가장 흔한 문제(상호 배타적이지 않음)는 '외로움/다른 사람들로부터의 고립감'(9명), '기분 부전 또는 우울증'(9명), '진로/직장 관련 스트레스'(9명), '가족 갈등'(8명), '알거나 알 수 없는 이유의 불안'(5명)

> 이었다. 7명(44%)의 참여자가 인종 또는 문화적 이슈의 맥락에서 현재 겪고 있는 문제에 대해 이야기했다. 예를 들어, 아시아계 내담자 중 2명은 그들이 고통받았던 어린 시절의 트라우마가 성별과 가족의 역할에 관한 문화적 규범으로 인해 악화된다고 믿었기 때문에 그들의 가족에 대한 분노를 느낀다고 묘사하였다. 몇몇 참여자들은 학교와 직장에서 상사와 동료들로부터 차별을 받아 고통과 불안이 심해졌다고 인식하였다. 2명의 이민자 내담자들은 또한 다양한 정도의 문화적 스트레스와 편견과 차별의 경험을 보고하였다.
>
> 대부분의 참여자(9명)는 개인 치료사가 운영하는 상담실에서 치료자를 만났지만, 7명은 병 · 의원에서 치료를 받았다. 치료에 만족한 내담자와 불만족한 내담자 간에는 연령, 치료 환경, 치료 기간 또는 드러난 문제와 관련하여 뚜렷한 차이가 없었다. 그룹 간에 차이가 있었던 유일한 특성은 교육 수준이었다. 불만족 그룹의 모든 참여자는 적어도 대학은 다닌 반면, 만족 그룹의 참여자 중 3명은 고등학교만 졸업하였다 (p. 524).

이 사례는 내담자에 대한 문화적 정보뿐만 아니라 연구 결과에 대한 해석과 관련된 치료 경험과 치료의 맥락에 대한 정보도 제공하고 있다. 질적 연구에서 흔히 하는 것처럼 연구자들은 이 정보를 표로 제시하여 독자들이 참여자의 다양성을 이해할 수 있도록 하였다. 이 모든 정보는 독자가 연구 결과가 자신의 환경에 적용될 가능성을 평가하는 데 도움이 될 수 있다.

연구자-참여자 관계

참여자와 연구자 사이에 기존 관계가 있는 경우,

- 연구 과정과 관련된 연구자와 참여자 간의 관계 및 상호작용과 연구 과정에 미치는 영향(예: 연구 이전에 관계가 있었는지 여부, 기존 관계와 관련된 윤리적 고려 사항이 있는지 여부)을 기술한다.

연구자의 관점과 마찬가지로, 참여자들과의 관계도 질적 연구에서 장점 또는 단점이 될 수 있다. 참여자 중 누군가와 기존에 관계가 있거나 상호작용한 이력이 있는 경우, 연구 과정과의 관련성 및 연구 과정에 미치는 영향을 설명해야 한다. 예를 들어, 연구자 정체성 연구에서, 대학원생들 중 일부와 아는 사이라면 그 대학원생이 연구자에게 편안하게 털어놓는 데 도움이 될 수도 있고, 관계에 따라 자신감을 저해할 수도 있으므로 연구자가 이를 어떻게 처리하였는지를 설명해야 한다. 만약 연구자가 참여자들의 교수나 고용주라면, 강요와 관련된 윤리적 문제는 어떻게 해결되었는가? 여러분이 연구했던 공동체의 일원이라면, 여러분의 참여가 참여자들의 참여 의지와 그들이 제공한 데이터에 어떤 영향을 미쳤는가? 이러한 종류의 질문에 답하는 것은 투명성을 확보하고 독자들이 여러분의 연구를 평가하는 데 도움이 될 수 있다.

참여자 모집 및 선정

연구 참여자 모집 및 선정과 관련된 하위 섹션에서는 참여자를 확보하는 방법에 초점을 맞춘다. 연구 참여자가 없는 경우(예: 예술작품 기반 텍스트 혹은 의사소통 분석을 수행하는 경우)에는 데이터 수집에 대한 하위 섹션으로 바로 진행할 수 있다. 일부 연구는 연구 참여자를 모집한 다음 응답자 풀(pool)에서 참여자를 선택하는 것으로 시작한다. 다른 연구에서는 참여자 풀의 유형을 선택한 다음 해당 풀 내에서 참여자를 모집하는 것으로 시작한다. 이러한 하위 섹션과 그 내용을 처음에 선택 또는 모집 중 어느 것이 먼저 이루어졌는지의 여부에 따라 시간순으로 정렬하여 연구에서 수행한 작업을 반영할 수 있다.

연구 참여자 모집 과정

모집 과정에 대한 설명에 있어,

- 모집 과정을 설명한다(예: 대면, 전화, 우편, 이메일, 모집 요강).
- 연구 참여에 대한 인센티브 또는 보상을 설명하고, 데이터 수집 및 동의 절차와 관련한 윤리적 부분(기관심의위원회(IRB) 승인, 취약한 참여자에 대한 특별한 조정, 안전에 대한 모니터링을 포함할 수 있음)을 잘 설명하고 보장함을 안내한다.
- 연구 설계와 관련하여 참여자 수가 결정된 과정을 설명한다.
- 탈락자와 최종 참여자 수 및 출처(해당되는 경우, 거부율 또는 중도 탈락 사유 포함)를 통한 참여 인원 변동사항을 제공한다.
- 데이터 수집 중단 결정의 근거를 설명한다(예: 포화).
- 서술된 목적과 다를 경우 참가자에게 연구 목적을 전달한다.

연구자와 연락을 취하고 연구에 참여할 참여자들을 어떻게 모집하였는지는 독자들의 관심사이다. 참여자를 모집하기 위해 사용한 프로세스(예: 대면, 전화, 우편, 이메일, 모집 요강, 연구 설명)를 설명해야 한다. 만약 연구 설계 개요에 명시된 목적과 다르게 참여자에게 연구 목적을 알려준 경우에는 이를 명확히 하고 다음과 같이 그 차이에 대한 근거를 제시한다. 연구에 포함된 참여자 수에 대한 근거를 제공할 수 있으며, 이는 전형적으로 사용하고 있는 방법 및 탐구 전통과 관련되어 설정된다. 마찬가지로 데이터 수집을 중단하기로 결정한 근거를 제공한 모든 절차(예: 적합성, 포화도; 적합성에 대한 자세한 내용은 3장에서 충실성에 대해 적합한 데이터 섹션을, 포화에 대한 자세한 내용은 2장의 방법에 대한 근거이론 접근법 섹션을 참조)를 설명해야 하며, 모집이 중단된 시점에 대한 정당성은 참여자 모집 또는 분석에 대한 하위 섹션에 제시할 수 있다. 연구 진행 과정에서 연구 참여자 수가 변경된 경우, 탈락으로 인한 참여자 수의 변화(중도 탈락 사유 포함)를 문서화하고 최종 참여자 수 혹은 출처를 명확하게 명시해야 한다.

질적 연구를 위해 합의된 최소 참여자 수는 없다는 점을 명심하라. 그러나 연구자가 연구에 포함한 참여자 수는 연구 설계와 관련하여 이해되어야 하며, 연구 목표를 적절히 충족시킬 수 있어야 한다(자세한 것은 방법론적 무결성에 대한 3장의 데이터 적합성을 참조). 연구자가 투고한 학술지의 심사위원이 질적 연구방법에 얼마나 익숙한지에 따라, 참여자 수가 사용 중인 설계의 실제와 어떻게 부합하는지를 명확히 설명하는 문구를 추가할 수 있다. 심사위원은 질적 연구 결과의 전이 가능성(transferability), 즉 연구 결과를 다른 맥락으로 옮겼을 때에도 독자들 입장에서 공감과 이해가 될 가능성이 높다는 점을 적용하여 연구 결과를 보다 깊이 있게 이해할 수 있다는 점, 그리고 질적 연구에서는 양적 연구처럼 결과의 일반화를 위해 통계적으로 유효한 참여자 수를 필요로 하지 않는다는 점을 인지하고 있어야 한다. 다른 말로 하면, 변동성(variability) 측면에서 질적 연구는 표본과 모집단의 변동성보다는 연구 중인 현상 내의 변동성에 관심을 갖는다(Levitt, Motulsky et al., 2017).

연구 참여자 선정

연구 참여자 선정에 대해 설명할 때,

- 참여자 또는 자료원을 선정하는 과정(예: 최대 변동(maximum variation), 다양성 표집(diversity sampling)과 같은 목적적 표집방법(purposive sampling methods) 또는 눈덩이식 참여자 선정(snowball selection), 이론적 표집(theoretical sampling)과 같은 편의 표집방법(convenience sampling methods) 등이 있음), 그리고 참여자를 포함시키거나 배제하는 기준에 대해 설명한다.
- 연구를 위한 일반적인 맥락(데이터 수집 시기, 데이터 수집 장소)을 제공한다.
- 기록물로 보관된(archived) 일련의 데이터 세트에서 참여자를 선정하는 경우에는, 해당 데이터 세트의 모집 및 선정 과정뿐만 아니라 해당 데이터 세트에서 참여자를 선정할 때 어떤 결정을 내렸는지에 대해서도 기술한다.

참여자 모집 과정이 사람들이 연구에 관심을 갖도록 유도하는 방법이라면, 참여자 선정 과정은 연구자가 누구를 연구 참여자로 포함시킬지를 결정하는 방법이다. 일부 방식은 참여자 수를 결정하는 데 사용할 수 있는 표본추출 전략(예: 이론적 표집, 다양성 표집)을 제안하며, 이들 중 하나를 사용하는 경우 그 근거를 설계에 연결할 수 있다. 참여자 선정 하위 섹션에서는 참여자 선정 프로세스로서, 목적적 표집(예: 최대 변동 표집, 이론적 표집) 또는 편의 표집(예: 눈덩이식 참여자 선정)이 포함될 수 있다. 또한 참여자를 포함시키거나 배제하는 기준을 나열할 수 있다.

참여자들의 맥락은 종종 선정의 핵심 요소이기 때문에(예: 그들 모두가 학교, 특정 주에서 특정한 치료를 받아야 할 필요가 있을 수 있음), 연구자는 연구와 관련된 맥락의 특징을 파악하고 싶을 것이다. 이 과정에서 데이터가 수집된 시기와 장소 또는 참여자를 선정하는 데 중요한 기타 맥락의 특징을 표시할 수 있다. 예를 들어, 참여자들은 현재는 감옥에 있지는 않더라도 수

감되었던 이력이 있어야만 할 수도 있다.

Bowleg, Heckert, Brown, 그리고 Massie(2015)는 흑인 이성애자 남성의 더 안전한 섹스와 남성성에 대한 담화적 구성(discursive constructions)에 관한 연구에서 참여자 모집과 선정의 과정을 다음과 같이 설명하였다:

> 참여자들은 흑인 인구가 50% 이상인 미국 인구조사 블록을 기반으로 펜실베이니아주 필라델피아의 무작위로 선정된 장소(예: 이발소, 길거리)에서 모집되었다. 훈련된 2명의 흑인 남성 리크루터가 적어도 18세 이상으로 보이는 흑인 남성에게 접근하여 연구 참여 모집 카드를 주었다. 이 카드에는 "흑인 남성의 건강과 성적 경험"에 대한 기밀 연구에 참여하도록 초대하는 내용이 담겨 있었다. 예비 참여자들은 흑인/아프리카계 미국인, 이성애자, 18세에서 44세 사이, 그리고 지난 2개월 동안의 여성과 실제 성관계 경험 보고 등 연구 참여 적격 기준을 충족하는지의 여부를 유선 통화를 통해 선별하였다. 그 후 참여자들은 간단한 자기보고식 인구통계 설문지를 작성한 후 50달러의 현금 인센티브를 받았다. 제1저자의 전 소속 기관인 Drexel 대학교의 기관 심의위원회에서 모든 연구절차를 승인하였다(p. 316).

이 설명은 먼저 참여자 모집의 맥락을 설명한 다음, 특정 특성에 맞는 남성을 모집한 방법을 보여 주고 있다. 다른 연구에서는 이러한 과정의 순서가 뒤바뀔 수도 있다.

연구 참여에 대한 동의 및 윤리

연구 설계에 참여자 모집 전략 또는 선택 전략(또는 둘 다)이 포함되는지 여부에 관계없이, 인센티브 또는 보상을 명시하고 데이터 수집 및 이와 관련된 동의 및 윤리적 절차를 적절히 준수했다는 확신을 제공해야 한다. 질적 연구에 사용되는 과정은 데이터가 수집됨에 따라 반응적으로 바뀔 수 있으므로 방법도 바뀔 수 있다. 데이터 수집, 수집 사이 또는 수집의 파동 사이에 변화가 필요하다는 것이 분명해질 수 있다. 이는 윤리가 질적 연구를 시작할 때만 고려되는 것이 아니라 지속적으로 고려되어야 한다는 것을 의미한다(Haverkamp, 2005; Joselson, 2007 참조).

이러한 변화는 연구 착수 시점에 예측하지 못할 수도 있다. 예를 들어, 참여자들이 예상보다 비슷한 경험을 했다는 것을 깨닫고 질문의 범위를 완전히 파악하기 위해 정해진 참여자 그룹 내에서 더 전략적으로 참여자를 모집하기로 결정할 수 있다. 트라우마에 대한 연구를 진행하다 보면 다양한 강도 또는 차원의 트라우마 경험에 초점을 맞추게 될 수도 있다. 또는 참여자의 감정에 덜 민감한 질문 방식이 필요하다는 것을 깨달을 수도 있다. 때때로 데이터 수집이 몇 달 또는 몇 년에 걸쳐 이루어지기도 하며, 한 단계에서 배운 내용을 바탕으로 이후 단계에서 접근 방식을 바꾸게 될 수도 있다. 데이터 수집 범위가 특정 범위 내에서 좁혀지거나 넓어질 수 있으며, 인터뷰 사이에 질문이 변경될 수 있음을 기관심의위원회(Institution Review Board: IRB)에 알릴 수 있다. 논문을 작성할 때, 독자는 특히 방법론적 선택을 이해하는 데 도움이 되는 결정을 내린 경우 윤리가 어떻게 관리되었는지 알고 싶어할 것이다. 이러한 설명에는 IRB 승인 보고 및 안전 모니터링과 같은 취약한 모집단에 대한 특별한 조정이 포함될 수 있다. 출판 매뉴얼의 1장에서는 출판의 윤리적 및 법적 기준에 대한 더 많은 가이드라인을 제공한다(APA, 2020, pp.11–21).

자료 수집

연구와 관련된 데이터의 수집 측면을 기술함에 있어,

- 데이터의 수집된 형태를 서술한다(예: 인터뷰, 설문지, 매체, 관찰).
- 데이터 수집 프로토콜의 기원 또는 진화에 대해 설명한다.
- 진화하는 연구 결과 혹은 연구 근거에 따라 데이터 수집 전략이 변경된 경우를 설명한다.
- 데이터 선택 또는 수집 프로세스를 기술한다(예: 데이터 수집 시 다른 것들이 나타났는지, 데이터 수집 횟수, 수집 기간, 맥락).
- 참여의 광범위성(예: 참여의 깊이, 데이터 수집의 시간 집중도)을 전달한다.
- 인터뷰 및 서면 연구의 경우, 데이터 수집 과정에서 소요된 시간의 평균과 범위를 표시한다(예: 인터뷰는 75분에서 110분 동안 진행되었으며, 평균 인터뷰 시간은 90분이었음).
- 연구 전체를 조명할 수 있도록 데이터 수집 과정에서 어떻게 반영적 사고의 과정을 거쳤는지에 대해 설명한다.
- 데이터 수집에서 묻는 질문 시 핵심적인 질문의 내용과 질문의 형식(예: 개방형 대 폐쇄형)을 기술한다.
- 사용된 데이터 녹음/녹화 방법, 현장 노트, 전사 과정을 식별한다.

논문 심사위원과 독자는 데이터 수집과 관련된 하위 섹션을 살펴보고 참여자 또는 데이터 원천으로부터 데이터를 얻은 방법을 이해한다. 이 과정을 데이터 수집이라고 부르지만, 데이터 식별, 수집 또는 선택과 같이 자신의 연구 접근 방식 및 프로세스와 일관된 데이터 수집 관련 용어를 사용할 수 있다. 그러나 독자와 관련하여 이해하기 쉬운 용어로 설명을 제공해야 한다. 연구자가 제시하는 질문 또는 출처로부터 데이터를 식별하기 위한 구조가 필요하다. 질문 목록이 길거나 다양한 질문이 포함된 데이터 수집 자료의 경우, 모든 질문을 보고할 필요는 없지만(특히 각 인터뷰의 내용에 따라 질문이 조정될 것으로 예상되는 일련의 비정형 또는 반구조화된 인터뷰를 제시하는 경우), 핵심적인 질문을 식별하여 전달하고자 할 때 유용하다. 또한 질문이 개방형 질문으로 설계되었는지, 특정 영역에 초점을 맞춘 질문인지 파악하는 데 도움이 된다. 데이터를 수집하는 데 사용한 절차(예: 인터뷰, 설문지, 관찰)와 해당 절차가 연구 과정을 통해 발전한 방식에 대해 조금이라도 설명해야 한다.

많은 질적 방법에서, 연구자가 데이터를 수집하는 과정에서 어떤 질문이 가장 유용한 데이터를 이끌어내는지, 어떤 질문이 현상에 대한 철저한 이해를 제공하는 데 필요한지, 진화하는 이론의 빈틈을 메우기 위해 어떤 질문이 필요한지 배우면서 질문은 의도적으로 다듬어진다. 연구자는 변경 사항과 함께 이를 사용하는 근거를 설명해야 한다(Joselson, 2013 참조).

데이터 수집 과정에 대한 세부적인 사항들은 독자들이 수집 과정이 어땠는지에 대한 감각을 발달시키는 데 도움이 될 수 있다. 예를 들어, 관찰이 이루어질 때 다른 사람이 있었는지, 데이터가 수집된 횟수, 인터뷰의 소요 시간과 인터뷰 맥락 등을 언급할 수 있다. 도서관 세팅에서 낯선 사람에게 인터뷰를 받는 것과, 여러분의 학급 앞에서 선생님에 의해 인터뷰 받는 것 혹은 연구 중인 커뮤니티에 1년 동안 살면서 관찰자료를 수집하는 것은 매우 다른 경험이 될 것이다. 연구원으로서의 시간 집중도와 참여 정도에 대한 이러한 유형의 정보를 제공함으로써 데이터 수집 과정에 얼마나 깊이 참여하였는지를 알 수 있다. 연구자의 참여와 반성적인 자기성찰에 대한 설명은 독자가 질문에 대한 답을 얻었을 뿐만 아니라 그 답에 내재된 의미를 더 잘 이해하기 위해 자신의 민감성을 어떻게 높였는지도 알 수 있도록 도와준다. 기록 및 데이터 변환과정을 설명할 때는 사용된 기록 방법을 파악하는 것이 좋다. 예를 들면, 현장 노트, 메모, 오디오 기록, 비디오 기록 또는 전사가 포함될 수 있다.

회장루(ileostomy)를 지니고 살아가야 하는 도전적 삶에 대한 인터뷰 기반의 연구에서, 데이터 수집에 대한 다음의 설명은 데이터 수집 보고의 예를

제공한다(Smith, Spiers, Simpson, & Nicholls, 2017):

> 인터뷰는 Johanna Spiers가 직접 또는 스카이프(Skype)/전화로 진행했다. 인터뷰 일정에 따라 약력, 질병, 감정, 자기 자신 및 타인에 대한 질문이 포함되어 있었다. 다음은 인터뷰 일정의 첫 세 가지 질문으로, 독자들이 인터뷰 스타일에 대한 아이디어를 얻을 수 있다: (a) 지난 몇 년간 당신에게 어떤 일이 있었는지 말씀해 주시겠어요? (b) 당신은 언제 처음으로 회장루 수술이 필요하다는 말을 들었습니까? 그리고 (c) 수술을 받기 위해 병원에 간 것에 대해 말씀해 주시겠어요? 전체 일정은 온라인에서 보충 자료로 제공된다. 세부 일정은 해석적 현상학적 분석(IPA) 모범 사례에 따라 유연하게 사용되었다. 면접관은 흥미롭고 중요한 이슈가 발생하면 이를 조사할 기회를 가졌지만, 이는 면접관이 강요한 것이 아니라 참여자가 주도한 것들이었다.
>
> 전화 또는 화상 인터뷰는 면접관들이 몸짓 언어 단서를 놓치고 라포를 형성하지 못할 수 있기 때문에 질적 연구에 해가 될 수 있다는 의견도 있다. 그러나 몇몇 다른 학자들(Novick, 2008; Sturges & Hanrahan, 2004)과 마찬가지로, 우리도 전화/화상 인터뷰와 대면 인터뷰 간에 눈에 띄는 차이를 발견하지 못했다. 실제로, 전화/스카이프 인터뷰가 일부 참여자에게는 더 편리했을 수 있으며, 대면 접촉이 없기 때문에 비밀이 보장된다는 느낌을 더 많이 줄 수 있다. 따라서 잠재적으로 어려운 주제에 대해 더 자유롭게 토론할 수 있었다(Smith, 1989). 인터뷰는 음성으로 녹음되고 그대로 전사되었다; 그리고 현장 메모는 병동에서 추후 작성되었다. 인터뷰는 30분에서 130분 사이로 진행되었으며, 대부분 1시간이 소요되었다. 모든 데이터는 비밀을 보호하기 위해 익명으로 처리되었다(Smith, Spiers, Simpson, & Nicholls, 2017, p. 144).

다음 글에서 수집된 데이터의 예는 하나의 심리치료 오리엔테이션으로 훈련을 시작했지만 통합 심리치료 오리엔테이션을 개발한 치료사들의 글에 대한 Rihacek과 Danelova의 분석(2016)에서 발췌한 것이다:

> Goldfried의 책에 기고한 사람들은 편집자로부터 "일화와 삽화를 통해 변화 과정을 설명하면서 자신의 성장 경험을 서술해 달라는 요청을 받았다(Goldfried, 2005, p. x). 그들은 자신의 직업적 발전과 개인적 발전의 다섯 가지 핵심 측면, 즉 (a) 원래 배운 교훈, (b) 원래 지향의 강점, (c) 원래 지향의 한계, (d) 어떻게 변화가 일어났는지, (e) 현재의 접근 방식을 소개하도록 요청받았다(보다 자세한 내용은 Goldfried, 2005, pp. 14-15 참조). 통합 심리치료자들의 발달 여정을 다룬 『Journal of Psychotherapist Integration』의 발행에 기여한 사람들에게 다음 사항에 대해 생각해 보도록 요청하였다: (a) 통합적인 임상가 및 연구자로서의 동기화, 수련 및 발달, (b) 이전 및 현재의 통합적인 실무 관행 및 연구, (c) 통합적인 연구 및 임상적인/전문적인 성장을 위한 미래 계획, (d) 심리치료 통합과 심리치료 통합 탐구 협회의 미래, 목표, 희망 및 예측(Lampropoulos, 2006b). 세 개의 독립된 논문은 통일된 가이드라인이 없는 것으로 추정된다. 각 장과 논문의 길이는 8~26페이지로, 총 400페이지가 넘는 분석 데이터가 산출되었다.
>
> 질적 연구에서는 인터뷰를 데이터의 원천으로 사용하는 것이 더 일반적이지만 일기나 자서전과 같은 서면 기록도 실행 가능한 대안이며(예: Silverman, 2003), 독립적인 데이터 수집 방법으로 사용되거나(예: Gray & Lombardo, 2001; Pasupathi & Mansour, 2006), 또는 연구의 타당성을 높이기 위해 다른 방법과 함께 사용되어 왔다(예: Lawson, McClain, Matlock-Hetzel, Duffy, & Urbanovski, 1997; Topley, Schmelz, Henkenius-Kirschbaum, & Horvath, 2003).

인터뷰와 비교하여 서면 자료에서 얻은 데이터의 품질에 대한 직접적인 경험적 평가는 아직 발견되지 않았다. 그럼에도 불구하고 쓰여진 내러티브의 사용은 다음과 같은 몇 가지 주장에 의해 뒷받침될 수 있다: (a) 내러티브를 작성하면 작성자가 이전 경험의 세부 사항을 회상할 수 있는 충분한 시간이 주어진다, (b) 참여자들이 연구자의 영향을 받지 않고 자신의 생각을 발전시킬 수 있다(Dahlberg et al., Person & Friberg, 2009), (c)트라우마 기억에 대한 연구에 따르면 자발적인 구술 보고가 아닌 글쓰기가 더 효과적이라고 하는데(Peace & Porter, 2004), 특히 연구의 목표와 관련해서 유용하다, (d) 출판된 내러티브를 사용하면 독자가 저자의 개념화와 해석을 평가할 수 있는 기회를 얻을 수 있다. 물론 글쓰기 분석과 관련하여 몇 가지 단점도 있다: (a) 글쓰기 능력이 부족한 사람들에게는 장벽으로 여겨질 수 있다(우리 연구에서는 그렇지 않았다), (b) 연구자가 참여자들에게 반응하고 간략하게만 언급된 측면을 깊이 있게 탐구할 수 있는 기회를 박탈하고, (c) 내러티브가 특히 어떤 다른 목적을 위해 만들어진 경우 연구 질문에 완전히 집중하지 못할 수 있고, (d) 참여자들에게 양식화를 위한 더 많은 공간을 제공하고 인터뷰 내에서 자발적으로 제시될 자료가 공개되는 것을 빙해할 수 있다(p. 80).*

두 사례 모두에서 저자들은 그들이 작업한 것을 기술했을 뿐만 아니라 의문이 제기될 수 있다고 예상된 절차에 대한 정당성을 현명하게 제시하였다.

* [출처] "The Journey of an Integrationist: A Grounded Theory Analysis," by T. Rihacek and E. Danelova, 2016, *Psychotherapy, 53*(1), p. 80 (https://doi.org/10.1037/pst0000040). Copyright 2016 by the American Psychological Association.

자료 분석

분석에는 관련성이 있는 다음의 요소들이 포함되어야 한다:

- 사용된 방법과 절차 그리고 어떤 목적/목표인지에 대해 설명한다.
- 투명성(transparency)의 원칙에 따라 절차(예: 코딩, 주제 분석)에 대한 일부 논의를 포함하여 분석 과정을 상세히 설명한다.
- 연구자 설명 섹션(예: 코더 선정, 협업 그룹)에 앞서, 아직 설명되지 않았다면 코더 또는 분석가와 그들에 대한 훈련을 기술한다.
- 코딩 범주가 분석에서 나온 것인지 아니면 선험적으로 개발된 것인지 식별한다.
- 분석 단위(예: 전체 전사 기록, 단위, 텍스트)와 해당되는 경우 단위가 어떻게 형성되었는지 기술한다.
- 해당되는 경우(예: 분석 전 또는 분석 중에 개발되었거나 전반에 걸쳐 새롭게 등장한 경우), 분석 체계에 도달한 프로세스를 기술한다.
- 해당되는 경우, 개발에 대한 삽화와 묘사를 제공한다.
- 사용되었다면, 어떤 소프트웨어를 사용하였는지 표시한다.

데이터 분석 전략을 구체적으로 명확하게 전달하는 것이 중요하다. 대부분의 학술지에서는 단순히 "질적 분석을 수행했다."고 말하는 것만으로는 충분하지 않다. 확립된 질적 방법(예: 내용 분석, 합의 연구, 대화 분석)을 사용할 필요는 없지만, 이러한 방법에는 종종 모델이 될 수 있는 보고 스타일이 개발되어 있으므로 도움이 될 수 있다. 그러나 어떠한 경우든 데이터 작업에 사용한 각 절차를 설명하고 이들 단계에 대한 근거를 제시하여 독자가 절차의 목적을 이해할 수 있도록 할 필요가 있다. 통상적으로 이 설명에는 분석 단위(예: 전체 녹취록, 말 주고받기, 텍스트 입력)와 해당 단위가 어떻게 형성되었는지(예: 몇 명의 독자에 의해?)가 포함된다. 분석 프로세스에 대한 설명에는 일반적으로 단위의 범주가 형성된 방법, 코딩이 수행된 방법, 단위, 범주, 텍스트 또는 주제에 라벨을 붙인 방법, 설명이 형성된 방법, 해석이 이루어진 방법에 대한 세부 정보가 포함된다.

질적 연구에는 연구자들이 사용하는 절차(예: 축 코딩, 직관적 분석, 포화)를 설명하는 고유한 언어가 있는 많은 접근법들이 있다. 자신의 접근 방식에 맞게 생성된 언어를 사용하여 절차를 설명하는 것은 자신의 작업을 그 전통 안에 정확히 배치하는 데 도움이 된다. 하지만 해당 방법에 대한 전문 지식을 가진 독자만을 위한 학술지에 게재하는 것이 아니라면 용어의 의미와 근거 또는 그 절차를 설명할 필요가 있다는 것을 기억하는 것이 중요하다. 그렇게 하면, 여러분의 논문을 읽는 모든 사람들이 여러분의 방법이 무엇을 수반하는지 이해할 것이다.

독자들에게 도움이 될지의 여부와 지면에 여유가 있는지의 여부에 따라 데이터를 사용하여 연구 결과에 도달하기 위해 어떤 방식으로 작업했는지에 대한 예를 제공할 수 있다. 예를 들어, 현상학적 연구를 수행했다면, 의미 단위(meaning unit)의 예시를 제공할 수 있다. 또는 대화 분석(conversational analysis)을 수행했다면 분석을 위해 전사 기록을 어떻게 준비했는지(예: 강조, 분량, 중복되는 진술 등)를 예시할 수 있다. 이러한 예시의 목적은 독자들이 분석이 어떻게 발전하여 결론에 도달했는지 알 수 있도록 돕기 위한 것이다. 심사위원이나 독자가 질적 방법에 익숙하지 않은 학술지에 논문을 게재하는 경우 이러한 예시가 더 중요할 수 있다.

연구자 설명 섹션에서 미리 설명되지 않은 경우, 코더 또는 분석가의 훈련과 역량도 설명되어야 한다. 예를 들어, 코더가 어떻게 선정되었는지(예: 연구실의 박사과정 학생, 캠퍼스의 학생 그룹, 지역사회 조직), 그리고 어떻게 코딩이 수행되었는지(예: 합의를 모색하는 소규모 집단에서 두 명의 평가자가 평가자 간 신뢰성을 위해 노력함, 현상에 집중적으로 관여한 한 명의 평가자가 수행함)에 대해 설명할 수 있다.

코딩 범주가 분석에서 나온 것인지 아니면 연구 시작 전에 개발된 것인지 명확히 해야 한다. 사전에 선택되었다면, 그 선택 근거가 설명되어야 한다.

분석에서 나온 범주라면 그 이유를 설명해야 한다. 도움이 된다면 개발 및 코딩 과정에 대한 그림과 설명을 제공할 수 있다. 또한 사용된 소프트웨어의 이름과 기능에 대해 설명해야 한다. 대부분의 질적 연구용 소프트웨어는 단순하게 연구자가 결과를 잘 조직화하고 관리하는 데에 사용되는 도구에 불과하지만, 독자들은 소프트웨어가 실제로 분석 자체를 수행하고 있다고 오해할 수 있다.

Gomersall과 Madill(2015)의 만성질환자의 내러티브 분석에 대한 다음 설명은 이론으로부터 도출된 접근법을 사용하여 담화적 분석을 수행하는 방법의 예를 제공한다:

> 원래 연구 목적과 관련하여, 감정적으로 풍부한 시작과 끝이 있는 이야기로 정의된 핵심 순간이 있는지에 대해 전사기록을 검토하였다. 따라서 핵심 순간은 인터뷰의 전반적인 내러티브 구조 내에서 별개의 에피소드로 볼 수 있다(Madill & Sullivan, 2010 참조). 총 186개의 핵심 순간들이 확인되었는데, 길이가 A4용지의 1/4쪽부터 2쪽이 조금 넘는 분량으로, 참여자들은 각각 2개에서 12개 정도의 중요한 요소들을 이야기하였다. 핵심 순간은 처음에는 Bakhtin(1981, 1984)의 크로노토프 이론(역자 주: 만성 질환이 환자의 시간과 공간에 대한 관계를 어떻게 변화시키는지 분석하고, 만성 질환의 내적, 구체화된 경험과 외부 의학적 조언 또는 사회적 기대 간의 충돌을 조사 및 설명함)의 핵심 특징을 작동시키는 다음과 같은 범주, 즉 장르, 감정적인 기록, 시공간의 정교함, 맥락의 관점에서 분석되었다. 이 네 가지 범주와 관련된 메모를 각 참가자별로 표로 작성하였다. 데이터에서 다양한 크로노토프, 즉 특정 시공간 관련 정보가 식별되었지만(예: 주기적 시간, 의료 및 일반 시공간), 모든 참여자가 당뇨병과 관련하여 시공간에 대해 체화된 관계에서 어려움이 증가한다고 설명했다는 점에서 크로노토프 파열이

> 중요한 현상으로 확인되었다.
>
> 관련 핵심 순간을 상세하게 파악한 결과, 크로노토프 파열의 세 가지 주요 패턴을 확인할 수 있었다. 각 패턴의 중심 의미를 포착할 수 있는 방식으로 각 패턴에 이름을 붙였다. 다음 섹션에서는 다음에 대한 면밀한 담화적 분석(discursive analysis)을 통해 확인된 각 크로노토프 파열 패턴에 대한 분석을 제공한다(Sullivan, 2012 참조). (p. 409).

이와 대조적으로, 성적 지향 관련 미묘한 공격성 경험에 관한 현상학적 분석에 대해 Shelton과 Delgado-Romero(2011)가 설명한 내용은 분석 과정에서 코딩 범주가 출현한 분석의 예시를 보여 준다:

> 예비 데이터 분석은 제1연구자가 독립적으로 완료하였다. 제2연구자의 책임에는 분석에 대한 피드백 제공, 심리적으로 변형된 라벨, 전사된 진술과 주제의 상호 보완성 등이 포함되었다. 조사의 분석은 Mustakas(1994)의 가이드라인과 "듀케인 방법(Duquene method)"에서 가져와 시행하였는데, 여기에는 (a) 경험을 묘사하는 구두 프로토콜 수집, (b) 전체를 파악하기 위해 주의 깊게 읽기, (c) 중요한 진술 추출, (d) 관련 없는 반복내용 제거, (e) 중심 주제 식별하기, (f) 의미들을 하나의 설명으로 통합하기 등이 있다(Creswell, 1998).
>
> 포커스 그룹으로부터 구술 데이터를 수집함으로써 LGBQ 심리치료 내담자의 생생한 미묘한 공격성 경험에 대한 탐구 과정이 시작되었다. 자료를 수집하고 전사한 후, 참여자들의 경험을 전체적으로 파악하기 위해 전사자료 전체를 여러 번 읽었다.
>
> 참여자 경험을 충분히 묘사한 후, 데이터는 의미 있는 단위를 형성하는 중요한 진술과 설명으로 축소되었다. 의미 단위는 녹취록을 천천히 읽고 다시 읽으며 일련의 의미 있는 진술이나 공유된 아이디어를 인정하

> 는 방식으로 만들어졌다. 현상학적 분석(Mustakas, 1994에서 인용)에 대한 van Kaam의 가이드라인을 사용하여, (a) 경험을 이해하기에 충분한 경험의 순간을 담고 있는 진술, (b) 추상화하여 라벨을 붙일 수 있는 진술 등 다음 기준에 부합하지 않는 진술은 연구에서 제외하였다. 그런 다음 의미 있는 단위들을 중심 주제로 묶고 참여자들의 언어를 사용하여 현상의 본질을 기술하였다. 참여자의 언어는 심리적으로 민감한 표현으로 변환되는데(Giorgi, 2006), 예를 들어 미묘한 차별을 전달하는 경험은 미묘한 공격성(microaggressions)이라는 심리학적인 이름으로 변환되었다. 데이터 분석을 완료하려면 종합되고 변환된 데이터에서 텍스트적인 기술(참여자의 경험에 대한 기술)과 구조적 기술(미묘한 공격이 일어나는 맥락을 포함하는)을 모두 제공하는 것을 포함한다(Creswell, 1998; Creswell, Hanson, Clark, & Morales, 2007). (p. 213).

이에 더하여, 다양한 질적 방법(예: Chang & Berk, 2009)에서 비롯된 절차를 사용한 분석을 할 수도 있다. 이 경우 사용한 절차를 설명하고 적절하게 이 부분에 대해 언급해야 한다.

보고의 분량은 어느 정도가 적절한가

이 장을 읽으면서 질적 연구의 보고 방법의 모든 측면을 확인하고 나면, 여러분은 논문의 길이라는 부분을 언급한다는 것이 참 힘든 숙제라는 점을 발견할 것이다. 질적 방법은 매우 다양하고 잘 이해하기 어려운 경향이 있고 방법론 섹션에서도 많은 설명이 필요하기 때문에, 양적 연구의 방법 섹션보다 긴 경향이 있다. 따로 정해진 규칙이 있는 것은 아니지만, 나는 원고의 첫 번째 초안에서 단락 간 두 줄 간격으로 15페이지 분량(역자 주: word 문서 작성 기준으로 볼 때)의 방법론 섹션 본문을 작성하는 것을 목표로 하는 편이다. 그런 다음 투고할 학술지의 페이지 길이 요건을 충족하기 위해 방금 작성하였던 본문을 줄여나간다. 유감스럽게도, 제시할 수 있는 정보에 대한 선택이 필요하며, 여기에서 권장하는 모든 정보를 제시하지 못할 수도 있다. 페이지 길이가 매우 제한적인 학술지에 투고할지(그리고 많은 방법론적 세부 사항이나 풍부한 결과를 많이 제시할 수 없는 학술지에 투고할지), 아니면 더 많은 지면을 허용하는 학술지에 투고할지를 결정해야 할 수도 있다. 다행히도, 일부 학술지(예: Journal of Counseling psychology)에서는 이러한 형태의 연구에서 더 많은 방법론적 세부 사항(및 더 긴 결과)의 필요성을 인식하여 질적 연구를 위한 더 긴 원고를 허용하기 시작했다. 또한 일부 학술지에서는 보완적인 온라인 정보가 있는 데이터베이스에 하이퍼링크된 자료를 허용하여 세부 정보를 거기서 재현할 수 있도록 한다. 일반적으로 학술지 웹페이지에 있는 저자 가이드라인에서 이러한 사항에 대한 안내를 제공한다.

논문을 투고하고자 하는 학술지에 게재된 다른 질적 연구를 검토하는 것도 도움이 될 수 있다. 이 검토는 해당 학술지에서 중요하게 여기는 정보의 유형과 그 학술지의 심사위원들과 독자가 질적 방법에 얼마나 익숙한지를 결정하는 데 도움이 될 수 있다. 만약 질적 방법에 덜 익숙한 경우, 더 광범위한 설명을 제공하고 독자들이 이해할 수 있도록 언어를 조정하라는 메시지가 표시될 수 있다.

그러나 여전히, 같은 학술지 내에서도 여전히 심사위원들의 요구사항들은 다양할 수 있으며, 어떤 정보를 원하는지 예측하는 것은 쉽지 않다. 예를 들어, 저자의 선입견에 대해 전혀 관심이 없는 심사위원이 있는 반면, 어떤 학술지에서는 연구의 시작과 연구 전개 전반에 걸쳐 연구자의 상황을 설명하는 페이지가 작성되기를 기대하기도 한다. 점점 더 많은 심사위원들은 질적 연구의 저자가 일반적으로 무엇을 발표할지 선택해야 하며, 다양한 기대치가 존재하기 때문에 무엇을 포함할지 예측하기가 어렵다는 것을 이해하고 있다. 따라서 원고를 투고할 때에는 원고의 정보를 축약해야 했지만, 수정본에서는 보고의 내용을 확장할 수 있는 기회를 가지게 될 수도 있다.

제6장

결과 섹션: 무엇을 발견하였는가

고백하건대, 나는 질적 연구논문 원고의 다른 어떤 부분보다 결과 파트를 더 많이 쓰는 것을 정말로 좋아한다. 마침내 열심히 작업한 결과를 바로 결과 섹션에서 공유할 수 있다. 즉, 연구 과정에서 발견이 이루어지고 이야기가 절정에 이르는 순간이다. 추리 소설에서처럼 단서가 모이고 새로운 이해가 드러나는 곳이다. 모험 이야기에서처럼 주인공이 왕국의 문을 여는 해답을 발견하는 순간이다. 독자들은 이 설명을 기다리며, 글을 읽어가면서 기대감을 키운다. 시간이 많이 걸리고 힘든 작업일 수 있지만, 질적 연구는 매우 열정적인 작업이기 때문에, 결과 섹션을 작성하는 것은 사랑의 수고와도 같아서 결과 섹션을 쓸 때쯤이면 내 연구 결과에 대해 상당한 열정을 느끼게 되는 경우가 많다. 자신의 연구 주제에 대한 이해를 세상과 공유하고 그것을 새롭게 보는 설득력 있는 결과들을 도출해 낼 수 있다는 것은 하나의 특권이다.

탄탄한 결과 섹션을 읽는 것은 즐거운 일이다. 분석에 발췌문, 주석, 인용문, 삽화를 곁들여 독자가 새로운 측면을 인식하고 이전보다 더 완벽하게 상상할 수 있도록 도와주는 현상의 그림을 그릴 수 있다. 결과는 데이터의 커뮤니케이션이나 경험에 생명을 불어넣기 때문에 건조하고 비인격적인 것이 아니라, 독자의 개인적인 역사와 공명하는 경향이 있다. 연구 결과는 참여자의 특성과 대인관계의 역학 관계에 깊이 있게 맥락화되어 있기 때문에 임상가, 교육자, 옹호자 또는 실무자가 쉽게 전달할 수 있다. 내러티브의 흐름이 시간에 따른 변화를 따르기 때문에, 결과 섹션은 경험적 연구의 가치를 유지하면서 마치 소설과도 같은 매력을 가질 수 있다.

탐구에 대한 접근 방식에 따라, 연구자가 분석에 참여하는 모습을 묘사하는 개인화된 담론 스타일을 사용할 수 있다. 결과 섹션은 연구자가 분석을 시작하고 현상에 대한 이해를 발전시키며 연구 과정에서 자신의 관점이 변화하는 것을 발견하는 내러티브로 읽을 수 있다. 연구 과정과의 상호작용을 살펴보는 반성적 자기분석이 강조되기 때문에 양적 연구논문보다 질적 연구논문에서는 1인칭 시점을 사용하는 것이 훨씬 더 일반적이다.

연구 결과를 더 잘 표현할 수 있는 발표 방법이 있다. 앞서 설명한 것처럼 질적 연구자들은 다양한 방식으로 연구 결과를 발표하는 경향이 있다. 일부 전통에서는 방법과 결과에 대한 설명을 하나의 섹션으로 통합하기도 한다. 이 발표 스타일은 수집된 결과와 관련하여 방법이 반응적으로 변화할 때 가장 자주 사용되는 경향이 있다. 다른 전통에서는 결과에 대한 설명과 토론을 결합하기도 한다. 이 형식의 발표는 일부 결과에 대한 토론이 다른 결과에 대한 더 깊은 이해로 이어질 때 특히 효과적일 수 있다.

어떤 경우든, 연구자는 자신이 사용한 연구 설계와 호환되는 방식으로 연구를 발표하고 싶을 것이며, 주어진 청중에게 자신의 작업을 발표할 때 이를 달성할 수 있는 방법은 여러 가지가 있을 수 있다. 이 장에서는 주로 '결과 섹션'에 대해 언급하겠지만, 대부분의 권장 사항은 결과가 다른 섹션과 연결되어 있는 경우에도 적용된다(예시 6.1의 임시 템플릿을 적용해야 할 수도 있음). 이 장에서는 결과 보고의 기준을 다시 살펴보고 학생들이 사회과학 분야 학술지에 발표하기 위해 질적 연구 결과를 제시하는 방법을 배우는 데 도움이 되는 몇 가지 사례를 설명하고자 한다.

예시 6.1.

< 질적인 결과 섹션으로 예상되는 양식 >

질적 연구 수업을 위해, 나는 학생들이 질적 연구를 발표하는 과정에 도움이 되는 템플릿을 개발하였다(이 템플릿의 버전은 연구방법 수업과 함께 질적 연구를 출판하는 방법에 대한 나의 논문(Levitt et al., 2013)에 기술되어 있다. 이 템

플릿은 현상학, 내용 분석, 내러티브 분석, 합의적 질적 연구, 주제 분석 또는 근거이론 분석처럼 공통점과 패턴을 개념화함으로써 데이터의 조직화에 중점을 둔 방법에 가장 유용하다. 이 템플릿이 모든 방법에 다 쉽게 들어맞는 것은 아닐 수도 있지만, 다양한 방법에 맞게 조정이 가능한 잠정적인 가이드라인으로서 제시된다.

가능하면 같은 학술지 내에서 자신의 연구와 유사한 방법을 사용한 연구를 설명하는 논문의 결과 섹션을 살펴보는 것이 좋다. 이렇게 하면 비슷한 연구 보고 전통에 대해 배울 수 있고, 이 템플릿과 해당 논문의 결과 발표를 비교하여 결과 발표를 위한 개요를 작성하는 데 도움을 받을 수 있다. 문서의 섹션와 하위 섹션에 대한 개요부터 시작하여 논문의 흐름과 발표를 계획할 수 있다. 그러면 막상 글을 쓰기 시작할 때 훨씬 덜 부담스러운 작업이 된다.

오리엔테이션 단락

첫 번째 방향제시 단락은 연구의 결과에 대한 개념적 개요로, 연구 결과의 형태(예: 주요 결과의 수, 결과의 조직적 구조)를 설명할 수 있다. 이 단락에서는 분석이 완료된 시점의 결정과 관련된 문제(예: 포화)에 대해 논의할 수 있다. 또한 결과 섹션에서 정량화를 사용하는 경우 여기에 숫자가 제시될 때 그 숫자를 해석하는 방법을 설명할 수 있다.

섹션 1: 주요 결과 1

결과 섹션의 하위 섹션을 구성하여 각 섹션에서 분석의 주요 결과를 검토하도록 하면 도움이 될 수 있다. 첫 번째 하위 섹션의 첫 번째 단락에는 첫 번째 결과에 대한 간략한 개요가 포함된다. 제시하는 결과의 순서를 고려하여 발전적 또는 논리적 순서로 정리할 수 있도록 하라. 결과(및 하위 결과)의 구성에 대해 미리 생각하면 결과 설명의 흐름과 중복성을 줄이는 데 도움이 된다. 독자는 결과 섹션을 완전히 이해하는 데 필요한 정보를 이전 섹션에서 접한 적이 있어야 한다. 이 단락에서는 분석에 하위 결과가 포함된 경우 몇 개의 하위 결과가 개발되었는지 설명할 수 있다. 정량화를 사용하는 경우 여기에 해당 정보도 포함할 수 있다.

하위 섹션 1

하위 결과는 사용하는 전통과 결과 설명에 연속적인 서술 형식을 사용하는 것이 가장 도움이 되는지 여부에 따라 부제목이 있는 단락으로 구성할 수도 있고 구성하지 않을 수도 있다. 어떤 경우든 별도의 단락을 사용하여 각 주요 결과 내의 뚜렷한 아이디어를 자세히 설명할 수 있다. 때로는 한 단락으로 설명할 수도 있지만, 여러 단락에 걸쳐 설명해야 하는 경우도 있다. 각 하위 결과의 아이디어는 더 큰 결과와 관련하여 구성 요소의 위치를 명확히 하는 방식으로 제시된다. 일반적으로 발견 내용을 설명하기 위해 인용문이나 발췌문 한두 개를 제시한다. 인용문이나 발췌문의 맥락을 파악하는 데 도움이 되는 정보를 제공하는 것을 잊지 않는 것이 중요하다. 그런 다음 인용문이나 발췌문의 의미를 연구 질문 또는 더 큰 주제와 연결하는 결론 문장을 추가하여 데이터를 조명하는 데 있어 중요한 점을 독자에게 명확하게 전달한다.

하위 섹션 2

하위 섹션 2에서 하위 섹션 1의 가이드라인을 다시 따르고 추가 하위 섹션에 대한 가이드라인을 계속 따른다.

섹션 2: 주요 결과 1

섹션 2의 경우, 섹션 1의 가이드라인을 다시 따르고 추가 섹션에 대한 가이드라인을 계속 따른다.

포괄적 주요 결과 혹은 요약 단락

일부 방법에는 연구 결과에서 주요 주제 또는 연구 결과를 관통하는 중심 구성 요소를 요약하기 위해 개발되는 포괄적 주요 결과(overarching finding)가 있다. 예를 들어, 근거이론 분석에서는 데이터의 하위 범주들까지 조사하여 핵심 범주를 도출한다(예: Glaser & Strauss, 1967). 일부 저자는 중심이 되는 결과를 결과 섹션의 오리엔테이션 단락과 첫 번째 주요 결과 설명 사이의 맨 위에 배치하고, 다른 저자는 이 결과를 주요 결과 설명의 마지막에 배치하는 것을 선호한다(마치 내가 여기에서 배치한 것처럼). 어느 쪽이든 상관없다. 나는 결과 섹션의 마지막 부분에 중심 결과를 배치하는 것을 선호하는데, 그 이유는 이 포괄적 주요 결과의 기반이 되는 다른 결과에서 이미 설명한 개념을 다시 참조할 수 있기 때문이다. 이렇게 배치하면 중복을 최소화할 수 있고 더 풍부한 논의가 이루어질 수 있는 공간을 확보할 수 있다. 또한 앞서 설명한 결과에서 주요 결과가 어떻게 도출되었는지 보다 효율적으로 설명할 수 있어 분석의 근거를 명확히 알 수 있다.

만일 방법이나 접근 방식에서 중요한 발견이 없는 경우, 결과에서 중심 의미를 도출하는 단락(예: 주제 분석에서는 여러 개 질문에 답할 수 있는 결과 목록을 생성하는 경향이 있음)을 사용하여 주제를 요약하고 서로 관련지어 배치하는 한두 단락으로 결과 섹션을 마무리하는 것이 유용할 것이다. 이 단락은 독자가 논문에서 무엇을 가져갈지 명확하게 이해할 수 있도록 안내하는 역할을 한다고 생각하면 된다. 누군가 당신의 논문을 읽은 후 "저자들은 무엇을 발견했나요?"라고 묻는다면, 당신은 독자들이 이 단락을 암송했으면 하는 마음이 들 수 있다. 이 단락은 연구 결과를 정리하여 독자가 토론 섹션으로 넘어가서 연구 결과의 함의를 고려할 때 이를 더 잘 기억할 수 있도록 도와준다.

분석 내용을 기술하고 시연하기

결과 섹션에서,

- 연구 결과(예: 주제, 범주, 내러티브)와 연구자가 데이터 분석을 통해 도출한 의미와 이해를 기술한다.
- 결과에 도달하는 분석 과정(예: 인용문, 데이터 발췌)을 보여 준다.
- 연구 설계와 호환되는 방식으로 연구 결과를 제시한다.
- 결과를 정리하고 전달하는 데 유용한 경우 종합적인 그림(예: 다이어그램, 표, 모형)을 제시한다. 사진이나 동영상 링크를 사용할 수도 있다.

결과 섹션에는 분석한 텍스트, 자료 또는 전사 기록 대신 현상에 대한 기술 또는 해석이 제시된다. 심사위원으로서 나는 결과 섹션에 인용문은 많지만 분석이 빈약한 논문을 많이 읽어 왔다. 예술적 질적 방법을 사용한 연구 결과(예: 결과를 드라마틱한 표현으로 연결)도 질적 학술지 논문의 보고 기준에 명시된 대로 연구 결과 발표를 뒷받침하기 위해 명확한 결과의 제시가 필요하다. 결과 섹션을 데이터의 예시나 예술적 표현에 집중하고 이에 대한 분석을 생략하는 것은 창의적인 논픽션이나 예술 저널에는 적합할 수 있지만 과학적 연구물들을 싣는 학술지의 논문 목적에는 부합하지 않는다. 이러한 관행은 마치 연구자가 분석 작업은 독자에게 맡기는데 막상 독자는 전체 데이터 세트에 거의 접근할 수 없고, 분석 과정에 참여하지도 않는 경우처럼 도움이 되지 않는다.

분석은 연구자의 일이다. 독자는 연구자가 분석을 수행하고 발표하는 작업을 하기를 원하며, 데이터의 예시는 결과를 도출한 방법을 보여 주는 데 도움이 되지만, 어쨌든 분석이 먼저다. 결과 섹션에서는 원자료가 아닌 분석한 결과를 제시한다. 따라서 결과는 분석을 통해 도출한 중심 범주, 주제, 기술 또는 이해들을 가지고 조직화되어야 한다. 하지만 여전히, 연구자는 연구 결과를 보여 줄 때 원자료 인용을 나열하는 방식으로 결과를 예시하고 싶어한다.

예시 자료를 제시해야 하기 때문에, 질적 연구 결과 섹션은 양적 연구의 결과 섹션보다 긴 경향이 있다. 이 과정에서 물론 자료를 신중하게 선택해야 하겠으나, 방법론적 무결성의 측면(근거성, 맥락화, 논리적 일관성: 3장 참조)에 대한 평가는 상세한 설명에 달려 있기 때문에 원고가 길어지는 것은 거의 피할 수 없는 일이다. 학술지가 양적 연구를 위해 개발된 페이지 제한을 질적 연구에까지 강요하지는 않는 것이 가치가 있다고 새로이 인식하기 시작하면서, 연구 보고를 개선하고 온라인에 보충적 자료들을 두기 위한 가이드라인을 개발할 수 있는 허용 범위를 만들 수 있다. 이 공간은 질적 연구의 방법론적 무결성을 보다 종합적으로 평가할 수 있도록 함으로써 해당 분야에 도움이 될 수 있다.

결과에 대해 이름붙이기(Labeling)를 할 때 그 과정을 서술적으로 표현하기

충실성(fidelity)을 극대화하려면 결과 섹션의 범주, 주제 또는 기타 형태의 질적 연구 결과에 대한 이름붙이기와 설명이 명확해야 한다. 질적 연구 방법의 강점으로는 표현하기 어려운 근본적인 가치나 경험을 파악할 수 있다는 점을 들 수 있다. 예를 들어, Frost(2011)는 "오염으로서의 낙인"이라는 강력한 범주와 "(재)정의를 위한 기회로서의 낙인"이라는 또 다른 범주를 만들었다. 그는 자신이 연구하던 경험의 핵심을 생생하게 포착하였다. 이러한 범주는 "낙인의 유형"이나 "낙인이 관계에 미치는 영향"과 같은 범주보다 훨씬 강력하지만, 동성 관계 특유의 역학 관계를 전달하지는 않는다.

저자가 연구 결과를 맥락적 요소와 관련하여 유동적인 과정으로 보여 줄 때, 결과와 그 이름 또한 보다 확실해지게 된다. 범주 명칭의 길이는 현상을 유용한 방식으로 설명하는 능력만큼 중요하지는 않다. 실제로 질적 연구자는 독자가 이러한 특징을 이해하는 데 도움이 되는 방식으로 연구 결과를 제시하는 것이 좋다. 예를 들어, "어린이들은 건강에 좋지 않은 음식을 먹는 것을 선호함"이라는 범주명은 "신선한 농산물을 구할 수 없거나 너무 비싼 상황에서 어린이들은 건강에 좋지 않은 음식을 먹는 것을 선호함"이라고 명시하는 것보다 방법론적 무결성이 떨어지는 범주명이다. 이러한 식으로 다듬어진 범주명은 연구자가 더 큰 목표(예: 건강 이니셔티브 개발)를 달성하기 위해 연구 결과를 더 잘 활용하고 현상을 더 잘 설명하는 데 도움이 될 수 있다.

나는 중심 범주의 이름을 결과 섹션의 제목으로 사용하는 것을 선호한다. 그렇지만 이는 필수사항은 아니며, 일부 학술지에서는 심미적 측면에서의 이유로 범주명이 긴 경우 더 간결한 버전의 이름을 사용하는 것을 선호할 수 있다. 결과에 제공되는 세부 정보의 길이와 유형은 연구 목표와 관련하여 고려되어야 한다. 예를 들어, 코딩 척도를 생성하기 위해 질적 연구를 수행하는 경우, 인식 또는 코딩하기 쉬운 범주를 생성하는 것이 중요하다. 또 양적 분석 내에서 요인의 이름을 지정하는 것이 연구의 목적이라면, 그 목표를 달성하는 데 도움이 되는 제목이나 이름이 있는 범주를 만들고 싶을 것이다. 어떤 경우든, 연구 목표에 가장 잘 도달하고 그 유용성을 극대화하기 위해 결과의 이름과 결과에 대한 설명을 모두 잘 만들고 싶을 것이다.

인용문 혹은 발췌문 선정하기

분석 프로세스를 시연하여 독자에게 분석 결과에 도달한 방법을 보여 주고 싶을 수 있다. 독자들이 분석의 방법론적 무결성을 확인할 수 있다면 연구에 대한 신뢰를 갖게 될 것이다. 이를 위해 연구자는 데이터를 인용하거나 발췌하거나 현장 노트, 학술지 항목 또는 메모를 인용하여 연구 결과의 근거가 된 방법을 예시할 수 있다. 일반적으로는 분석에 의해 생성된 결과를 설명한 다음, 행위자의 의도와 그들의 생각 및 감정과 관련하여 맥락에서 행동을 보여 주는 예시를 포함하여 해당 데이터에서 결과가 어떻게 나오게 되었는지를 독자들에게 보여 주기 위해 두터운 기술(thick description)을 한다. 인용문 혹은 발췌문의 예시는 아래의 목표를 달성하기 위해 신중하게 선택되어야 한다:

■ **장황함을 피하고 의도, 생각, 감정에 대한 이해를 심화하라.**

미국 청년들에게, 사탕의 의미에 관한 연구에서 초콜릿에 대한 참여자들의 열정을 묘사하는 구절을 읽다가 다음과 같은 인용문을 발견했다고 상상해 보라: "저는 초콜릿을 정말 좋아합니다. 정말 좋아해요! 정말 맛있다고 생각해요." 이 인용문은 연구 결과가 데이터에 근거하고 있음을 보여 주기는 하지만, 연구 결과에 대한 설명에 이해를 더해 주지는 못한다. 또한 이 인용문만으로는 이것이 그저 우스갯소리로 한 말인지, 아니면 경솔하거나 농담으로 한 말인지, 이 선호도가 어떤 기능을 하는지 알기가 어렵다. 대신 다음에 제시된 것과 같이 독자의 이해를 깊게 하는 인용문이 더 가치 있고 결과의 충실성을 강화한다.

- **결과를 전달하기 위해 환기시키는 묘사를 사용하라. 예를 들어, 다음과 같은 인용구를 생각해 보자:**

> 좋은 초콜릿을 받으면 정말 보살핌을 받는 느낌이 들어요. 감각적이면서도 고전적인 로맨틱함이 느껴지죠. 크리미한 맛을 오래 음미하고, 음미하는 동안 다른 잡념에서 벗어나 내면에 집중할 수 있게 해 줍니다. 따뜻한 커피나 차 한잔과 함께 먹는 것은 입안에서 사르르 녹아내리기 때문에 최고입니다. 비록 찰나이긴 하지만, 삶의 모든 압박감으로 인해 얻기 힘든 나만의 즐거움에 집중할 수 있는 고요한 순간을 만들 수 있어요. 특히 연인과 함께 나누며 서로의 즐거움을 확인할 수 있다면 더욱 로맨틱할 겁니다.

이 인용문은 초콜릿을 먹는 것에 대한 화자의 의도, 감정, 생각, 개인적인 목적에 대한 프레임을 구성할 뿐만 아니라, 초콜릿의 경험을 생생하게 전달하고 독자가 그 의미를 보다 총체적으로 이해할 수 있도록 풍부한 언어를 사용하고 있다.

- **자신의 연구 결과를 대표하는 자료를 선택하라.**

독자가 예시와 제시된 결과 사이의 연관성을 알 수 없다면 연구의 신뢰성이 약화될 것이다. 참여자들이 사탕을 좋아하지만 일반적으로 초콜릿에 대해서는 중립적이었다는 결과를 발견하였음에도 예외를 명확하게 제시하지 않거나 그에 대해 논의하지 않는다면 위의 인용문은 아무런 도움이 되지 않는다. 즉, 보고하는 자료가 조사 결과를 잘 표현하고 있는지 확인해야 한다.

원고의 길이에 따라, 사용할 수 있는 예시의 수와 길이를 결정해야 한다. 나는 보통 초기 원고 초고를 준비할 때, 논문이 구체화될 때 선택할 수 있는 각 조사 결과에 여러 예시를 포함하도록 준비하지만, 일반적으로는 모든 조사 결과에 대해 긴 예시(약 2~4문장) 또는 짧은 예시(각각 한 문장 정도)를 하나 정도 제공할 수 있다. 인용문, 현장 노트, 메모, 텍스트 발췌문 외에도 일러스트 그림 등을 사용하여 연구 결과를 종합하고 독자의 접근성을 높일 수 있다(〈표 6.1 및 6.2〉 참조). 일러스트 그림에는 다이어그램, 표 또는 현상에 대해 설명하는 모형이 포함될 수 있다. 사진이나 동영상 링크도 사용할 수 있으며, 이는 예술을 기반으로 하는 질적 방법에 특히 유용할 수 있다.

다음 단락은 샘플 소논문에 제시된 몇 가지 강력한 인용문을 제공한다. 다음 인용문은 직장에서 소비자를 상대하는 관리자의 경험을 생생하게 보여 준다:

> 그는 사람들과 이야기해야 할 때면 정말로 화를 내고, 긴장해서 숨어버리곤 했어요. 그는 능력이 있었지만, 여러 번 패닉상태가 되어 저에게 전화를 걸고는 "세상에, 사람들이 나를 놀리고 있는 것 같아."라고 말했어요. 당신이 그와 이야기를 좀 나누고, 그가 그 상황을 잘 넘길 수 있도록 해야 할 것 같아요(Phillips, Kaseroff, Fleming, & Huck, 2014, p. 392).

이 문단을 읽으면서, 여러분은 참여자의 긴박함을 느낄 수 있고, 상호작용에 대한 자세한 설명을 통해 말하는 사람의 기분이 어떨지 상상할 수 있다.

때로는 긴 인용문이 독자가 감정의 복잡성이나 깊이를 이해하도록 하는 데 도움이 될 수 있지만, 일련의 짧은 인용문도 도움이 될 수 있다. 예를 들어, 정서장애 진단을 받은 아동의 부모를 대상으로 한 참여형 실행 연구에서 다음과 같은 짧은 인용문은 매우 암시적이다:

> 부모들은 "아빠가 되는 것이 지친다."는 피로감과 "나는 내내 울고 있었다."는 절망감에 대해 이야기했다. 그들은 계속해서 아이들을 돌볼 수 있을지에 대해 의문을 품었다: "못 하겠어요, 저는 부모가 될 수 없어요!" 이들은 자녀의 도전적인 행동과 학교부적응에 어떻게 대처해야 할지 몰라 무력감과 압도감을 느꼈다(Ditrano & Silverstein, 2006, p. 363).

이 소논문은 부모들이 직면한 다른 스트레스 요인들에 대해서도 마찬가지로 강력한 증거를 계속해서 제시한다.

◈ **표 6.1. 결과와 그 중심 특성을 나타내는 표의 예시**

표 X. 심리치료에서 성적 지향과 관련된 미묘한 공격성(microaggression)

주제	미묘한 공격성	메시지
성적 지향이 모든 문제의 원인이라는 가정	• 치료자가 내담자에게 "나는 문제가 뭔지 알아요, 당신은 게이예요."라고 말한다. • 내담자가 학업적인 문제에 대해 이야기할 때, 치료자는 "이 문제가 당신의 성적 취향과 어떤 관련이 있다고 생각하나요?"라고 끼어들었다.	• 당신의 성적 지향이 문제이다. • 당신의 성적 지향은 치료가 필요하다.
성적 지향에 대한 언급 회피 및 최소화	• 치료자가 LGBQ 용어의 사용을 피한다. • 한 치료자가 내담자에게 "지금 당장은 그 [성적 지향]에 대해 걱정할 필요가 없으니, 다른 이슈에 대해 이야기합시다."라고 말한다.	• 당신의 성적 지향과 관련된 문제들은 이야기할 만큼 중요하지 않다. • 당신은 당신의 성적 취향에 대해 말하는 것을 불편하게 느껴야 한다. • 당신은 나를 불편하게 한다.

주제	미묘한 공격성	메시지
	• 내담자가 실수로 커밍아웃을 하게 되면, "잘됐네요, 이제 때가 됐어요."라고 반응한다.	• 커밍아웃은 큰 문제가 아니다.
LGBQ 내담자와 지나치게 동일시하려는 시도	• 치료자가 LGBQ인 먼 가족 구성원들을 자주 언급한다. • 치료자가 LGBQ 내담자와 친해지려고 하거나 잡담을 자주 한다. • 치료자가 LGBQ 내담자와 더 편안하게 보이려고 말하는 방식을 바꾸거나 신체 자세를 바꾼다.	• 나는 LGBQ인 사람을 알고 있기 때문에 당신의 문제를 이해한다. • 나는 LGBQ인 사람을 알고 있기 때문에 동성애를 혐오하지 않는다. • 당신은 이상한 사람이고, 나는 당신과 함께 작업하기 때문에 "멋지다"
LGBQ 내담자에 대한 고정관념을 가지고 가정하기	• 한 게이 남성 내담자가 주말에 대해 이야기하자 치료자는 "공구점에 계셨어요?!"라고 말한다(역자 주: 게이가 공구점과 같은 남자다운 곳에 가는 것이 좀 이상하다는 미묘한 편견의 뉘앙스를 담은 표현). • 한 치료자가 매력적인 레즈비언 여성에게 "당신은 레즈비언처럼 보이지 않네요."라고 말한다.	• 모든 LGBQ 사람들은 비슷하다. • 나는 한 개인으로서 당신을 알기 위해 노력할 필요가 없다.
이성애가 정상이라는 편향의 표현	• LGBQ 내담자가 치료자의 사무실에 이성애자의 성 관련 서적과 팸플릿만 진열되어 있는 것을 발견하였다. • 내담자가 자신의 성적 취향을 밝힌 후, 치료자가 다음과 같이 말한다: "나는 게이가 아닙니다!"	• 당신은 비정상이다. • 당신은 변화하거나 순응할 필요가 있다.

주제	미묘한 공격성	메시지
LGBQ 개인에게 심리치료가 필요하다는 가정	• 치료자가 내담자의 바람과 달리 치료를 계속하도록 독려한다. • 내담자를 의뢰하게 될 때, 의뢰하는 치료자가 "당신이 누군가와 사귀는 한 누구를 만나든 상관없다."고 말한다.	• LGBQ 정체성은 병리적이며 치료가 필요하다. • 당신은 본질적으로 결함이 있다.
LGBQ로 식별되는 것에 대한 위험성을 경고	• 치료자가 내담자에게 "당신은 정말 이 생활 방식으로 살 건가요?" 또는 "정말로 깊이 생각해 보았습니까?"라고 묻는다. • 내담자가 차별 경험에 대해 이야기할 때, 치료자가 "이러한 생활 방식이 특정한 문제를 수반한다."라고 말한다.	• 당신은 이성적인 결정을 내릴 능력이 없다. • 당신이 직면한 모든 문제는 LGBQ 정체성을 선택한 당신 자신의 잘못이다. • 체계적인 억압은 존재하지 않는다.

주. LGBQ=lesbian, gay, bisexual, and queer. From "Sexual Orientation Microaggressions: The Experience of Lesbian, Gay, Bisexual, and Queer Clients in Psychotherapy,"by K. Shelton and E. A. Delgado-Romero, 2011, *Journal of Counseling Psychology, 58*(2), p. 215 (https://doi.org/10.1037/a0022251). Copyright 2011 by the American Psychological Association.

◈ **표 6.2. 위계적 결과를 보여 주는 표의 예시**

표 X. 군집, 범주와 하위범주의 명칭, 그리고 각 의미단위에 기여한 연구들의 수

군집	범주
군집 1. 치료는 호기심의 구성을 통한 변화의 과정이며, 패턴 식별 및 내러티브 재구성에 대한 심층적 참여이다. (71)	• 범주 1.1: 호기심은 반영적 사고, 전이 그리고 관계 패턴 분석을 통해 새로운 대인관계 전략으로 이어진다. (25) • 범주 1.2: 슬픔과 취약성에 대한 두려움은 참여를 방해하지만, 치료에서 이러한 감정을 경험하고 탐색하면 참여도가 향상되고 수용으로 이어진다. (36)

군집	범주
	• 범주 1.3: 치료자의 구조화와 지지는 내담자가 자신의 삶 속에서의 행동패턴을 확인하고 변화시킬 수 있도록 돕는다. (29) • 범주 1.4: 생각과 가정을 분석하면 새로운 선택지와 가능성을 창출할 수 있다. (20) • 범주 1.5: 반영적 사고는 치료자의 통찰력에 힘입어 전체론적 인식과 새로운 자기 내러티브로 이어진다. (48)
군집 2. 배려하고, 이해하고, 수용적인 치료자는 내담자가 긍정적인 메시지를 내면화할 수 있도록 하고 자기인식의 발달 과정으로 변화해 가도록 돕는다. (82)	• 범주 2.1: 진정성 있는 보살핌은 내담자가 자신을 인정받고 있다고 느끼고 취약한 대화에 참여할 수 있도록 해 주지만, 지나친 개입은 내담자의 주체성을 제한할 수 있다. (61) • 범주 2.2: 깊은 이해와 수용은 내담자가 비방어적으로 자기성찰에 참여하고 자기인식을 높이는 데 도움이 된다. (56) • 범주 2.3: 수용적인 치료자를 내면화하면 내담자가 치료 안에서 변화하고 외부 관계에 긍정적인 변화를 일으킬 수 있다. (18) • 범주 2.4: 내담자가 자신의 이야기를 상담자가 듣지 않는다고 느끼거나, 오해를 받는다고 느끼거나, 인정받지 못한다고 느끼는 것은 치료적 동맹에 도전이 되므로 이러한 차이점에 대한 논의가 필요하다. (25)
군집 3. 치료적 관계에서 전문성 있는 구조화는 신뢰성과 명확성을 만들어가지만 돌봄에 대한 의구심을 유발하기도 한다. (54)	• 범주 3.1: 치료자의 전문적 지위는 신뢰성을 높이는 데 도움이 된다. (33) • 범주 3.2: 전문적 맥락은 명확성을 제공하지만 관계의 진정성을 훼손하거나 치료에 접근하기 어렵게 만들거나 의존성을 조장할 수 있다. (36)

군집	범주
군집 4. 차이점에 대한 논의를 통해 협력적 노력을 기울이며 치료를 진행한다. (59)	• 범주 4.1: 치료 주제를 설정할 때 내담자와 치료자의 역할을 명시적으로 협상하면 내담자의 힘의 불균형에 대한 문제의식을 줄일 수 있다. (38) • 범주 4.2: 문화 간 차이는 서로 다름에 대해 탐색하고 문화 내 개인을 소중히 여김으로써 잘 관리할 수 있다. (31)
군집 5. 내담자의 주체성에 대해 인식하면 내담자의 욕구에 잘 맞는 반응적 개입이 가능하다. (72)	• 범주 5.1: 내담자들은 참여와 비참여의 주체이다. (62) • 범주 5.2: 내담자는 치료자가 자신의 목표, 과정의 적합성 및 회기 내용을 확인하여 반응해 주기를 바라지만, 뭔가 막히거나 주요 문제를 회피할 때는 가이드라인을 제공해 주기를 원한다. (46)
핵심 범주: 내담자를 존재로 인정하고 돌봄으로써, 내담자가 자신에게 방해가 되는 경험 패턴을 스스로 인식하고 충족되지 않은 취약한 욕구를 다룰 수 있도록 지원함	

[출처] "A Qualitative Meta-Analysis Examining Clients'Experiences of Psychotherapy: A New Agenda," by H. M. Levitt, A. Pomerville, and F. I. Surace, 2016, *Psychological Bulletin, 142*(8), p. 817 (https://doi.org/10.1037/bul0000057). Copyright 2016 by the American Psychological Association.

인용문은 데이터로부터 결과를 관찰하거나 해석하는 방법을 보여 주며, 결과에 대한 독자의 신뢰를 높여준다. 예를 들어, 흑인 이성애 남성의 남성성과 안전한 성관계에 관한 연구(Bowleg, Heckert, Brown, & Massie, 2015)에서, 포커스 그룹 대화에서 발췌한 다음 내용은 "'안전함'을 의미하는 여성 기표(signifier) 구성체로서의 콘돔"이라는 결과의 토대가 되는데, 이 내용이 없으면 이해하기 어려울 수 있다.

> 포커스 그룹 촉진자: 그래서, 여성들은… 여러분의 경험상 여성들은 반드시 [콘돔 사용]에 대한 이야기를 꺼낼 필요는 없어요…

하지만 여성들이 여러분에게 [콘돔]에 대해 이야기를 하나요?

참여자 1: … 당신은 콘돔이 있으니까, 난 안 써도 되겠네요. 내 지갑에는 [웃음] 내 콘돔이 없어요. 마지막으로 사용한 [콘돔이라서] 것이어서요.

참여자 2: 그건 위험하네요… [여성용] 콘돔을 쓰고 있어요.

참여자 1: 아니요, 내걸 써요, 나는 내껄 써요. 아니요, 그래서 거기에 [콘돔이] 없는 거예요. 이제 집에 가면 [지갑]에 하나 더 넣어야 해요.

포커스 그룹 촉진자: 잠깐만요. 음 잠깐만요. 그러니까 잠깐만. 그런데 왜 그렇게 말씀하시는 거죠? 여성용 콘돔을 사용하는 것이 위험하다고요? 구멍이 뚫릴 수도 있기 때문에? 그래서 함정일 수도 있다고 생각하세요?

참여자 3: 함정!

참여자 2: 어떤 여성이 콘돔에 알레르기가 있다고 말했어요. 내가 얼마나 빨리 그 자리를 벗어났는지 아세요? (p. 318)

이 인용문을 보면 참여자들이 콘돔이 여성의 성적 파트너들에게 의심을 받는 태도에 맞서 안전을 제공한다고 생각하는 여러 가지 방법을 알 수 있다.

인용문을 둘러싼 텍스트는 인용문의 위치를 파악하고 그 의미를 명확히 하는 데 도움이 될 수 있다. 다음은 이민자 청소년의 학업 경로에 관한 소논문(Suárez-Orozco et al., 2010)에서 발췌한 것으로, 사례 연구 요약이 인용문과 함께 제시되어 있다:

아이러니하게도, Marieli는 과테말라에서 목격한 잔인함을 떠올리며, 새로운 땅(미국)에서 가장 나쁜 점 중의 하나가 폭력이라는 것을 깨닫

> 게 된다: "과테말라에서는 그나마 위험은 적고, 더 많은 자유가 있었어요." Marieli가 사는 동네는 갱단 활동의 중심지이다. 그녀는 갇힌 상태가 된 것을 한탄한다. "무슨 일이 일어날지 모르기 때문에 아무데도 갈 수 없고 집을 떠날 수도 없어요."라고 그녀는 불평한다. 영주권이 없고 영어를 못 하는 사람들을 대상으로 한 차별을 목격하고 경험하면서 미국에 대한 부정적인 인식은 시간이 지날수록 커진다. 그녀는 또한 학교에서 인종적 긴장과 폭력이 심각하다고 보고한다: "학교에서는 많은 일이 일어날 수 있어요."라고 말한다. "한 무리의 아이들이 여전히 여러분을 때릴 수 있어요. 학교에는 경비원이 다섯 명밖에 없어서 학교 전체를 감시할 수 없어요. 지난주에는 싸움이 있었는데 여교사가 둘을 떼어놓으려고 들어갔고, 그들이 그녀를 때렸어요. 얼굴을 베었어요. 피가 많이 났어요." (p. 611)

인용문 언저리의 텍스트는 독자들이 Marieli의 상황을 파악하고 그녀가 직면하고 있는 어려움을 생생하게 느낄 수 있도록 도와준다. 이 모든 예에서 따옴표는 독자가 개인의 경험에 대한 강한 느낌을 얻고 현상과 관련된 감정, 사회적 역학 관계 및 생각을 이해하는 데 어떻게 도움이 되는지 알 수 있다.

결과의 정량화

연구 결과에는 연구의 목표, 탐구 접근 방식, 연구 특성에 따라 정량화된 정보가 포함될 수도 있고 포함되지 않을 수도 있다. 질적 연구의 일부 전통에서는 연구 결과를 일상적으로 정량화하기도 하지만 그렇지 않은 경우도 있다(Maxwell, 2010 참조). 무엇을, 어떻게에 대한 질문들(예: 여기서 작용하고 있는 사회적 관행은 무엇인가? 사람들은 어떤 현상을 어떻게 경험하는가? 이 시스템에서 권력은 어떻게 작동하는가? 사람들에게 이 현상의 의미는 무엇인가?)에 답변함에 있어 정량화는 도움이 되지 않을 수 있다. 그러나 정량화를 통해 다른 연구 목표를 수립하는 데에는 도움이 될 수 있다. 예를 들어, 실험약물의 맛을 감추고 연구하는 연구자는 실험 참여자들 중 포커스 그룹에서 초콜릿을 좋아한다고 답한 참여자의 비율을 보고하고 싶을 수 있다. 이러한 방식으로 결과를 정량화하는 것은 연구 결과의 유용성을 높이는 데 도움이 될 수 있으므로 유용하다. 일부 연구에서는 혼합 연구방법, 즉 질적 방법과 양적 방법을 혼합한 접근을 사용한다. 이 내용은 9장에서 더 자세히 설명하기로 한다.

예를 들어, 연구에서 반구조화 또는 비구조화 인터뷰를 진행하는 경우, 특정 응답을 표시한 참여자 수를 보고하는 것이 적절하지 않을 수 있다. 이러한 형태의 인터뷰에는 하나 또는 몇 개의 중심 질문이 있을 수 있지만 참여자의 관심사와 초점에 맞게 조정할 수 있으므로 각 참여자가 가장 관심 있는 분야에 대해 깊이 있게 질문할 수 있다. 그러나 모든 참여자에게 동일한 질문(예: "초콜릿 냄새가 좋은가요?")을 하지 않는 경우, 일부 참여자는 해당 질문에는 동의하지만 다른 측면(예: 초콜릿의 맛, 모양, 가격, 과일 필링 선호도)에 집중하여 해당 측면에 대해 언급하지 않을 수 있다. 따라서 결과를 정량화하여 동의 비율을 나타내는 것처럼 제시하는 것은 오해의 소지가 있을 수 있다.

대신, 정량화에 관심이 있는 연구자는 이러한 결과를 연구 질문에 따라 의미가 있을 수도 있고 없을 수도 있는 참여자의 문제의 심각성을 나타내는 것으로 보고할 수 있다. 또는 연구자가 피드백을 얻고자 하는 경우 참여자에게 동일한 질문을 백지 상태로 물어본 다음 응답 전반의 동의 정도를 보고할 수 있다. 어떤 경우든 결과를 정량화하기로 결정했다면 독자들에게 그 숫자를 해석하는 방법(예: 중요도 또는 동의의 표시)에 대한 몇 가지 가이드라인을 제공해야 한다. 최근의 메타방법 연구에 따르면, 대부분의 질적 연구자들은 자신의 연구 결과를 정량화하지 않으므로(Levitt, Pomerville, Surace, & Grabowski, 2017), 이러한 관행을 늘상 기대할 수 있는 것은 아니다.

질문에 답하는 연구 결과로 발전시키기

부편집장이자 심사위원으로서 내가 경험한 바에 따르면, 보고서 작성 문제에 있어 연구자들은 흔히 자신의 질문을 반복하는 연구 결과를 내놓는 경향이 있다. 예를 들어, "활동가로서의 경험은 어떤가요?"라는 질문을 가지고 있다면 다음과 같은 질문이 나올 수 있다: "어떻게 활동가가 되셨나요?" "활동가로서의 활동에는 어떤 행동이 수반되나요?" 그리고 "활동가가 되는 것과 관련한 어려움은 무엇인가요?" 등의 질문을 할 수 있다. 만약 핵심 결과(예: 주제, 범주, 설명)가 "활동가 되기" "활동가로서 수반되는 행동", 그리고 "활동과 관련된 도전"이라면, 여러분이 개발한 범주는 모두 해당 질문에 대한 답변이 아니라 질문의 재탕일 뿐이다. 질문의 답을 찾기 위해서만 연구를 하는 것은 별 의미가 없다. "사람들은 불의에 맞서는 전투를 목격한 후 활동가가 된다." "활동가의 정의로운 행동에는 다른 사람을 교육하고 억압에 대한 저항을 모델링하는 것이 포함된다." "가까운 사람이나 먼 사람 모두 편견의 대상이 되는 것을 중심으로 도전한다."와 같은 더 나은 결과가 나올 수 있다. 처음부터 알고 있던 질문을 반복하는 답을 찾는 연구는 충실성도 유용성도 없다. 따라서 연구 결과(예: 카테고리 또는 주제 제목)는 질문에 대한 답을 포착할 수 있도록 표현하는 것이 좋다. 종종 이러한 연구를 검토하다 보면 제시된 데이터에 내재된 답이 있고, 때로는 결과 설명에 답이 암시되어 있지만 연구자가 이를 잘 드러내지 못하는 것을 볼 수 있다. 앞에서 설명한 바와 같이, 이러한 보고 방식은 연구 결과를 이해하고 결론을 도출하는 것을 독자의 몫으로 둔다. 대신, 연구를 수행하고 발표하는 것은 연구자의 몫이다. 그리하여 분석과 설명을 명쾌하게 하여 독자가 쉽게 이해할 수 있도록 해야 한다. APA의 출판매뉴얼에서는 기대와 일치하지 않는 결과를 보고하는 것의 중요성에 대해 언급하고 있으며, 여기에는 연구자가 생략하여 숨기고 싶은 "불편한 결과"도 포함된다(7th ed.; APA, 2020, p. 86).

결과 섹션의 길이에 대한 고려사항

연구자가 작업한 내용을 예시하는 자료를 제시해야 하는 관계로, 질적 결과 섹션은 양적 결과 섹션보다 길어지는 경향이 있다. 자료를 신중하게 선택하면 이 과정에서 도움이 될 수 있지만, 방법론적 무결성 측면(근거성, 맥락화, 논리적 일관성)을 보여 주는 것 역시 상세한 설명에 달려 있기 때문에, 원고의 길이는 길어질 수밖에 없다. 학술지에서는 질적 원고에 필요한 공간을 허용하는 것 외에도, 저자가 온라인에 보충적 자료를 배치할 수 있도록 가이드라인을 만들어 놓을 수 있다. 이러한 공간은 질적 연구의 방법론적 무결성을 보다 종합적으로 평가할 수 있도록 함으로써 해당 분야에 도움이 될 수 있다.

제7장

논의 섹션: 연구 결과가 의미하는 바는 무엇인가

논의 섹션은 연구자의 논문이 해당 분야에 어떠한 영향을 미칠 수 있는지를 자리매김해 주는 부분이다. 이제 독자들은 여러분이 발견한 내용을 알고 있지만, 그 발견이 얼마나 중요한지 또는 그 발견이 어떻게 활용될 수 있는지에 대해서는 아직 고려하지 않았다. 여러분의 입장에서는 여러분이 연구에 깊이 몰두했고 여러분의 아이디어가 얼마나 혁신적인지 또는 그것이 문헌에 어떻게 기여할 수 있는지가 분명해 보일지 모르지만, 독자들은 이러한 생생한 경험을 아직 하지 못한 상태이다. 연구 이야기의 초기 구성으로 돌아가, 서론에서 제시한 논쟁과 우려 사항을 다시 살펴보는 것이 좋다. 독자는 이전에 제기한 우려에 비추어 자신의 연구가 자신의 해당 분야에 어떻게 기여하는지에 대한 설명에 관심을 가질 것이다. 연구 결과의 파급 효과를 명확하게 파악할 수 있도록 마무리해야 한다.

이에 더하여, 논의 섹션은 독자들에게 연구 결과를 적절히 활용할 수 있는 방법을 명확히 제시하고 연구의 한계에 대해 주의를 환기시킬 수 있는 순간이다. 이 섹션을 작성할 때는 독자를 구성하는 사람들을 고려하는 것이 중요할 수 있다. 연구자가 연구 결과의 부족한 부분을 보완하기 위해 연구를 설계하는 방법이나 연구자가 기여한 이해를 심화시키는 방법에 대한 가이드라인을 제공할 수 있다. 의료진에게는 연구 결과를 사용하여 의료 서비스를 발전시키고 교육을 개선하거나 치료를 제공하는 방법에 대한 제안을 할 수 있다. 연구 결과의 성격에 따라 독자가 자신의 행동을 변화시키거나 긍정적인 사회적 변화를 촉진하도록 유도할 수도 있다. 실용적인 기여 외에도 심리학 분야의 이론과 개념화를 발전시키고 주제에 대한 새로운 비전을 제시할 수도 있다. 어떤 경우든, 해당 분야에 기여하고 논문이 변화를 가져올 가능성을 높이려면 권장하는 내용이 명확해야 한다.

일부 질적 연구의 전통에서는 결과와 논의 섹션이 결과라는 제목 아래에 서로 얽혀 있는 방식으로 제시되며(예: Bamberg & Georgakopoulou, 2008), 마지막에 간단한 결론을 제시하기도 한다. 이 형식은 심리학에서는 흔하지 않지만, 연구 결과를 구성적 또는 해석적이라고 개념화하는 연구 전통에는 더 부합할 수 있다. 또한 연구 결과가 제시되는 대로 그 의미를 논의하면 중복성이 줄어들 수 있다.

핵심 연구 결과의 시사점에 대한 오리엔테이션 단락

> 논의 섹션 서두에,
>
> • 학문적 이해를 증진시키는 데 있어 핵심적인 기여와 그 중요성을 기술한다. 이러한 이해를 얻는 과정에서 자신의 관점이 어떻게 변했는지에 대한 성찰을 포함할 수 있다.

종종 논의 섹션은 논문의 핵심 결과를 요약하고 해당 섹션에서 고려할 주요 시사점을 독자에게 안내하는 단락으로 시작하는 경우가 많다. 일반적으로 이 단락은 모든 결과를 다시 설명하는 것이 아니라 결과 섹션의 마지막 단락에서 결과를 요약하고 정리한 내용을 해당 분야에 대한 시사점에 초점을 맞춰 전환하는 데 중점을 둔다. 일반적으로 이 단락은 짧지만 독자가 연구 결과가 갖는 영향과 관련하여 생각하도록 유도한다. 예를 들어, 감정 처리에 대한 과제 분석의 다음 단락은 해당 연구의 주요 결과를 강조한다(Pascual-Leone & Greenberg, 2007):

> 이 조사 이전에는, 상담에서 내담자의 나쁜 감정 경험이 실제로 어떻게 변화하는지에 대해 가장 강력하게 설명하는 정서 기반 모델은 Greenberg와 Paivio(1997)의 모델이었다. 결과적으로, 이 모델의 많은 단계들은 정서적 고통을 처리하는 구성 요소에 대한 발견 단계의 가설로 사용되었다. 새로운 모델은 이 모델을 확인함과 동시에 감정 처리를 통해 나쁜 감정이 어떻게 재구성되는지에 대한 독창적인 모델을 개발하였다. 전반적으로 이 모델을 통한 진행 과정은 정서 상태를 보다 구체적인 감정 또는 의미로 구분하는 것을 설명한다. … 이것은 Stern(1997)의 연구를 통해 지지되었는데, 현대 정신분석이론에 의하면 고통의 극복은 내담자가 공식화되지 않은 '날것'의 전반적인 경험을 해석하도록 돕는 것으로부터 시작된다(Pascual-Leone & Greenberg, 2007, p. 884).

이 도입 부분에서는 해당 연구 결과의 주요 기여점을 강조한 다음, 새로운 모델의 다양한 시사점을 고려하면서 계속 진행한다.

반성적 성찰

연구 내러티브 또는 별도의 하위 섹션을 통해 연구를 진행하는 동안 자신의 관점이 바뀌었는지 설명할 수 있다. 주제에 대한 신념을 가지고 연구를 시작했지만 도전을 받으면서 자신의 입장, 가치관 또는 정체성에 대해 다시 생각하게 되었다는 것을 알 수 있다. 독자는 연구 결과를 맥락화하면서 자신의 입장이 어떻게 바뀌었는지 듣고 싶어할 것이다. 종종 심사위원들은 연구에서 무엇이 놀라웠는지, 또는 탐구 접근 방식에 따라 연구 참여자나 연구팀이 연구 결과를 어떻게 사용했는지 듣고 싶어하는 경우가 많다. 이 자기성찰적 텍스트는 하나의 하위 섹션에 기술할 수도 있고 결과에 대한 논의 전체에 걸쳐 기술할 수도 있다.

연구에 대한 기여

논의 섹션에서,

- 연구 결과가 기여한 유형(예: 관련성을 설명하는 문헌의 선행 연구 또는 이론에 대한 도전, 평가, 근거)과 연구 결과를 가장 잘 활용할 수 있는 방법을 설명한다.
- 이전 이론 및 연구 결과와의 유사점과 차이점을 식별한다.
- 결과에 대한 대안적인 설명을 반영한다.

여러분의 연구가 해당 분야에 기여할 수 있는 방법에는 여러 가지가 있다. 연구가 문제 해결에 기여할 수 있는 방법에도 여러 가지가 있다. 이는 부분적으로는 연구 질문의 성격과 연구에 대한 인식론적 접근 방식에 따라 달라진다. 여러분의 연구는 미래의 연구 방향, 임상 가이드라인, 이론적 발전 또는 도전, 실용적인 해결책, 이해의 심화, 의식 제고, 사회적 행동 제안 또는 과거 연구에 대한 지원 강화 등 다양한 형태의 기여를 창출했을 수 있다. 자신의 작업이 가치가 있을 수 있는 다양한 방법을 고려하면 논의 섹션의 하위 섹션을 작성하는 데 도움이 되는 개요를 만들 수 있다.

이러한 방식으로 자신의 기여를 설명할 수 있다는 점을 기억하면(그리고 다른 사람들도 마찬가지일 것이다!), 연구 서술 스타일을 고려하는 데 도움이 될 수 있다. 저자는 자신의 연구를 강화하기 위해 선행 연구의 결함만을 지적하는 스타일에 빠지기 쉽다. 이는 오랜 역사를 가지고 있고 일부 독자들도 동의할 수 있는 부분일 것이다. 그러나 이러한 접근 방식에는 위험성이 있다. 일부 논문들은 선행 연구의 결함을 과장하거나 자신의 연구에서 재현하기도 한다. 예를 들어, 특정 형태의 데이터 수집의 장점을 전혀 인식하지 않은 채 과거의 관점으로만 연구에 대하여 비판하는 것은 보다 균형 잡힌 설명을 어렵게 하고 좋은 평가도 받지 못할 것이다. 또는 당시에는 사용할 수 없었던 최근의 발전이나 통찰력을 활용하지 않았다는 이유로 이전 연구를 가혹하게 비판하는 연구도 부적절해 보일 수 있다(또한 이러한 접근 방식은 연구를 수행한 동료이면서, 동시에 여러분 논문의 심사자가 될지도 모르는 동료와 등을 돌리게 될 수도 있다). 내가 선호하는 접근 방식은 이전 연구를 해체하는 대신 과거 저자들의 학문적 공헌을 인정한 다음 내 연구가 어떻게 그들의 연구를 바탕으로 구축되었는지를 보여 주는 것이다. 이전 이론 및 연구 결과와의 유사점과 차이점을 파악하면 독자들은 연구자의 연구가 기존 이해에 어떻게 기반을 두고 있는지 확인할 수 있으며, 동시에 연구자의 연구가 무엇을 제공하는지에 주목할 수 있다.

피해야 할 또 다른 문제는 선행 연구를 적절한 복잡성으로 제시하지 않고 지나치게 단순화하는 것이다. 선행 연구에서 사용된 방법의 유형, 선행 연구자의 관점, 당시 또는 장소의 맥락을 설명하면 정확한 보고를 할 수 있을 뿐만 아니라 해당 연구와 더 깊이 있는 대화를 나눌 수 있다. 일반적으로 자신의 연구와 가까운 연구일수록 독자가 자신의 연구와 다른 연구의 출발점과 그 이유를 이해할 수 있도록 더 자세히 설명해야 한다.

여러 분야에 걸쳐 있을 수 있는 연구의 시사점을 설명하는 것이 도움이 된다. 여러분의 연구는 이론을 조명하거나, 향후 연구 활동을 위한 새로운 방향을 제시하거나, 교육 또는 건강 관리 전략을 제안하거나, 다른 방식으로 공헌할 수 있다. 연구의 함의를 설명할 때, 추천하는 방향이 추구할 만한 가치가 있음을 시사하는 문헌을 참조하는 것이 좋다. 과거 연구에 대한 참조를 통해 각 기여에 대한 설명을 지지한다는 것을 기억하면 작업의 유용성을 강화하고 독자가 제안의 가치를 인식하도록 장려할 수 있다.

연구의 시사점을 고려할 때는 자신의 아이디어를 뒷받침하는 문헌뿐만 아니라 연구 결과에 대한 대안적인 설명도 고려해야 한다. 자신의 연구가 논의되고 있는 다른 연구의 맥락 및 자신의 연구와 어떤 관련이 있는지 고려한다. 특히 선행 질적 연구에 비추어 자신의 기여를 자리매김하는 것이 중요한데, 이러한 방법에서는 자신의 연구와 유사한 형태의 결과를 찾을 수 있을 것으로 예상될 수 있기 때문이다. 질문에 대해 선행 연구자들과 다른 관점을 채택했거나 다른 배경이나 가정에서 연구에 임하였는가? 다른 데이터 소스를 사용하였거나 다른 분석 방법을 사용하였는가? 자신의 사회적, 직업적 상황이 선행 연구자들과 비교하여 연구 결과에 어떤 영향을 미칠 수 있는지 생각해 볼 수 있다.

이 기회를 통해 자신의 연구와 일치하지 않는 아이디어를 반박하거나 자신의 설명이 더 강력한 이유를 논증할 수 있다. 또한 이전 연구를 보완하거나 명확히 하기 때문에 설명이 더 강력하지 않더라도 기여할 수 있다. 대신 논의 섹션을 사용하여 자신의 연구 결과가 적용될 수 있는 경우와 선행 연구가 여전히 유효한 경우를 구분할 수 있다. 맥락이나 모집단 간에 차이가 있는지 또는 연구 결과에서 상충되는 결과를 초래할 수 있는 역학관계가 있는지 고려할 수 있다. 또한 이러한 상충을 보다 광범위하게 탐구하기 위한 향후 연구 전략을 파악할 수도 있다.

제한점 및 강점

논의 섹션에서,

- 연구의 강점과 제한점을 식별한다(예: 데이터의 질, 출처, 유형 또는 분석 프로세스가 방법론적 무결성을 어떻게 지원하거나 약화시킬 수 있는지 고려한다).

- 전이 가능성의 범위에 대한 한계를 기술한다(예: 독자가 연구 결과를 여러 맥락에 적용할 때 무엇을 염두에 두어야 하는지).
- 직면한 윤리적 딜레마나 도전을 재검토하고 장래의 연구자를 위한 관련 제안을 제공한다.
- 향후 연구, 정책 또는 실무에 대한 시사점을 고려한다.

논의 섹션에서는 연구 결과의 함의를 고려하여 독자의 잠재적 활용 가능성을 이해하는 데 도움을 주어야 한다. 이러한 시사점은 훈련, 실습, 교육, 정책 및 후속 연구 등 여러 영역에 걸쳐 확장될 수 있다. 가능하면 자신의 연구가 어떻게 여러 분야를 발전시키는지(예: 향후 경험적 연구와 이론적 개념과 모두를 발전시키는 것)에 대해 설명하는 것이 좋다.

연구 결과의 활용에 대해 논의할 때, 자신의 연구 방법이 연구 결과 또는 이론적 기여로의 전이 가능성을 어떻게 제한하였는지에 대해 고려해야 한다. 전이 가능성(transferability)이란 독자가 연구자가 제시한 연구 결과를 자신의 상황, 모집단 또는 환경에 적용할 수 있는 가능성을 말한다. 연구자는 자신의 연구 맥락을 정확하게 표시하고 연구 결과가 어떻게 전이될 수 있다고 생각하는지 또는 전이되지 않을 수 있다고 생각하는지를 표시해 놓음으로써 독자의 이해에 도움을 주고자 한다.

예를 들어, 유방암 진단을 받은 여성을 대상으로 한 연구의 경우에, 이 연구의 결과를 다른 유형의 암에 걸린 여성, 암에 걸린 어린이, 암에 걸린 남성 또는 트랜스젠더에게 적용할 때 주의해야 한다고 독자에게 경고할 수 있다. 인터뷰한 참가자가 모두 도시 지역에 거주하는 경우, 참가자가 시골 지역에 거주하고 의료 서비스를 받기 위해 출퇴근해야 하는 경우 결과가 어떻게 달라질 수 있는지 고려할 수 있다. 또는 참여자에게 보험이나 기타 치료비 지불 수단이 있는지 여부와 보험이 없는 경우 조사 결과가 어떻게 달라질 수 있는지 고려할 수 있다. 전이 가능성에 영향을 미칠 수 있는 문제를 고려할 때는 문헌을 찾아서 그 내용을 살펴볼 수 있다. 도시와 농촌 지역의 여성이 특정 조건을 제외하고는 비슷한 반응을 보인다는 연구 결과가 있을 수 있으며, 이를 중요한 제한 요인으로 명확히 할 수 있다. 또는 암에 걸린 남성은 근본적으로 다른 반응을 보인다는 연구 결과가 있을 수도 있다. 어떤 경우든 이러한 정보를 제공하면 독자가 자신의 질문에 답할 때 연구 결과를 가장 잘 전달할 수 있는 방법을 결정하는 데 도움이 된다.

연구의 제한점

통상적으로 이 과정에서는 데이터의 품질, 원천, 유형 또는 분석 과정이 연구의 방법론적 무결성을 어떻게 뒷받침하거나 약화시킬 수 있는지 고려하게 된다(방법론적 무결성을 확립하는 방법에 대한 자세한 가이드라인은 3장을 참조). 분석에 결점이 있는 경우, 독자가 연구 결과를 평가하는 데 도움이 되도록 투명하게 밝히는 것이 좋다. 연구자가 연구를 진행하면서 마주쳤던 문제들을 후속 연구자들은 피할 수 있도록 향후 연구에 대한 권장사항을 제시할 수도 있다. 또한 연구 결과의 엄격성에 차이가 있는 경우, 어떤 연구 결과가 강점이고 어떤 연구 결과가 약점인지를 짚음으로써 독자들이 연구에 대한 신뢰를 가질 수 있도록 안내할 수 있다.

때때로 저자들은 독자들에게 질적 분석이 여러 가지 해결방안으로 이어질 수 있음을 상기시킨다. 다른 관심사를 가진 연구자는 비슷한 주제에 초점을 맞추더라도 똑같이 엄밀한 연구 결과를 도출할 수 있다. 예를 들어, 한 연구자는 대학원생이 연구자 정체성을 확립하는 과정에서 다른 관심사와 이 새로운 정체성의 균형을 어떻게 맞추는지에 대해 깊은 관심을 가지고 인터뷰할 수 있다. 그러나 또 다른 연구자는 호기심이 어떤 역할을 하는지, 호기심이 많은 학생들에게 꼭 계발이 필요한 중요 요소인지에 대해 깊은 관심을 가지고 인터뷰할 수도 있다. 이때 두 연구의 결과가 모두 진실성을 지니고 있을 수 있지만, 서로가 복제할 정도로 똑같을 것이라고 기대하지는 않을 것이다. 이처럼 질적 접근 방식은 하나 이상의 타당하고 주어진 데이터 세트의 유용한 결과의 집합이라는 입장을 견지한다.

연구의 한계를 제시하는 것은 연구 결과를 과장하지 않도록 주의하고 관심을 가지고 분석을 수행하였음을 보여 줌으로써 연구에 대한 독자의 신뢰를 높이는 역할을 한다. 낙인이 동성 커플관계에서의 친밀감에 어떤 영향을 미치는지에 대한 Frost(2011)의 연구는 좋은 예가 될 수 있다:

> 이 연구의 결과는 몇 가지 제한점을 고려하여 해석되어야 한다. 현재 2년 이상 관계를 유지하고 있는 사람들만 연구에 참여할 수 있었다. 낙인과 친밀감의 관계는 관계의 단계(예: 형성, 해체)에 따라 다르게 경험할 수 있으므로, 이전에 파트너였던 사람과 새로 파트너가 된 사람의 경험을 고려하는 것이 중요하다. 또한 데이터는 한 파트너의 관점으로만 제한되었다. 커플 양쪽의 데이터(dyadic data)는 현재 연구에서 조사 중인 과정에 대한 추가적인 통찰을 제공할 수 있다. 나아가, 참여자의 내러티브에서 사용된 전략의 빈도는 일반화할 수 없으며, 데이터를 설명하기 위한 목적으로만 보고되었다.
> 추가적으로, 사회경제적 지위가 낮은 집단과 소수 인종/민족적 낙인의 경험은 표본에 잘 반영되지 않았을 수 있다. 분석의 초점은 성적 지향 낙인에 국한되었으며, 다양한 형태의 소외 경험(예: 인종 간 동성 커플)에 대한 교차적 경험에는 민감하지 않았다. 이러한 집단이 종종 가장 높은 수준의 소수자 스트레스를 경험한다는 점을 고려할 때(Meyer et al., 2008), 낙인의 경험은 이 연구에서는 과소하게 표현되었을 수 있다(p. 8).

다음 섹션의 인용문을 보면 이러한 한계가 인정된 후에도 Frost의 연구가 가진 상당한 강점이 어떻게 유지되는지 알 수 있다. 앞의 예시에서 볼 수 있듯이, 원고의 이 부분에서는 향후 연구를 개선할 수 있는 방법을 제안할 수 있다. 특히 연구 수행 과정에서 윤리적 문제가 발생한 경우, 후속 연구자에게 이러한 문제를 예측하고 피할 수 있는 방법을 조언하는 것이 중요하다.

연구의 강점

연구의 한계를 명확히 밝히는 것도 중요하지만, 논의 섹션에서는 고유한 연구 결과와 방법론적 엄격성 측면에서 연구의 강점이 무엇인지를 설명할 수 있는 기회도 제공한다. 모든 연구가 그렇듯이 연구에도 한계가 있지만, 연구에서 수행한 작업들이 여전히 가치가 있음을 독자들에게 상기시킬 수 있다. 예를 들어, 탐구 중인 질문에 대한 연구가 부족하다는 점과 그 연구가 필요한 이유(희귀하다는 것만으로는 연구를 수행해야 하는 충분한 이유가 되지 않는다!)를 독자에게 상기시키고 연구의 방법론적 무결성을 높이기 위해 사용한 절차를 간략하게 검토할 수 있다.

Frost(2011)의 논문에 나오는 제한 사항에 대한 단락(이전 섹션에 제시됨)의 예시 문단이 그 뒤에 나온다:

> 이러한 한계에도 불구하고, 본 연구의 내러티브 접근 방식은 낙인과 그것이 동성 커플에게 미치는 영향에 대한 연구에 새롭고 의미 있는 기여를 하고 있다. 관계 이야기를 분석의 기본 단위로 활용함으로써 낙인, 소수자 스트레스, 동성 커플에 대한 이전 연구를 보완하고, 복잡한 낙인에 대한 이해가 가능해졌다. 따라서 이 연구 결과는 커플이 낙인을 경험하는 방식에 대한 미묘한 이해를 보여 준다. 내러티브 접근법은 일상 생활에서 유용하다. 내러티브 접근법은 다른 소외된 관계(예: 인종 간, 연령 격차)에 대한 연구뿐만 아니라 관계의 맥락을 벗어난 낙인에

> 대한 연구에서도 유용할 수 있다. 또한 관계 이야기가 제공하는 관념론적이고 사람에 중심을 둔 관점은 낙인과 친밀감으로 어려움을 겪는 커플의 삶을 개선하기 위한 임상 및 상담 개입에 유용할 수 있다(pp. 8-9).

이러한 강조사항들은 독자가 방법론적 무결성을 강화하는 연구 설계의 특징을 가치 있게 여기도록 돕는다.

결론 단락

논문의 마지막에 있는 결론 단락에는 독자가 가장 기억하고 싶어하는 정보가 담겨 있다. 종종 주요 연구 결과에 대한 강력한 요약, 행동 촉구, 향후 연구에 대한 호소 또는 옹호의 성명이라 할 수 있다. 논문을 읽은 후 독자가 무엇을 알고, 무엇을 하고, 새로운 방식으로 경험하기를 바라는가? 미국심리학회의 출판매뉴얼 7판은 연구 결과가 어떻게 활용이 되고 어떤 함의를 갖는지를 독자들에게 전달하는 가이드라인을 제공한다(7th ed.; APA, 2020, p. 104). Arczynski와 Morrow(2017)는 여성주의-다문화적 수퍼비전(FMS)에 대한 짧지만 강력한 성명으로 연구를 마무리하고 있다:

> 향후 FMS에는 내담자, 수련생, 수퍼바이저가 문화적 차이에 대한 존중을 구현하고 사회 전반의 권력 저울에 균형을 맞추려는 응용심리학의 비전을 실현할 수 있도록 권한을 부여하는 수퍼비전의 맥락이 있을 수 있다(p. 205).

보고서의 마지막 문장들에는 논문의 앞부분에 있는 모든 작업을 바탕으로 각 관점이 신중하게 제시되어 있고 경험적 연구에 근거를 두었기 때문에, 강력한 힘을 발휘할 수 있다. 나는 학생들이 시간을 들여 이 단락을 읽도록, 그리하여 좋은 영향을 받을 수 있도록 격려한다. 모든 작업을 마친 후에, 독자들이 기억하는 논문이 되기를 바란다!!

제8장

질적 메타분석 연구 보고: 주요 특징들

종종 특정 분야에서의 중요한 논제들에 대해 많은 연구자들이 조사를 시행한다. 연구 보고서에는 다양한 방법을 사용하여 수행될 조사에 대한 설명이 포함된다. 시급한 질문도 여러 관점을 사용하여 연구될 수 있다. 하나의 주제에 대해 여러 연구가 수행되었다면 이를 함께 검토하는 것이 유익할 수 있다. 이러한 종합 분석을 통해 연구 커뮤니티는 연구 전반에 걸쳐 지속되는 강력한 추세를 파악하고, 연구자의 관점이 연구 결과에 영향을 미친 방식을 조사하고, 의문을 제기해야 할 연구 결과를 식별할 수 있다. 이것이 바로 메타분석의 목적이다.

문헌의 연구 결과나 해당 문헌에 대한 해석에 관심이 있는 경우, 메타분석은 그와 관련하여 검색된 논문들이 주 자료가 된다. 특정 연구 분야에 대한 해석을 제공하는 데 관심이 있을 때에도 이러한 연구를 수행할 수 있다. 질적 논문을 분석할 때 수행되는 이러한 종류의 리뷰를 질적 메타분석(meta-analysis) 또는 메타종합(meta-synthesis)이라고 부른다(예: Paterson, Thorne, Canam, & Jillings, 2001; Sandelowski & Barroso, 2007). 이 장에서는 세 가지 형태의 질적 메타분석을 살펴본 다음, 질적 메타분석 연구 보고의 기준(QMARS; Levitt, Bamberg et al., 2018)을 자신의 글쓰기에 적용하는 방법에 대해 검토하기로 한다.

질적 메타분석의 형태

메타분석에는 다양한 유형이 있다:

- 메타분석적 검토(meta-analytic reviews): 1차 질적 연구들의 결과에 대한 통합 분석
- 메타방법 검토(metamethod reviews): 1차 질적 연구들에서 사용된 방법들을 검토
- 비평적 또는 이론 중심의 검토(critical or theory-driven reviews): 특정 이론의 관점에서 1차 질적 연구를 분석

다양한 목적을 위해 개발되고 다양한 방식으로 정리된 다양한 질적 메타분석 방법이 있다(예: Paterson et al., 2001). 이 장에서는 메타분석적 검토, 메타방법적 검토, 비평적 또는 이론 중심적 검토로 주요 형태를 설명하고자 한다. 질적 연구에 대한 검토를 시작할 때는 연구 목표와 관련하여 선택한 검토 방법을 고려해야 한다. 연구 결과에 대한 새로운 이해 도출, 새로운 방향성 파악, 해당 분야의 담론에 대한 의문 제기, 방법론적 경향 파악 등 검토 연구의 목표는 다양할 수 있다.

메타분석적 검토

메타분석적 검토는 연구 본문에 대한 서술적 기술(내러티브적 검토라고도 불림)일 뿐만 아니라 연구 결과의 집계, 재분석 및 통합을 포함한다. 질적 메타분석 연구자는 하나의 주제에 따라 일차적으로 그동안 수행된 질적 연구를 수집하여 그 사이의 패턴을 조사한다. 이러한 연구에서 연구자는 참여자들로부터 데이터를 수집하고 분석하는 대신, 1차 연구들에서 발견된 것들을 수집하고 분석한다.

연구자들은 다양한 질적 방법을 사용하는 1차 연구들을 검토하기 위해

한 가지 방법을 기반으로 한 질적 방법을 사용할 수 있다. 예를 들어, 메타문화기술지(metaethnography)(Noblit & Hare, 1988)는 문화기술지적 전략을 사용하는 질적 연구에 대한 검토이다. 이 전략을 사용하여 검토된 논문에는 1차 문화기술지 연구가 포함될 수도 있고 포함되지 않을 수도 있다(Wanat et al., 2016). 마찬가지로, 메타-근거이론 방법도 근거이론의 전략을 사용하여 다양한 방법으로 연구를 검토할 수 있다.

또한 질적 메타분석에서는 다양한 목표를 창의적으로 달성하기 위해 여러 방법을 결합할 수 있다. 예를 들어, 심리치료에 대한 내담자의 경험에 대한 문헌 메타분석에서 나와 동료들은 처음에 근거이론 방법을 사용하여 109개의 논문에서 주제를 분석하고 정리하는 고도로 조율된 범주계층을 개발하였다(Levitt, Pomerville, & Surace, 2016). 계층 구조가 포화 상태에 도달하여 더 이상의 논문 분석이 추가 범주를 생성하지 못한다는 것을 입증한 후, 연구진은 내용 분석을 사용하여 문헌 데이터베이스의 나머지 논문에서 찾은 결과를 기존 계층 구조로 분류하였다. 이 두 가지 방법을 모두 사용하여 연구자들은 문헌에 대한 근거 있는 표현뿐만 아니라 근거이론을 사용하여 분석하기에는 너무 큰 문헌 기반에 대한 설명도 해낼 수 있었다.

메타방법 검토

메타방법 검토는 방법론이 적용되고 해석되는 방식에 특별히 초점을 맞춘 연구이다. 메타방법 검토는 문헌 기반의 인식론적 견실성을 검토하여 방법이 확고한 결과를 도출할 수 있는 방식으로 적용되고 있는지 확인한다. 이들은 방법의 적용이 결과 도출에 어떤 영향을 미쳤는지 고려하고, 연구 영역에서 체계적으로 결과를 잘못 해석하거나 특정 관점을 배제하지는 않았는지 살펴본다. 이러한 검토를 통해 방법, 절차, 인식론, 가치 및 주제의 동향을 식별할 수 있다.

메타방법 연구는 또한 방법의 한계를 평가하고, 방법에 대한 역사적 검토를 제공하며, 해당 분야의 절차적 규범의 표준을 문서화한다. 예를 들어, 공동 연구자들과 함께 수행한 연구에서 저자들은 일반적으로 객관주의적(여러 출처에 의해 판단이 합의되면 연구를 더 신뢰할 수 있다고 보는)으로 이해되는 절차를 사용하는 경향이 있으며, 이러한 절차가 분석을 위해 제안한 기본틀과 일치하지 않는 것처럼 보이는 경우에도 여러 관점을 동등하게 타당하다고 여기는 것으로 나타났다(Levitt, Pomerville, Surace, & Grabowski, 2017). 우리는 메타검토 연구자들이 자신들의 연구에 대한 저자들의 관점과 조화를 이루게끔 하기 위해 절차를 어떻게 조정했는지를 설명할 수 있도록, 저자들의 인식론적 틀에 대한 더 깊은 고려가 필요함을 지적하였다.

비평적 또는 이론 중심의 검토

비평적 또는 이론 중심의 검토는 특정 이론적 관점에서 문헌을 검토하는 것이다. 예를 들어, 비평적 인종 이론은 문헌 안에서 인종 집단이 어떻게 잘못 표현되었는지 그 방식에 대해 살펴보는 데 사용된다. 비평적 퀴어 이론은 이성애주의와 과학적인 표현이 서로 얽혀 있는 방식을 조사하는 데 사용될 수 있다. 마찬가지로, 비평적 해석학적 메타종합은 "취약계층을 연구하는 방법을 연구하고 대표성, 평등 및 편견의 영향과 관련된 문제를 식별하기 위해 고안된 방법"이다(예: Dixon-Woods et al., 2006). 예를 들어, Farrely와 Lester(2014)가 13개의 연구를 조사한 결과, 정신질환을 앓고 있는 정신건강 환자가 겪는 치료에서 가장 큰 장애물은 치료 목표에 대한 의사소통이 원활하지 않아 역할에 대한 혼란과 상충되는 욕구로 이어지고 치료 관계를 손상시킨다는 사실을 발견하였다.

비평적 또는 이론 중심의 검토는 방법과 결과를 모두 검토할 수 있다. 메타분석은 결과를 모으고 종합하는 작업이고 메타방법 검토는 방법의 동향을 검토하는 반면, 비평적 검토는 이론적 렌즈를 사용하여 격차를 식별한다. 질적 메타분석 논문의 보고 기준(Qualitative Meta-Analysis Article Reporting Standards: QMARS) 가이드라인은 다양한 유형의 검토에 대한 보고를 개선하는 데 도움이 될 수 있다. 보고서를 작성할 때 문헌 검토를 수행하고 방법, 결과 및 논의 섹션을 목표에 맞게 적절하게 구성하는 것이 좋다.

질적 메타분석 논문의 보고 기준

QMARS의 질적 메타분석에 대한 대부분의 보고 기준은 질적 학술지 논문의 보고 기준(JARS-Qual; Levitt, Bamberg, et al., 2018)에 소개된 원론적인 질적 방법의 보고 기준과 유사하다. 차이점은 부분적으로 1차 분석에서 2차 분석으로의 전환과 관련이 있다. 즉, 통상적으로 질적 학술지 논문의 보고 기준의 방법에 대한 설명을 다음과 같이 대체하면 된다. 사용 중인 검토 방법에 대한 설명을 포함하는 경우, 질적 학술지 논문 보고기준의 권고사항을 그대로 적용할 수 있다. 예를 들어, 초록에서 저자는 일차적 방법, 즉 수집된 연구들에서 사용된 방법 대신 메타분석 전략을 보고하는 것이 좋다. 서론에서는 조사 중인 문제가 문헌에서 어떻게 접근되어 메타분석이 필요하게 되었는지 설명해야 한다. 이어지는 섹션에서는 질적 메타분석에서 1차 질적 연구와 가장 차별화되는 부분을 중점적으로 설명한다. 미국심리학회의 출판매뉴얼(7th ed.; APA, 2020)의 3.17절에서도 메타분석 보고서의 모든 구성요소를 인쇄된 저널 논문에 포함할 필요는 없다고 명시되었다. 메타분석에서 검토된 연구의 인용 목록과 이러한 연구를 더 자세히 설명하는 표와 같은 일부 항목은 온라인 보충 자료로 제공할 수 있다(보충 자료에 대한 4장의 설명을 참조).

연구물 선정

> 질적 메타분석의 데이터 수집에 대한 설명에서,
>
> - 검색 전략, 포함과 제외 기준 및 그 근거를 포함하여 검토할 연구가 선택된 방법에 대한 상세한 설명을 제공한다.
> - 검색의 주제어(주제, 모집단, 그리고/혹은 방법)를 설명한다.
> - 검색된 전자 데이터베이스, 웹 검색 또는 기타 검색 프로세스(예: 논문 요청)를 식별한다.
> - 최종적으로 검토된 연구물 수와 최종까지 도달한 방법을 제시한다.

방법 절에서는 참여자 선정 및 모집에 초점을 맞추는 대신 메타분석가로서 연구 중인 연구물들을 어떻게 선정했는지 기술해야 한다. 검색한 데이터베이스 또는 그 장소, 사용한 검색어, 제외 및 포함 기준에 대한 정보를 제공해야 한다. 양적 메타분석에서와 마찬가지로, 검토한 최종 논문 수와 이 수에 도달한 방법을 제공해야 한다.

또한 연구자는 수집된 1차 연구물에 대한 접근 방식에 대한 근거도 제공하기를 원할 수 있다. 양적 메타분석은 일반적으로 집계된 효과크기를 계산하기 위해 질문을 다루는 연구물의 전체 연구를 검토하려고 하지만, 이는 질적 메타분석의 경우 연구자들의 목표가 아닐 수도 있다. 질적 메타분석가는 자신의 목표와 관련하여 일련의 연구를 선택한 이유와 방법을 설명하고 싶어 할 수 있다. 일부 연구자는 문헌 전반에서 핵심적인 연구 결과를 파악하고자 모든 논문을 포괄적으로 검토하기로 결정할 수 있지만, 다른 연구자는 중요한 이론을 개발하는 것을 목표로 삼고 이론이 포화 상태에 이를 때까지 문헌을 검토하는 반복적인 표본 추출 전략을 사용할 수도 있다. 비판적인 연구자들은 영향력이 큰 학술지의 논문을 분석함으로써 담론적인 문제가 어떻게 입증되는지 보여 주려 할 수 있다. 또는 연구자들은 이론적 표집 접근을 사용하여 모집단이나 관심 주제와 관련된 변동을 찾아낼 수도 있다. 의도적으로 최대 변동(variation)이 포함된 문헌을 찾아 검토하거나 이론적으로 중요한 방식으로 변동을 제한할 수도 있다. 예를 들어, 메타방법 분석을 수행할 때 연구자는 특정 방법론적 접근법을 사용하는 논문만 선택하기로 결정할 수 있다. 어떤 경우든 연구 목표에 맞는 데이터 수집 전략을 개발하고 이 근거와 관련하여 그 전략을 설명하는 것이 좋다.

청소년의 스크린타임, 즉 컴퓨터, TV 또는 게임기와 같은 장치를 사용하는 시간에 관한 질적 연구물들에 대해 질적 메타분석을 수행한 Minges 등(2015)은 분석의 과정을 다음과 같이 설명하였다:

> 질적 메타종합은 질적 방법론을 사용하여 청소년들의 앉아 있는 행동에 대한 저해요인과 촉진요인들을 설명하기 위한 체계적인 문헌 검색으로 시작되었다. 출처는 의학도서관 사서의 도움을 받아 전자 도서목록 데이터베이스(Ovid MEDLINE, Ovid EMBASE, Ovid PsycINFO, Scopus, 그리고 CINAHL)에서 2001년 1월부터 2014년 1월까지의 문헌을 검색하였고, 첫 저자부터 마지막 저자명에 의해 식별되었다. 태블릿, 휴대용 비디오 게임, 개인용 컴퓨터와 같은 최신 스크린 기반 기술의 사용은 최근 몇 년 동안에 확대되었으며 이러한 기술은 2000년대 이전에는 널리 이용되지 않았다. 2001년 이후 발표된 논문은 하루 2시간 미만의 스크린 타임을 권장하는 공중보건지침(American Academy of Pediatrics, 2001)의 제정과 더불어 출판되었다.
>
> 데이터베이스 검색을 위해 다음과 같은 주제어가 선정되었다: (a) 앉아서 하는 행동, 앉아 있는 생활방식, 신체적 활동이 없거나 낮은 에너지 소비를 의미하는 '앉아 있는'이라는 용어를 포함한 행동, (b) 컴퓨터, 컴퓨터 게임, 비디오 게임, TV(보기 또는 틀어놓기), 기기 이용 시간, 스크린 기반 오락, 인터넷, 실내, 교통, 자동차 또는 버스 등의 용어, (c) 연령 및 나이 제한, 질적인 임상적 질문과 주제어들의 조합. 1차 질적 연구물의 검색을 수행하는 것이 어려운 과정일 수 있어, 각

데이터베이스의 광범위한 질적 문헌의 폭을 포착하기 위해 질적 검색 전략이 사용되었다. 검색 전략에는 의학 도서관 사서의 감수가 포함되었으며, 데이터베이스 필터 사용, 그리고 민감도와 논문 식별을 위한 특이성 알고리즘 등이 망라되었다(McKibbon, Wilczynski, Haynes, 2006; Walters, Wilczynski, Marks, and Haynes, 2007; Wong, Wilczynski, Haynes, 2004). (p. 383).

이어서 제외 및 포함 기준을 설명하고, 그 과정을 설명하기 위한 흐름도를 제공하였다([그림 8.1] 참조).

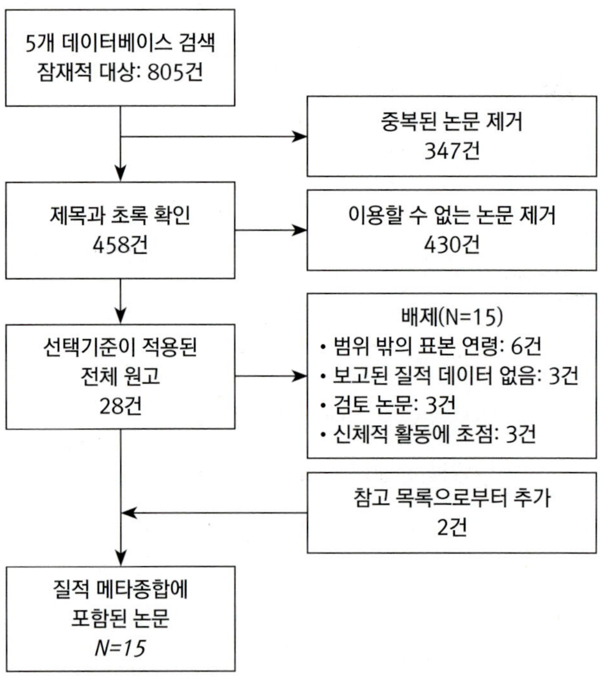

그림 8.1. 메타분석적 자료 수집 과정에 대한 흐름도

[출처] "Reducing Youth Screen Time: Qualitative Metasynthesis of Findings on Barriers and Facilitators," by K. E. Minges, N. Owen, J. Salmon, A. Chao, D. W. Dunstan, and R. Whittemore, 2015, *Health Psychology, 34*(4), p. 389 (https://doi.org/10.1037/hea0000172).

연구물 검토

가능하면 질적 메타분석에서는 다음과 같은 정보를 제공하여 1차 연구를 설명한다:

- 발행 연도
- 주저자의 학문적인 소속
- 연구의 지리적 위치
- 연구에서 사용한 언어
- 데이터 수집 방법(예: 인터뷰, 포커스 그룹, 온라인)
- 분석 방법(예: 주제분석, 내러티브 분석, 근거이론)
- 1차 연구의 목적과 (필요하다면) 메타분석의 주요 질문과의 차이점
- 연구 참여자의 수
- 연구 참여자 모집 방법(예: 눈덩이 표집, 편의 표집, 목적 표집)

메타분석 연구에서는 참여자에 대한 정보를 제공하는 대신 연구자가 수집한 연구물에 대한 정보를 제시한다. 이 정보에는 일반적으로 출판 연도, 사용된 데이터 수집 및 분석 방법, 질문, 참여자 수 및 모집 방법 등이 포함된다. 이러한 정보는 종종 표로 제시되고 문장으로 요약되는 경우가 많다.

자료 분석

질적 메타분석에서 데이터 분석에 대한 설명은:

- 연구 결과를 추출하는 접근 방식을 설명한다. 이 설명에는 다음의 사항이 포함될 수 있다.
  - 코더 또는 분석가 및 교육에 대한 설명(사용했다면 평정자 간 신뢰도)
  - 연구의 어느 부분을 평가하거나 평가하였는지에 대한 설명(예: 초록, 논의, 결론, 논문 전체)
  - 코딩 단위(단어, 개념, 해석)에 대한 설명

- 만일 사용한 경우, 소프트웨어에 대한 설명
- 연구 결과를 구성하는 요소, 분석가 간의 불일치, 합의가 결정된 방법과 관련된 팀 또는 협업 토론에 대한 설명
- 코딩 범주가 분석에서 나온 것인지 아니면 선험적으로 개발된 것인지에 대한 토의

- 해당되는 경우, 분석 체계에 도달한 과정을 설명한다(예: 분석 전 또는 분석 중에 개발되었거나 분석 전반에 걸쳐 새롭게 등장한 경우).
- 분석 프로세스와 관련하여 일치성 문제가 어떻게 다루어졌는지(예: 분석가들은 일치성을 지지하기 위해 분석 시연을 사용할 수 있으며, 안정적인 관점, 평가자 간 신뢰성, 합의의 발전을 설명할 수 있다), 또는 불일치가 어떻게 다루어졌는지에 대해 설명한다.
- 해석 과정에서 일부 연구가 더 중요한 것으로 간주되거나 다른 연구가 무시된 경우의 평가 과정을 설명한다.
- 삽화 또는 인공적인 결과물이 분석 과정을 통해 어떻게 개발되었는지 기술한다.

분석에 대해 설명할 때는 1차 연구에서 일련의 인터뷰 응답이나 텍스트에서 결과를 추출하는 과정을 설명하는 것과 유사한 방식으로 검토 대상 논문으로부터 주요 결과를 추출한 방법을 설명해야 한다(3장 참조). 코더, 코딩 방법, 조사된 논문의 일부, 연구팀 및 그 과정을 모두 기술해야 한다. 또한 텍스트 분석을 통해 코딩이 유기적으로 개발되었는지 또는 분석 계획이 분석 전에 개발되어 연구에 적용되었는지 여부도 보고해야 한다. 양적 메타분석과 달리, 질적 메타분석 연구에서는 1차 연구물의 품질을 나타내는 가중치가 적용되지 않는 경우가 많다. 이는 출판된 대부분의 연구가 질적 검토의 기본 기준을 충족할 것으로 예상할 수 있기 때문이다. 또한 인식론적 관점의 차이로 인해, 한 접근법에서는 강점인 특징이 다른 접근법에서는 약점으로 작용할 수 있기 때문에 이러한 판단을 내리기가 어렵다(예: Levitt, Pomerville et al., 2017).

예를 들어, 만약 조사자 팀이 수행한 연구를 검토하면서 합의 또는 평가

자 간 신뢰도 프로세스를 사용하는 경우, 이 프로세스를 통해 여러 사람이 해당 연구 내에서 이루어진 해석을 지지한다는 사실을 입증할 수 있다. 이는 해당 연구의 엄밀성을 향상시키는 것으로 보인다. 모든 인터뷰를 수행하고, 모든 데이터를 코딩 및 분석하며, 현상에 대한 개인적인 경험이 있는 한 명의 조사자가 연구를 검토하는 경우, 그 한 명의 조사자가 일반 조사자보다 데이터를 더 깊이 이해하고 연구 중인 현상에 대해 더 깊이 이해할 수 있다. 이는 해당 연구의 엄밀성 또한 향상시킬 수 있을 것으로 보인다. 따라서 단순히 어떤 절차가 사용되었는지 확인하는 것만으로는 질적 방법을 비교하거나 평정을 하기는 어렵다. 연구목표, 탐구 접근 방식, 연구 특성과 관련하여 방법론적 무결성을 총체적으로 검토하는 관점을 사용해야 한다 (Levitt, Motulsky, et al., 2017; 방법론적 무결성에 대한 이 책의 3장 참조). 말하자면, 어떤 연구가 무시되거나 또는 더 중요하다고 판단되는 경우, 그 결정의 근거와 그 과정을 명확하게 설명하는 것이 중요하다.

분석 결과

> **질적 메타분석의 결과를 발표할 때,**
>
> - 연구 결과와 연구자가 연구 분석을 통해 도출한 의미와 이해에 대해 설명한다.
> - 관련성이 있는 경우, 식별된 주제 또는 코드를 설명하고 근거를 제시하기 위해 주요 연구의 인용문을 제공한다.
> - 주요 연구들 간의 주제 차이가 연구 대상 현상의 차이를 반영하는 것인지, 아니면 연구자의 수사법이나 개념적 입장의 차이를 반영하는 것인지 탐색한다.
> - 연구 설계 및 목표 내에서 일관성 있는 방식으로 결과를 제시한다(예: 공통 주제, 공통 해석, 기술된 차이).
> - 메타분석 결과의 맥락과 검토된 연구 간의 모순 및 모호성을 고려하여, 결과가 일관된 방식으로 제시되거나 불일치가 해결되도록 한다.
> - 결과를 정리하고 전달하는 데 도움이 되는 경우, 종합적인 그림(예: 다이어그램, 표 모델 등)을 제시한다.

질적 메타분석의 결과를 보고할 때, 연구자들은 조사 대상 연구들에 대한 분석 결과를 함께 제시하고자 한다. 이상적으로는 1차 문헌의 결과를 다시 설명할 뿐만 아니라 조사 대상인 일련의 연구에 대한 새로운 시각을 제시하는 것이 좋다. 현상에 대한 새로운 이론, 설명, 기능이 제시될 수 있다. 메타분석의 유형에 따라 연구 결과의 차이뿐만 아니라 연구자의 수사학적 또는 개념적 입장, 사용된 방법과 연구 접근 방식의 차이를 밝히는 방식으로 데이터의 경향을 조사할 수 있다. 즉, 연구 결과를 본문에서 검토하고 독자가 연구 결과의 모순과 모호함을 이해할 수 있도록 도와야 한다. 도식이나 표는 이러한 연구 결과를 일관성 있게 제시하는 데 도움이 될 수 있다. 이 분석을 설명하기 위해 주요 연구에서 인용하거나 발췌한 내용을 제공할 수 있다.

연구 목적에 따라 코딩을 제시하거나, 요약할 때 정량화를 사용하거나 특성을 제시할 수 있다. 예를 들어, 결과와 담화적 특징 또는 방법의 동향을 분석할 때는 얼마나 자주 발생하는지를 설명할 수 있다. 이러한 수치는 진행 중인 질적 분석을 뒷받침하는 역할을 할 수 있다. 그러나 모든 연구가 동일한 질문을 하지 않았을 수도 있고, 유사한 참여자나 청중을 대상으로 하지 않았을 수도 있고, 유사한 방법이나 접근 방식을 사용하지 않았을 수도 있다는 점을 염두에 두고 수치를 적절하게 해석하는 것이 중요하다(6장의 결과 정량화에 대한 섹션 참조). 연구들이 정확히 동일한 질문을 하지 않았다면, 결과의 다른 빈도를 총 연구 수에 비례하는 것으로 해석할 수 없다.

제기되는 주장에 대한 근거를 설명하는 것도 도움이 될 수 있다. 예를 들어, 일련의 결과가 이례적으로 강력한 경험적 연구를 기반으로 하는 경우, 그 결과가 왜 그렇게 근거가 있는지 설명하는 것이 좋다. 또는 주로 이론적 논문이나 사례연구에 근거한 경우라면 해당 연구 결과가 잠정적이거나 특정 유형의 사례에 근거한 것이라는 언급을 추가할 수 있다. 그리고 해당 연구 결과에 대한 신뢰를 강화하기 위해 더 많은 연구가 필요하다는 메모를 덧붙일 수도 있다.

상황내재성(situatedness)*

1차 연구의 연구자들의 관점을 기술하려면,

- 검토된 연구들의 상황내재성(예: 1차 연구자들과 해당 연구물의 입장과 맥락)을 반영한다.
- 도움이 되도록 표를 사용하여, 연구들에서 보이는 경향의 복잡성을 단순화한다.

상황내재성(Situatedness)은 질적 학술지 논문의 보고 기준에는 반영되지 않은 독특한 개념으로, 여기에서는 질적 메타분석과 관련해서만 다루기로 한다. 상황내재성은 전형적으로 결과 또는 논의 섹션 내에서 고려된다. 질적 메타분석에서 상황내재성이란 1차 연구자들의 입장을 분석하는 것을 의미한다(메타분석은 1차 연구를 종합하는 것이므로, 해당 연구의 1차 연구자의 관점만 고려함). 메타분석가는 특정 연구 결과에 대한 1차 연구자의 충실성, 철학적 가정, 정체성, 사회문화적 맥락, 동기부여 질문, 역사적 위치 등을

* 역자 주: 질적 연구에서 'situatedness'는 연구 결과나 지식이 특정한 맥락, 시간, 장소, 사회적/문화적 조건 속에 놓여 있다는 점을 반영하며, 연구자가 이 맥락을 해석에 포함시킬 필요성을 강조한다. 이는 질적 연구의 핵심가치 중 하나인 보편적 진리보다 맥락 속에서 의미가 생성된다는 것과도 상통된다. Haraway(1988)는 이를 '위치지어진 지식(situated knowledges)' 개념으로 정립하며, 전통적 객관성 개념을 비판하고, 연구자 자신의 위치성에 대한 성찰을 강조하였다. 직역에 가까운 표현으로 '상황성'으로 번역될 수도 있겠으나, 이 용어가 내포하는 의미와 뉘앙스상으로 보았을 때 '상황내재성'으로 번역하는 것이 더 적절한 것으로 사료된다. 이 상황내재성은 맥락성(contextuality)과 의미상 유사한 점이 있지만, 보다 적극적으로 지식이 특정 상황에 자리 잡고 있으며, 그 맥락을 떠나서는 이해될 수 없다는 전제에 초점을 둔다.
심화학습을 위해, 아래의 자료를 참고할 수 있다:
Haraway, D. J. (1988). Situated Knowledges: The Science Question in Feminism and the Privilege of Partial Perspective. *Feminist Studies, 14*(3), 575–599.

고려할 수 있다(Zimmer, 2006). 암묵적인 가정과 맥락적 요인들을 검토함으로써, 연구자들은 특정한 명령이나 과업하에 연구자 집단이 어떻게 형성되는지를 밝히고, 그 과정에서 다른 관점들이 어떻게 배제될 수 있는지를 드러낼 수 있다.

내담자의 심리치료 경험에 대한 Levitt, Pomerville 및 Surace(2016)의 메타분석 연구의 논의 섹션에서는 권력의 영향을 연구하는 연구자들이 문화적 권력(예: 계급, 인종, 성적 지향, 능력과 관련된 힘) 또는 직업적 지위(예: 전문가가 되는 것과 관련된 힘) 중 하나만 살펴보고 이들의 상호작용은 살펴보지 않았음을 설명하였다. 이러한 초점의 분리는 주요 연구자들이 이론적 기반과 연구 기반이 서로 다르다는 점을 반영한 것으로 보인다:

> 치료자들의 전문성을 다루는 연구는 주로 인본주의적 연구자들이 치료사가 의도치 않게 어떻게 내담자의 치료 진행을 방해할 수 있는지에 대해 수행한 연구(예: Bohart, 2007; Rennie, 1994)에서 비롯되었다. 이와 대조적으로, 다문화 연구자들은 문화적 차이와 억압과 관련된 이슈들에 초점을 맞추어 왔다(예: Sue & Sue, 2012). 향후 연구에서는 권력에 대한 이 두 관점을 조화시켜, 치료에서 내담자들이 이러한 권력 형태의 상호작용에 어떻게 영향을 받는지 탐구하는 것이 권장된다(Levitt, Welton & Iwakabe, in press; Levitt, Welton, Surace, & Gravowski, 2016; Comas-Diaz, 2012; Quinn, 2013). 예를 들어, 이 연구는 치료에서 지시적 접근의 선호에 대한 인종적 차이와 관련된 연구 결과를 밝혀낼 수 있다(예: LaRoche, 2002). (pp. 823-824).

조사하고 있는 연구자들의 전통과 그들의 연구 방식을 고려하면 그들이 어떤 유형의 연구 결과를 도출하였는지를 알 수 있다. 이 과정을 통해 해당 분야에서 제기되는 질문을 전환시키거나, 그 한계에 대한 인식을 제고하는 방향으로의 권고를 이끌어 낼 수 있다.

논의

질적 메타분석에서 결과를 논의할 때,

- 기존 연구들을 단순히 요약 정리하는 것을 넘어, 연구 결과에 대한 보다 해석적인 논의를 제공한다.
- 결과와 관련된 대안적 설명에 대한 성찰을 포함할 수 있다.
- 메타분석이 문헌에 기여한 점(예: 문헌에서 선행 연구 또는 이론에 대한 도전, 정교화 및 뒷받침)에 대해 논의한다.
- 메타분석에서 다루고자 하는 문헌의 기존 학설이나 논쟁에 대한 연결을 이끌어낸다.
- 연구의 의미와 연구 결과를 가장 잘 활용할 수 있는 방법을 설명한다.
- 메타 연구의 강점과 한계를 식별한다(예: 데이터 또는 분석 프로세스의 질, 출처 또는 유형이 방법론적 무결성을 어떻게 지원하거나 약화시킬 수 있는지를 고려).
- 전이 가능성 범위의 한계(예: 독자가 여러 맥락에서 결과를 사용할 때 염두에 두어야 할 사항)를 설명한다.
- 앞으로의 연구, 정책 또는 실무에 대한 시사점을 고려한다.

메타분석 논문의 논의 섹션을 작성하는 많은 측면은 1차 질적 연구 논문의 논의 섹션을 작성하는 것과 유사하다. 1차 분석의 결과를 반영할 때와 마찬가지로, 메타분석이 문헌에 어떤 기여를 하였는지를 설명해야 한다. 메타분석에서는 연구 결과를 설명하는 것을 넘어 문헌 전체에 대한 새로운 이해에 도달해야 한다. 예를 들어, 현상에 대해 더 나은 설명을 제공하는 새로운 방법이 문헌에서 사용되고 있는지를 비롯하여 서로 다른 용어를 사용하여 결과를 융합하는 것, 더 나아 보이는 새로운 해석이나 이해, 해결해야 할 상충되는 연구 결과, 해당 분야에 대한 방법론적 방향 등을 명확히 밝힐 수 있다. 연구 결과의 시사점은 향후 연구자들이 관찰한 경향과 관련하여 향후 임상 연구, 옹호, 정책 또는 교육에 가장 좋은 영향을 미칠 수 있는 방법에 대한 가이드라인이 될 수 있다.

또한 연구의 강점과 한계를 설명하여 검토한 연구의 질과 자신의 연구의 질을 명확히 밝히는 것이 중요하다. 1차 문헌에 미해결된 질문이 남아 있었던 적이 있는가? 분석의 질, 수집된 데이터 유형 또는 분석 형태와 관련된 문제로 인해 분석에 대한 신뢰도가 떨어지지는 않았는가? 분석 프로세스가 한 영역에 집중한 나머지 다른 질문에 대한 답을 얻지 못한 채로 진행되지는 않았는가? 또한 검토한 연구 본문 및 그 성격과 관련된 전이 가능성도 고려해야 한다. 독자가 연구 결과를 자신의 맥락과 사람들에게 적용하려고 할 때 유의해야 할 사항을 알고 있는지도 확인하는 것이 중요하다.

결론

1차 분석과 마찬가지로, 메타분석은 방법론적 무결성을 지닌 문헌 각각에 대한 다양한 통찰과 이해로 이어질 수 있다. 질적 메타분석은 비교적 새로운 방법이지만, 이전의 질적 연구들을 종합할 수 있는 방법을 제공하며, 우리가 학문 분야로서 발전시켜 온 해답들뿐만 아니라 질문을 제기하는 방식에 대해서도 더 깊이 있게 이해할 수 있게 해 준다.

부록 8.1: 질적 메타분석 논문의 보고 기준

(Qualitative Meta-Analysis Article Reporting Standards: QMARS)

◈ **표 A8.1.** 질적 메타분석 논문의 보고 기준(QMARS): 질적 메타분석의 원고에 포함하기 위해 추천되는 정보

논문 섹션 또는 요소	보고할 정보에 대한 설명	저자가 고려해야 할 권장사항 및 심사자를 위한 참고사항
■ 제목 페이지		
-제목	• 고찰 중인 주요 이슈/논제를 명시 • 작업이 메타분석의 한 형태(예: 질적 메타종합, 메타 문화기술지, 비평적 해석적 종합, 검토)임을 명시	
-저자 노트	• 연구비 출처와 기여자를 밝힌다. • 만일 있다면, 이해상충 사항에 대해 밝힌다.	
■ 초록	• 조사 중인 문제/질문/목표를 명시한다. • 연구 설계, 검토한 문헌의 유형, 분석 전략, 주요 결과/발견, 주요 시사점/의의를 표시한다. • 다섯 개의 주요어를 제시한다.	• 저자: 메타분석 전략과 설명하는 주제어와 해결된 문제를 설명하는 주제어를 하나씩 사용하는 것을 고려한다. • 저자: 검토 프로세스와 논문의 이해도를 높이는 데 도움이 되는 접근 방식에 대해 설명하는 것을 고려한다. 만일 연구자의 작업이 특정한 탐구 접근법에 바탕을 두지 않았거나 접근법이 너무 복잡해서 할당된 단어 수로 설명할 수 없는 경우에는, 이 점에 대한 설명을 초록에 제공하는 것은 바람직하지 않다.
■ 서론		
-연구문제 또는 질문에 대한 기술	• 메타분석에서 다루는 문제 또는 질문을 서술한다. • 장벽, 지식 격차 또는 실제적인 요구를 명료하게 하기 위해 메타분석이 중요하고 관련이 된다는 점을 설명한다.	

◈ 표 A8.1. (계속)

논문의 섹션 또는 요소	보고할 정보에 대한 설명	저자가 고려해야 할 권장사항 및 심사자를 위한 참고사항
-연구 목적/목표	• 메타분석의 방법을 기술한다(예: 메타종합, 메타분석, 메타문화기술지, 주제 종합, 내러티브적 종합 또는 비평적 해석적 분석). • 연구의 목적과 목표를 식별한다. • 연구 목적과 메타분석의 근거를 밝히는 경우, 탐구에 대한 접근법을 설명(예: 서술적, 해석적, 여성주의적, 정신분석적, 후기실증주의적, 비판적, 포스트모던적 또는 구성주의적 실용주의적 접근)한다. • 연구의 기여점에 대해 설명한다.	
■ 연구방법		
-연구 설계에 대한 개요	• 데이터 수집 전략, 데이터 분석 또는 메타분석 전략, 그리고 탐구에 대한 접근 방식(예: 서술적, 해석적, 여성주의적, 정신분석적, 후기실증주의적, 비판적, 포스트모던적 또는 구성주의적, 실용주의적 접근)을 포함하여 연구 설계를 요약한다. • 선택한 설계에 대한 근거를 제공한다.	• 심사자: 이 섹션은 목적을 설명하는 부분과 같은 섹션으로 통합할 수 있다.

◈ 표 A8.1. (계속)

논문의 섹션 또는 요소	보고할 정보에 대한 설명	저자가 고려해야 할 권장사항 및 심사자를 위한 참고사항
-연구물에 들어 있는 데이터 원천		
○연구자에 대한 기술	• 연구 중인 현상에 대한 사전 이해를 강조하면서 연구에 접근하는 연구자의 배경(예: 면접관, 분석가 또는 연구팀)을 기술한다. • 연구 중인 현상에 대한 사전 이해가 연구에 어떻게 관리되거나 혹은 영향을 미쳤는지 설명한다(예: 데이터 수집과 메타분석을 강화, 제약 또는 구조화).	• 저자: 메타분석과 관련된 사전 이해가 포함되지만, 이에 국한되지 않고, 연구자의 인구통계학적/문화적 특성, 자격, 현상에 대한 경험, 훈련, 가치, 분석할 보관기록 혹은 자료 선택에서의 의사결정에 대한 기술 등도 포함된다. • 심사자: 연구자들은 보고를 할 때 반영적 사고를 하면서 스스로 기술하는 측면에서 광범위한 차이가 있을 수 있다. 저자는 심사위원이 원하는 설명의 깊이를 가이드라인 없이 추정하는 것이 불가능할 수 있다.
○연구물 선정	• 검색 전략과 포함/배제 기준, 근거를 포함하여 검토될 연구들을 어떻게 선택했는지에 대한 상세한 설명을 제공한다. • 검색된 전자 데이터베이스, 웹 검색 또는 다른 검색 과정을 식별(예: 투고 안내문 등)한다. • 검토할 연구들의 최종 개수 및 그 개수에 어떻게 도달했는지에 대해 설명한다.	• 심사자: 질적 메타분석은 문헌을 종합적으로 검토하거나 반복적 또는 목적적인 표집 전략(예: 최대변이 표집, 이론적 표집, 포화 추구하기)을 사용할 수 있다. 어떤 경우든 전략은 그 사용에 대한 근거와 함께 설명되어야 한다.

◈ 표 A8.1. (계속)

논문의 섹션 또는 요소	보고할 정보에 대한 설명	저자가 고려해야 할 권장사항 및 심사자를 위한 참고사항
–검토된 연구물	가능한 경우 다음 사항들을 제시한다: • 연구물의 출간 연도 • 주저자의 학문적 소속 • 연구의 지리적 위치 • 연구의 언어 • 데이터 수집 방법(예: 인터뷰, 포커스 그룹, 온라인) • 분석 방법(예: 주제분석, 내러티브 분석, 근거이론) • 1차 연구의 목적(필요한 경우) 메타분석의 주요 질문과의 차이점 • 연구 참여자의 수 • 연구 참여자 도집 방법(예: 눈덩이 표집, 편의 표집, 목적적 표집)	• 심사자: 이 정보는 표 형식으로 표시하는 것이 가장 좋겠지만 본문에도 요약되어 있어야 한다.
–분석		
○데이터 분석 전략	결과를 도출하기 위한 접근방식을 기술한다. 다음의 사항을 포함할 수 있다: • 코더 또는 분석가 및 교육에 대한 설명(아직 설명하지 않은 경우, 평가자 간 신뢰도 사용 시) • 연구의 어느 부분을 평가 또는 평가하였는지 설명(예: 초록, 논의, 결론, 논문 전체) • 코딩 단위에 대한 설명(단어, 개념, 해석) • (사용 중인 경우) 소프트웨어에 대한 설명	• 심사자: 질적 1차 연구들의 발견사항은 서로 다른 방식으로 제시될 수 있으며, 연구자는 1차 보고서에서 결과를 확인하고 도출한 방법을 투명하게 밝혀야 한다. • 심사자: 통상적으로 질적 연구자들은 질적 메타분석에서 분석의 성격이 통계적이지 않기 때문에 결과에 수치적 가중치를 부여하지 않는다.

◈ 표 A8.1. (계속)

논문의 섹션 또는 요소	보고할 정보에 대한 설명	저자가 고려해야 할 권장사항 및 심사자를 위한 참고사항
	• 연구 결과를 구성하는 요소, 분석가 간의 불일치를 관리하는 방법 및 합의 결정 방법과 관련된 팀 또는 협업 토의에 대해 설명 • 코딩 범주가 분석에서 나온 것인지 아니면 선험적으로 개발된 것인지에 대한 토의 해당되는 경우, 분석 체계에 도달한 과정을 설명한다(예: 분석 전 또는 분석 중에 개발되었거나 분석 전반에 걸쳐 새롭게 등장한 경우) 분석 프로세스와 관련하여 일관성 문제가 어떻게 해결되었는지 설명한다(예: 분석가가 일관성을 지원하기 위해 분석 시연을 하고, 안정적인 관점, 평가자 간 신뢰성, 합의의 개발을 설명할 수 있음). 또는 불일치를 어떻게 처리했는지 설명한다. 해석 과정에서 일부 연구가 더 중요하다고 간주되거나 다른 연구가 평가절하된 경우, 평가 과정을 설명한다. 분석 과정에서 삽화 또는 예술적 산물(있다면)이 어떻게 개발되었는지를 설명한다.	
○방법론적 무결성	• 질적 학술지 논문의 보고 기준을 참조한다. • 메타분석은 검토 중인 1차 연구의 무결성에 대한 의견뿐만 아니라 2차 분석의 무결성을 기술해야 한다.	

◈ 표 A8.1. (계속)

논문의 섹션 또는 요소	보고할 정보에 대한 설명	저자가 고려해야 할 권장사항 및 심사자를 위한 참고사항
■ 주요 발견들/결과		
-발견사항/결과 하위 섹션	• 연구자가 연구 분석을 통해 도출한 연구 결과, 의미, 이해를 설명한다. • 관련성이 있는 경우, 식별된 주제 또는 코드를 설명하고 근거를 제시하기 위해 주요 연구의 인용문을 제공한다. • 1차 연구들 간의 주제 차이가 연구 중인 현상의 차이를 반영하는 것인지, 아니면 연구자의 문장표현 방식(수사법)이나 개념적 입장의 차이를 반영하는 것인지 살펴본다. • 연구 설계 및 목표 내에서 일관성 있는 방식으로 결과를 제시(예: 공통 주제, 공통 해석, 기술된 차이) • 메타분석 결과의 맥락과 검토된 연구 간의 모순 및 모호성을 고려하여 결과가 일관된 방식으로 제시되거나 불일치가 해결될 수 있도록 한다. • 결과를 정리하고 전달하는 데 도움이 되는 경우, 종합적인 그림(예: 다이어그램, 표, 모델)을 제시한다.	• 심사자: 메타분석 방법의 평가를 허용하는 데 필요한 실증적 글쓰기로 인해, 결과 섹션은 양적 메타분석보다 분량이 긴 경향이 있다. • 심사자: 결과에는 연구의 목표, 탐구에 대한 접근법 및 연구 특성에 따라 정량화된 표현이 포함될 수도 아닐 수도 있다.
-상황내재성	• 검토된 연구들의 상황내재성(예: 1차 연구자들과 그들의 연구물의 지위와 맥락)을 반영한다. • 도움이 된다면, 표를 사용하여 연구들에서 보이는 경향들의 복잡성을 단순화시킨다.	• 심사자: 상황내재성은 결과 또는 논의 섹션에서 고려될 수 있다.

◈ **표 A8.1.** (계속)

■ 논의		
-논의 하위 섹션	• 기존 연구들을 요약하는 것 이상의 의미를 담고 있는 결과에 대한 논의를 제공한다. • 관련되는 경우, 결과와 관련된 대안적인 설명에 대한 성찰을 포함한다. • 메타분석이 문헌에 기여하는 바를 논의한다(예: 문헌에서 이전 연구 또는 이론에 대한 도전, 정교화 및 지지). • 메타분석에서 다루고자 하는 문헌에 나타난 기존 학설이나 논쟁에 대한 연계를 이끌어낸다. • 연구의 의미와 발견을 가장 잘 활용할 수 있는 방법을 설명한다. • 메타 연구의 강점과 제한점을 식별한다(예: 데이터 또는 분석 프로세스의 품질, 출처 또는 유형이 방법론적 무결성을 어떻게 지원하거나 약화시킬 수 있는지를 고려). • 전이 가능성 범위의 한계에 대해 설명한다(예: 독자가 여러 맥락에서 결과를 활용할 때 염두에 두어야만 하는 사항). • 앞으로의 연구, 정책 또는 실무에 대한 시사점을 고려한다.	• 심사자: 메타분석은 하나의 가능한 결과만을 도출하는 것이 아니라, 방법론적 무결성을 지닌 문헌에 대한 다양한 통찰력과 이해를 이끌어낼 수 있다.

주. 다음 문헌의 내용을 수정 · 보완함: "Journal Article Reporting Standards for Qualitative Primary, Qualitative Meta-Analytic, and Mixed Methods Research in Psychology: The APA Publications and Communications Board Task Force Report,"by H. M. Levitt, M. Bamberg, J. W. Creswell, D. M. Frost, R. Josselson, and C. Suárez-Orozco, 2018, *American Psychologist, 73*(1), pp. 38–40 (https://doi.org/10.1037/amp0000151). Copyright 2018 by the American Psychological Association.

제9장

혼합 방법으로 수행한 연구 보고

지금까지 이 책에서는 질적 방법만을 사용하는 연구를 가장 잘 보고하는 방법에 대해 설명하였다. 이 장에서는 혼합 방법(mixed methods), 즉 질적 방법과 양적 방법을 하나의 연구에서 함께 사용할 때 발생하는 보고의 차이점에 대해 설명하고자 한다. 내가 이 책을 통해 엮어온 이야기 쓰기 비유를 계속 이어가자면, 혼합 방법의 논문을 발표하는 것은 하나의 책에서 두 가지 이야기를 하는 것이 아니라 두 개의 줄거리를 담고 있는 하나의 이야기를 말하는 것과 같다. 이를 성공적으로 하기 위해서는 독자들이 두 개의 줄거리가 어떻게 서로 연결되어 있고 어떻게 서로를 강화하는지 이해할 수 있도록 이야기의 핵심적인 목적을 명확하게 배치해야 한다. 두 줄거리가 완전히 독립적으로 보인다면, 이것을 하나의 이야기라고 할 수는 없는 것이다. 이 장에서는 연구의 질적 측면과 양적 측면을 통합하여 응집력 있고 매력적인 스토리를 만드는 데에 혼합 방법 연구의 보고 기준(MMARS; Levitt, Bamberg, et al., 2018)이 어떻게 도움이 될 수 있는지 살펴본다.

혼합 방법 연구에서는 질적 방법과 양적 방법을 하나로 묶는 중심 질문을 작업의 전면에 배치하는 것이 중요하다. 이렇게 배치하게 되면, 두 가지 방법이 어떻게 서로를 기반으로 새로운 통찰을 만들어 내는지를 보여 줄 수 있다. 연구는 두 방법의 결합과 공동 분석이 독립적으로 수행되었을 때보다 더 큰 통찰력을 얻을 수 있도록 의도적으로 설계되어야 한다(Creswell, 2013b; Green, 2007; Tashakkori & Teddlie, 2010). 질적 방법과 양적 방법을 통합하면 각 방법의 결과가 서로를 조명하면서 새로운 미진한 부분을 발견할 수 있다. 혼합방법 연구는 때때로 질적 요소와 양적 요소를 각각 분리하여 원고를 작성하기도 하지만, 다른 경우에는 이러한 요소가 하나의 원고에 함께 제시되기도 한다. 이 장에서는 합쳐진 발표 스타일에 초점을 맞춘다.

혼합 연구방법 분야는 약 30년 전 질적 연구자와 양적 연구자 사이의 논쟁의 시기를 거치며 발전되었다. 이 분야는 급속도로 성장하여 현재는 여러 분야의 연구자들이 이 접근에 참여하고 있으며, 여러 전문 학술지(Onwegbuzie, 2012; Small, 2011)를 보유하고 있다. 이와 관련된 교재에서는 질적 요소와 양적 요소를 통합하는 방법을 계획하고 전달하는 데 유용할 수 있는 다양한 혼합 방법 설계를 설명하고 기본 관행을 명시하고 있다(예: Creswell, 2013b; Hesse-Biber, 2010). 보건과학 분야의 저자들(예: Creswell, Klassen, Clark, & Smith, 2011)과 일부 학술지 편집자들(예: Journal of Mixed Methods Research; Fetters & Freswater, 2015)에 의해 보고의 기준이 개발되었지만, 질적 학술지 논문의 보고 기준 작업그룹(Levitt, Bamberg, et al., 2018)이 개발한 보고 기준의 가이드라인은 이러한 맥락에서 발전된 최초의 권위 있는 보고 기준이다(표 A9.1 참조).

이 장에서는 질적 분석과 양적 분석이 함께 보고되는 것에 초점을 맞추고 있지만, 일부 연구자들은 동일한 연구에서 두 가지 질적 분석을 결합하기도 한다. 예를 들어, Frost(2011)의 논문에서는 연구자의 목적을 달성하기 위해 내용분석과 내러티브 분석이 함께 수행되었다. 이러한 유형의 논문에서 분석 결과를 보고할 때에는 질적 학술지 논문의 보고 기준(JARS-Qual; Levitt, Bamberg et al., 2018)을 따라야 한다. MMARS(Mixed Methods Article Reporting Standards)가 저자가 보고서 전반에 걸쳐 질적 및 양적 프로젝트의 목표를 논의하고 통찰력을 통합하도록 안내하는 방식과 유사하게, 하나의 보고서에 두 개의 질적 분석을 결합할 때는 두 분석이 논문 섹션 전체에서 서로를 향상시키는 방식을 반영해야 한다.

대부분의 MMARS 가이드라인은 질적 및 양적 연구를 위한 가이드라인의 내용과 중복된다. 연구의 질적 구성요소를 제시할 때, 연구자는 일반적으로 이 책 전체에 설명된 질적 학술지 논문의 보고 기준 가이드라인을 따라야 한다(표 A1.1 참조). 양적인 측면의 경우, 연구자는 표 A9.2에 나열된 양적 학술지 논문 보고 기준(JARS-Quant; Appelbaum et al., 2018)을 준수해야 한다(APA 출판 매뉴얼 7판 참조; http://www.apastyle.org/jars/; Cooper, 2018). 그러나 혼합 방법 연구의 구성요소를 함께 또는 서로 관련지어 제시할 때는 몇 가지 중요한 사항을 추가해야 한다. 이 장의 나머지 부분에서는 이러한 추가 구성요소와 그 근거에 대해 설명한다.

혼합 연구방법 논문의 틀 잡기

혼합 방법 논문을 작성할 때는 처음부터 질적 방법과 양적 방법을 모두 사용한다는 점을 명확히 해야 한다. 혼합 방법 논문 구성의 특징적인 면은 다음 섹션에 나와 있다.

- 초록에서,
  - 참여자 또는 데이터 소스의 유형, 분석 전략, 주요 결과/발견 및 주요 시사점/의의를 포함한 혼합 방법 설계임을 명시
- 연구목적에서,
  - 연구 목적/목표의 세 가지 유형(질적 방법, 양적 방법, 혼합 방법)을 명시하고, 이러한 목표가 혼합 방법 설계의 유형을 반영하도록 정렬함
  - 목적과 혼합 방법의 이론적 근거(예: 서술적, 해석적, 여성주의적, 정신분석적, 후기실증주의적, 구성주의적, 비판적, 포스트모던적 또는 실용주의적 접근)를 밝히면서, 탐구 접근법이 결합된 방식을 설명

질적 메타분석에 관한 8장과 마찬가지로, 이 장에서는 1차 질적 분석에 대한 설명에서 다루지는 않았지만 혼합 방법 논문에서 특히 중요한 측면에 중점을 둔다. 혼합 방법 연구의 제목을 고려할 때는 자신의 연구가 양적 또는 질적 연구로만 오해되지 않도록 제목을 선정해야 한다. 상관관계 또는

결정요인(양적 접근에서 변수를 개념화하는 방식)이나 현상학적 또는 경험(질적 접근에서 연구 중인 현상을 개념화하는 방식)과 같은 용어를 사용하면 연구 프로젝트의 두 부분 모두에 맞출 수 없는 인식론 내에 연구를 위치시킬 수 있다. 이것은 논문의 제목을 방법보다는 당면한 문제에 초점을 맞추어 정할 수 있다는 것을 의미한다. 또는 방법을 강조하고 싶다면, 여러분은 혼합 방법이라는 용어를 사용하거나 질적 방법과 양적 방법을 모두 언급할 수 있다. 마찬가지로 초록에서는 사용한 혼합 방법 설계를 표시하는 것이 좋다. 이 책의 마지막 부분에 있는 부록에서 두 개의 혼합 방법 논문(Meixner & O'Donoghue, 2013; Suarez-Orosco et al., 2010)의 제목, 초록 및 주제어를 확인할 수 있다.

논문 전체(예: 초록, 방법 섹션, 결과 섹션)에서는 질적 요소와 양적 요소를 제시하는 순서를 의도적으로 선택할 수 있다. 결과를 제시할 때에도 이들 구성요소의 순서대로 한다. 이러한 구성요소가 함께 발생한 경우에는 재량에 따라 순서를 제시할 수 있다. 이 결정을 내릴 때 연구의 내러티브와 유사한 작업을 수행하는 데 관심이 있는 다른 사람들이 따를 수 있는 감수 과정을 가장 잘 제시하는 방법을 고려할 수 있다(Merriam, 2014). 어떤 선택을 하든, 논문 전체에서 연구 구성요소를 일관되게 순서대로 제시하는 것이 좋다.

그리고, 논문 전체에서 혼합 방법의 초점을 명확하게 유지해야 한다. 예를 들어, 목표 진술 또는 방법 섹션의 시작 부분에 질적 또는 양적 구성 요소의 목표뿐만 아니라 이러한 접근법을 결합한 목표도 설명해야 한다. 예를 들어, Suárez-Orozco 등(2010)은 혼합 방법 연구의 각 구성요소에 대한 목표를 다음과 같이 설명하였다:

> 본 연구에서는 결과를 개인 수준에서 해석할 수 있다고 가정하는 인간지향적 관점(Magnusson, 1998)을 취했으며, 각 분석 접근 방식이 새로운 수준의 통찰력을 제공하는 상호 보완적인 혼합 방법 접근법

> (Hammersley, 1996)을 사용했다(Bryman, 1996). 시간 경과에 따른 성과 궤적을 설명하기 위해 잠재 성장 모델링을 사용하였다. 우리는 가족 특성, 학교 특성 및 개인 특성의 지표가 학업 궤적과 어떻게 연관되어 있는지를 보여 주기 위해 다항식 로지스틱 회귀 분석을 사용하여 설명하였다. 나아가, 여러 사례 연구를 통해 학업 성취 경로에 대한 이해를 심화시켰다(Yin, 2003).
> 우리는 사례연구를 통해, 양적 데이터가 밝히지 못하는 예상치 못한 인과관계를 발견하고 현재 진행 중인 발달 및 상호작용적인 과정을 밝혀냈다(Yin, 2003). 이러한 혼합 방법 접근 방식을 통해, 우리는 연구의 결과를 삼각화(triangulate) 할 수 있었고, 새 이민자 청소년들이 미국 학교에 입학할 때 겪는 어려움에 대한 이해를 깊게 할 수 있었다(pp. 604-605).

이러한 틀 만들기는 Suárez-Orozco 등의 논문을 통해 계속 이어지며, 연구자는 보고서 전체에서 비슷한 방식으로 연구를 지속적으로 얼개를 만들고 싶어할 것이다. 양적 요소와 질적 요소 모두를 포함해야 하는 근거는 무엇인가? 이처럼 두 가지 방법을 결합하면 각 방법에서 얻을 수 있는 이해를 어떻게 향상시킬 수 있을 것으로 기대하는가? 목표와 결과를 보고하고 결과를 논의할 때 이러한 질문에 답해야 한다.

방법 섹션의 고유한 특징

혼합 방법 논문의 연구 설계 개요에서,

- 해당 논문의 목표를 고려할 때 혼합 방법 연구가 방법론으로 적합한 이유를 설명

- 사용된 혼합 방법 설계 유형을 식별하고 정의
- 혼합 방법 설계 유형(예: 문화기술지, 무선할당 실험) 내에서 사용되는 질적 접근 방식과 양적 접근 방식을 명시
- 여러 가지 탐구 접근이 결합된 경우, 어떻게 결합되었는지 설명하고 그 근거(예: 서술적, 해석적, 여성주의적, 정신분석적, 후기실증주의적, 비판적, 포스트모던적, 구성주의적 또는 실용주의적 접근법)를 제시함
- 질적 데이터와 양적 데이터를 모두 수집해야 할 필요성과 두 데이터베이스의 결과를 통합하여 얻을 수 있는 부가적 가치에 대한 근거 또는 정당성을 제공

혼합 방법 설계에 대한 설명에 앞서, 많은 연구자에게 익숙하지 않은 질적 절차에 대한 자세한 설명이 필요한 것처럼, 혼합 방법이라는 용어를 정의하는 것이 도움이 될 것이다. 또한 혼합 방법은 단일 설계를 나타내는 것이 아니므로 사용 중인 설계의 구체적인 유형을 설명해야 한다. 혼합 방법 설계에는 다양한 명칭과 유형이 있다. 이러한 명칭은 일반적으로 양적 및 질적 구성요소의 순서를 설명한다(예: Creswell, 2013b; Green, 2007; Tashakkori & Teddlie, 2010).

세 가지 기본적인 혼합 방법 설계는 설명적 순차 설계, 탐색적 순차 설계, 수렴적 설계이다. 설명적 순차 설계는 양적 요소로 시작한 다음 양적 결과의 해석이 도움이 되도록 질적 요소를 사용한다. 탐색적 순차 설계는 질적 요소로 시작한 다음 처음에 개발된 아이디어를 추가로 탐색하거나 척도 개발 프로젝트에서처럼 그 아이디어를 평가하기 위해 양적 요소를 사용한다. 수렴적 설계는 각 요소의 결과에 대한 이해를 강화하기 위해 질적 요소와 양적 요소 둘 다를 사용한다.

Meixner와 O'Donoghue(2013)의 방법 섹션의 도입 단락에서는 그들이 사용한 혼합 방법 설계, 연구 프로젝트의 구성요소의 목적 및 순서 지정 방식을 명확하게 기술하고 있다:

> 이 프로젝트는 실행 연구의 경로에 관한 혼합 방법 설계를 수반한다. 대부분의 실행 연구 모델의 공통점은 시스템을 바꾸고, 규범에 도전하며, 현상 유지를 뒤흔들려는 숨겨진 의도를 가지고 있다는 점이다(Anderson & Herr, 2005; Argyris, Putnam, & Smith, 1985). 행동 연구에서 마찬가지로 중요한 것은 양적 또는 질적 데이터만으로는 확인할 수 없는 다양한 관점에 대한 경험적 분석이다. 혼합 방법 연구는 연구 질문에 대한 보다 복잡한 이해에 도달하기 위해 통계 및 서술 데이터를 수집하고 분석하는 것을 수반한다(Creswell & Plano Clark, 2007).
> 이 연구는 데이터 수집과 분석의 두 교차 단계를 포함하였다. 중간 규모의 공립 대학의 기관심의위원회(IRB)와 주립 재활 서비스 부서는 각각 두 단계를 모두 승인하였다. 1단계는 현지에서 개발한 설문조사 도구를 전자배포하는 것이었다. 주로 양적 질문으로 구성된 설문에는 개방형 응답 항목도 포함되었다. 연구팀은 1단계 데이터를 예비 분석한 후, 7개의 포커스 그룹을 설계하고 진행하였으며, 양적 결과를 설명하고 연구 현상에 대한 분석가들의 이해를 돕기 위해 질문을 고안하였다. 이후 포커스 그룹 데이터의 복수평정자 코딩과 설문 데이터의 정교한 분석에 이어 두 단계의 데이터를 동시에 해석하였다. 참여자, 수집 및 분석에 대한 자세한 정보는 다음에 제공된다(p. 379).

이 수준의 세부 사항은 독자가 방법 하위 섹션에 나오는 설명과 구성요소들이 서로 어떻게 연관되어 있는지 방향을 잡는 데 도움이 된다.

연구의 목표와 관련하여 혼합 방법을 설명할 때, 연구자는 사용한 설계에 대한 설득력 있는 근거를 제시하고 싶어한다. 실행 매트릭스(implementation matrix)는 연구의 목표가 사용된 전략 또는 프로세스, 샘플, 절차 또는 생성된 결과 유형과 연결되는 방식을 표 형식으로 정리하는 데 사용할 수 있으며, 유용한 방향을 제시할 수 있다(Creswell et al., 2011).

혼합 방법 논문의 참여자 또는 기타 데이터 소스에 대한 설명에서,

- 여러 출처에서 데이터를 수집하는 경우, 질적 및 양적 데이터의 출처(예: 참여자, 텍스트), 그 특성, 데이터 집합 간의 관계(예: 내장된 설계)를 명확하게 식별
- 혼합 방법 연구에서 순차적 설계를 사용하는 경우, 설계 유형에 사용된 절차 순서대로 데이터의 출처를 명시(예: 탐색적 순차 설계에서 질적 출처를 먼저 제시하고 그 다음에 양적 출처를 제시함)

혼합 방법 논문의 표본 추출 또는 선정, 모집, 그리고 데이터 분석 및 품질을 설명함에 있어,

- 질적 및 양적 표집을 별도의 섹션에 설명한다.
- 섹션의 순서를 혼합 방법 설계 유형에서 사용되는 절차와 연관시킨다.
- 혼합 방법 연구에서 질적 연구와 양적 연구를 위한 모집 전략을 별도로 논의한다.
- 질적 데이터 분석, 양적 데이터 분석 및 혼합 방법 분석에 별도의 섹션을 할애하고, 혼합 방법 분석은 사용되는 혼합 방법 설계의 유형에 따라 양적 및 질적인 결과들을 "혼합"하거나 통합하는 방식으로 구성된다(예: 수렴 설계에서 병합, 설명적 순차 설계 및 탐색적 순차 설계에서 연결됨).
- 방법론적 무결성, 양적 타당도와 신뢰도, 혼합 방법의 타당성 또는 적합성을 명시하는데, 연구 과정의 품질과 양적 및 질적 데이터의 교차점에서 도출된 추론을 보여 주기 위해 혼합 방법의 무결성에 대한 추가 평가도 이루어진다.

방법을 설명할 때는 어떤 구성요소를 설명하는지를 명확히 해야 한다. 예를 들어, 참여자 모집 요약에 질적 또는 양적 구성 요소에 대한 모집만 설명하는 것인가? 아니면 두 가지 모두에 대한 모집을 설명하는 것인가? 어떤 표집 프로세스를 사용하였는가? 이러한 정보를 명확하게 구분된 두 섹션으로 제시하면 독자가 연구 방법을 파악하는 데 도움이 될 수 있다. 그리고 절

차를 수행한 순서가 명확해야 한다.

흔히 연구 절차 다이어그램이라고 하는 도식([그림 9.1] 참조)은 질적 및 양적 구성요소에 대해 수집된 데이터의 출처와 데이터의 처리 과정을 묘사하는 데 도움이 될 수 있다. 이 표에는 데이터의 형식, 데이터를 수집한 시기 및 대상, 해당 데이터 분석을 위한 질문 또는 결과의 유형과 같은 정보가 포함될 수 있다. 데이터를 "숫자" 또는 "언어"로 설명하는 대신 데이터의 목적과 목표에 따라 데이터의 유형을 설명하는 것이 좋다. 예를 들어 "비지시적 인터뷰" 또는 "리커트 척도 평가"는 다양한 방법과 분석에 대한 철학적 접근 방식을 사용하여 효과적으로 분석할 수 있는 데이터의 특성을 더 잘 포착할 수 있다.

연구자들에 대해 설명하는 진술문에서 혼합 방법 연구자는 질적 연구에 대한 배경뿐만 아니라 양적 연구와 혼합 방법 연구 모두에 대한 전문성도 기술할 수 있다. 이 정보는 독자들이 현재 연구를 수행하게 된 배경을 이해하는 데 도움을 줄 수 있다.

데이터 분석을 설명할 때는 질적 분석과 양적 분석뿐만 아니라 혼합 방법 분석도 명확하고 개별적으로 설명해야 한다. 후자는 두 가지 분석을 모두 수행하여 얻은 이점을 얻기 위해 두 가지 결과를 어떻게 통합하였는지를 전달한다. 마찬가지로 작업의 품질을 설명할 때는 질적 분석의 방법론적 무결성과 양적 분석의 타당성뿐만 아니라 두 가지를 통합하는 과정과 결론에 대한 근거도 설명해야 한다. 한 세트의 결과를 다른 세트의 결과를 밝히는 데 어떻게 사용하였는가? 양쪽의 결과가 서로 관련성이 있는지 또는 해석이 양쪽의 결과에 근거를 두고 있는지 확인하기 위해 무엇을 하였는가? 이러한 질문에 대한 답변은 독자의 분석방법에 대한 신뢰를 강화할 것이다.

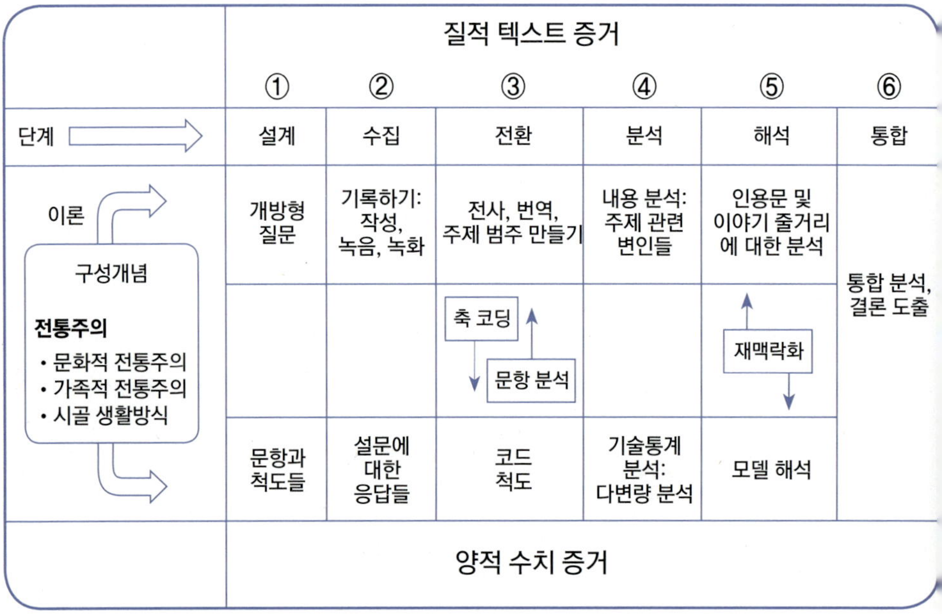

그림 9.1. 도식화한 연구 절차

[출처] "Traditions and Alcohol Use: A Mixed-Methods Analysis," by F. G. Castro and K. Coe, 2007, *Cultural Diversity and Ethnic Minority Psychology, 13*(4), p. 271 (https://doi.org/10.1037/1099-9809.13.3.269). Copyright 2007 by the American Psychological Association.

분석에 대한 설명에서 질적 접근 방식과 양적 접근 방식을 구분하여 설명할 수 있다. 부제목을 사용하면 이러한 접근 방식을 구분하는 데 도움이 될 수 있다. 마찬가지로, 이러한 구성요소의 엄격성에 대한 사례를 만들 때는 타당성, 신뢰성 및 방법론적 무결성을 별도로 설명해야 한다. 서술의 흐름을 위해 이러한 설명은 각 구성요소의 분석에 대한 설명에 따르도록 할 수 있다.

결과 섹션의 고유한 특징

> 혼합 방법 섹션을 작성할 때,
>
> • 질적 결과와 양적 결과가 어떻게 "혼합"되었는지 또는 통합되었는지를 명시한다(예: 토론; 내용을 연결하여 제시하는 표; 그래프; 데이터를 질적 문장, 코드 또는 양적 변인으로 변환함).

결과 섹션에서, 연구 결과는 보통 양적 요소와 질적 요소로 구분된다. 이러한 구성요소들은 다른 섹션들과 동일한 순서를 따라야 한다. 혼합 방법 연구자는 때때로 질적 및 양적 발견에 대한 요약을 나란히 표시하는 표 또는 그래프를 사용하여 결과를 보여 주기도 한다(〈표 9.1〉 참조). 또한 연구자는 통합된 결과를 보여 주는 열을 추가하여 두 구성요소를 통합함으로써 현상에 대한 보다 큰 통찰을 얻는 방법을 표나 그래프에 나타낼 수도 있다. 이러한 형태의 제시를 통해 연구자는 두 구성요소의 결과를 직접 비교 및 대조하고 혼합 방법 설계의 이점을 확인할 수 있다. 데이터 변환을 사용하여 한 형태의 데이터를 다른 형태로 변경하는 경우(예: 질적 발견을 숫자 코드로 코딩), 변환 과정을 명확히 밝혀야 한다. Frost(2011)의 연구는 혼합 방법 분석이 아닌 두 가지 질적 분석을 포함하였지만, 질적인 데이터를 코드 유형의 빈도 수로 변환한 예를 보여 준다:

◈ 표 9.1. 양적 결과와 질적 결과를 연계하여 도표화한 예

표 X. 결과 통합 매트릭스

양적 결과	질적 결과	예시 인용
주제(기후 변화)가 더 친숙하고 카드의 관련성이 높을 때 참여자들은 저자의 전문성을 덜 중요하게 여겼다.	어떤 주장이 더 친숙하고 일반적인 지식으로 간주될 때, 참여자들은 저자의 전문 지식에 의존할 필요성을 덜 인식하였다.	144페이지: "저는 기후에 대해 더 많이 알고 있다고 느끼고 기후 카드에는 분명한 몇 가지 사항이 있다고 생각해요… 반면에 원자력 에너지의 경우 소스가 그다지 중요하지 않다는 것을 이미 알고 있어요. 잘 모르기 때문에 누가 무엇을 말하는지에 대해 더 관심이 가는 것 같아요."
주제(원자력)가 덜 친숙하고 카드의 관련성이 높을 때, 참여자들은 더 높은 전문성을 가진 저자들에게 더 많은 가치를 두었다.	일반적인 지식이 아닌 덜 친숙한 주장으로 간주될 때, 참여자들은 저자의 전문 지식에 더 의존해야 한다고 인식하였다.	3페이지: "[원자력에 대해서는] 제가 아는 것이 훨씬 적기 때문에, 교수님들의 신뢰로운 자료를 통해 제 주장을 더욱 뒷받침할 것입니다."

[출처] "The Effects of Topic Familiarity, Author Expertise, and Content Relevance on Norwegian Students'Document Selection: A Mixed Methods Study," by M. T. McCrudden, T. Stenseth, I. Bråten, and H. I. Strømsø, 2016, *Journal of Educational Psychology, 108*(2), p. 157 (https://doi.org/10.1037/edu0000057). Copyright 2016 by the American Psychological Association.

친밀감을 코딩하는 데 사용된 정의는 게이 남성의 친밀감 연구에서 발전되었다(Frost, Stirratt, & Ouellett, 2008). 각각의 이야기는 두 사람의 독립적인 평가자(저자와 질적 방법으로 훈련된 4학년생)에 의해 코딩되었다. 낙인 관련 내용과 친밀감 관련 내용에 대한 신뢰도 계수

(즉, Cohen의 Kappa값)는 각각 .87과 .81이었다. 내용분석을 통해 친밀감 관련 주제가 포함된 394개의 이야기와 낙인 관련 주제가 포함된 166개의 이야기를 식별하였다. 총 120개의 이야기에는 낙인과 친밀감과 관련된 주제가 공존하였다. 이 중 74개는 내용이 애매한 이야기에 대한 반응인 반면 46개는 낙인 이야기에 대한 반응으로 나왔다. 75명의 참여자는 두 가지에 대해 동시에 반응하였다(p. 4).

Frost는 또한 제한점 섹션에서 이러한 빈도는 일반화할 수 없으며, 그 목적은 조사 중인 데이터 세트를 더 잘 설명하기 위한 것이라고 명시하였다.

논의 섹션의 고유한 특징

혼합 방법 연구에서 논의 섹션을 작성할 때,

- 사용한 혼합 방법 접근의 장점과 제한점에 대해 논의한다. 통상적으로, 논의 섹션은 방법 섹션 및 결과 섹션과 마찬가지로 혼합 방법 설계 유형에서 사용되는 절차를 순서대로 반영한다. 또한 두 가지 방법 전반에 걸쳐 통합된 결과에 대한 시사점을 반영한다.

논의 섹션에서 혼합 방법 연구자는 두 가지 접근 방식을 사용할 때의 장점과 제한점을 설명할 수 있다. 질적 또는 양적 분석에서만 도출된 시사점이 있을 수 있지만, 연구자는 일반적으로 통합적인 이해를 반영하는 방식으로 연구 결과의 시사점을 논의하려고 한다. 예를 들어, Meixner와 O'Donoghue(2013)는 논의에서 다음과 같이 언급하였다:

중요한 점은, 혼합 방법 설계의 특성상 가설이 형성되지 않았으며, 일

> 부에서는 이를 한계점으로 간주할 수도 있다. 이 설계는 연구에 엄밀성을 더하여 연구팀이 서술적 설문조사 결과를 확장, 탐색 및 이해할 수 있도록 하였다. 즉, 질적 순서를 전략적으로 배치함으로써 연구팀은 설문조사 데이터의 예비 분석을 수행하여 질적(즉, 포커스 그룹) 프로토콜을 구체화할 수 있었다. 정성적 데이터에 대한 시스템적 분석은 대부분 양적인 문헌 풀에 비판적 깊이와 관점을 더했다. 양적 연구와 질적 연구 결과를 혼합하면 한 방법의 강점이 다른 방법의 약점을 상쇄할 수 있다(Creswell & Plano Clark, 2007). (p. 384)

결과 및 논의 섹션에 이와 같이 두 가지 방법이 연구에서 서로를 향상시키는 데 어떻게 작용하는지를 명확하게 설명하는 문장과 구체적인 결과를 통합하는 문장을 포함시킬 수 있다. 혼합 방법 연구를 보고하는 과정에서 두 가지 방법의 세트가 어떻게 독자의 이해를 심화시켰는지, 그리고 문헌에 어떻게 기여하였는지를 명확하게 설명해야 한다.

부록 9.1: 혼합 방법 논문의 보고 기준(Mixed Methods Article Reporting Standards: MMARS)

◈ **표 A9.1.** 혼합 방법 논문의 보고 기준(MMARS): 질적 및 양적 데이터를 수집 및 통합하여 보고할 때 권장되는 정보

논문 섹션 또는 요소	보고할 정보에 대한 설명	저자가 고려해야 할 권장사항 및 심사자를 위한 참고사항
■ 제목 페이지		
-제목	• "질적 학술지 논문의 보고 기준" 및 "양적 학술지 논문의 보고 기준"을 참조하라.	• 저자: 혼합 방법은 질적 방법과 양적 방법의 중간에 위치하기 때문에, 질적(예: 탐색, 이해) 또는 양적(예: 결정 요인, 상관관계)인 단어의 사용을 자제하라. • 저자: 혼합 방법 또는 질적 그리고 양적이라는 용어를 참조하라.
-저자 노트	• "질적 학술지 논문의 보고 기준" 및 "양적 학술지 논문의 보고 기준"을 참조하라.	
■ 초록	• "질적 학술지 논문의 보고 기준" 및 "양적 학술지 논문의 보고 기준"을 참조하라. • 참여자 또는 데이터 소스 유형, 분석 전략, 주요 결과/발견사항 및 주요 시사점/의의를 포함하여 혼합 방법 설계를 명시한다.	• 저자: 사용된 혼합 방법 설계 유형을 지정한다. 아래의 방법론 연구 설계 개요 섹션에서 설계 유형에 대한 참고사항을 참조하라. • 저자: 혼합 방법 설계 유형을 묘사하는 주제어와 다루어진 문제를 알려주는 주제어를 하나씩 사용하는 것을 고려하라. • 저자: 탐구 접근법을 설명하고, 관련성이 있는 경우, 이 설명이 논문의 심사과정과 이해도를 높이는 데 도움이 될 때 각 접근법을 서로 어떻게 결합하였는지를 설명한다. 만일 연구자의 연구가 특정 접근법에 근거하지 않거나 제시된 단어 수 내에서 설명하기에 접근법이 너무 복잡한 경우에는 초록에 이 부분에 대한 설명을 포함하지 않는 것이 좋다.

◈ 표 A9.1. (계속)

논문 섹션 또는 요소	보고할 정보에 대한 설명	저자가 고려해야 할 권장사항 및 심사자를 위한 참고사항
■ 서론		
-연구 문제 또는 질문에 대한 기술	• "질적 학술지 논문의 보고 기준" 및 "양적 학술지 논문의 보고 기준"을 참조하라.	• 저자: 이 섹션에서는 질적 데이터와 양적 데이터 모두의 필요성을 시사하는 기존 문헌들의 제한점들을 전달한다. • 심사자: 혼합 방법에서 사용하는 이론 또는 개념적 틀은 사용된 특정 혼합 방법 설계 또는 절차에 따라 달라진다. 이론은 혼합 방법 연구에서 귀납적으로 또는 연역적으로 (혹은 둘다) 사용될 수 있다.
-연구 목적/목표	• "질적 학술지 논문의 보고 기준" 및 "양적 학술지 논문의 보고 기준"을 참조하라. • 세 가지 유형(질적 방법, 양적 방법, 혼합 방법) 측면에서 연구목적과 목표를 서술하고, 혼합 방법 설계의 유형을 반영하도록 이들 목표를 순서대로 나열하라. • 목적과 혼합 방법의 근거(예: 설명적, 해석적, 여성주의적, 정신분석적, 후기실증주의적, 구성주의적, 비판적, 포스트모던적 또는 실용주의적 접근)를 조명하면서 탐구 접근법이 결합된 방식을 설명하라.	• 심사자: 혼합방법의 목적 또는 목표는 심사자에게 친숙하지 않을 수 있다. "혼합" 또는 통합이 이루어지는 혼합 방법 설계 유형을 사용하여 얻을 수 있는 결과를 설명한다(예: 설명적 순차 설계에서 질적 인터뷰를 통해 양적 설문 결과를 설명하는 것이 목표인 경우). 예를 들어, 질적 단계의 목표는 개념적 모델의 개발일 수 있고, 양적 단계의 목표는 해당 모델에 기초한 가설 검증일 수 있으며, 혼합 방법의 목표는 양적 및 질적 증거에 기초한 이론에 대한 통합된 지지를 생성하는 것일 수 있다.

◈ 표 A9.1. (계속)

논문 섹션 또는 요소	보고할 정보에 대한 설명	저자가 고려해야 할 권장사항 및 심사자를 위한 참고사항
■ 연구방법		
-연구 설계 개요	• "질적 학술지 논문의 보고 기준" 및 "양적 학술지 논문의 보고 기준"을 참조하라. • 해당 논문의 목표를 고려할 때 혼합 방법 연구가 방법론으로 적합한 이유를 설명하라. • 사용된 혼합 방법 설계 유형을 식별하고 정의하라. • 혼합 방법 설계 유형 내에서 사용되는 질적 접근과 양적 접근을 명시(예: 문화기술지, 무선화 실험)하라. • 여러 가지 탐구 접근방식이 결합된 경우, 어떻게 결합되었는지 설명하고 그 근거(예: 설명적, 해석적, 여성주의적, 정신분석적, 후기실증주의적, 비판적, 포스트모던적, 구성주의적 또는 실용주의적 접근법)를 제공하여, 사용 중인 혼합 방법에 대해 설명하라. • 질적 및 양적 데이터를 모두 수집할 필요성에 대한 논리 또는 정당성을 제시하고 두 데이터베이스의 결과(발견들)를 통합하여 얻을 수 있는 부가가치를 제공하라.	• 심사자: 혼합 방법 연구는 비교적 새로운 방법론이므로 해당 분야의 주요 참고문헌에서 이에 대한 정의를 제공하는 것이 도움이 된다. • 심사자: 혼합 방법 연구에는 질적 및 양적으로 모두 엄격한 방법이 포함된다. 엄격성에 대한 자세한 내용은 "질적 학술지 논문의 보고 기준" 및 "양적 학술지 논문의 보고 기준"을 참조하라. • 심사자: 혼합 방법 문헌에서 가장 널리 논의되는 주제 중 하나는 연구 설계이다. 그저 포괄적으로 방법을 혼합하는 설계가 아니라 여러 유형의 설계가 있다. 설계의 중심에는 수렴적 설계, 설명적 순차 설계 및 탐색적 순차 설계와 같은 기본적인 핵심 설계가 있다. 혼합 방법 설계자에 따라 설계의 명칭과 유형이 다를 수 있지만, 공통적으로 이해해야 할 것은 혼합 방법 연구를 수행하는 절차가 프로젝트마다 다를 수 있다는 것이다. 또한 이들 기본 절차는 혼합 방법을 다른 설계(예: 개입 또는 실험 시행 혼합 방법 연구), 이론 또는 입장(예: 여성주의적 혼합 방법 연구) 또는 다른 방법론(예: 참여적 실행 연구로서의 혼합 방법 연구)에 연결하여 확장할 수 있다.

◈ 표 A9.1. (계속)

논문 섹션 또는 요소	보고할 정보에 대한 설명	저자가 고려해야 할 권장사항 및 심사자를 위한 참고사항
-연구 참여자 또는 데이터 소스	• "질적 학술지 논문의 보고 기준" 및 "양적 학술지 논문의 보고 기준"을 참조하라. • 여러 소스에서 데이터를 수집하는 경우 질적 및 양적 데이터 소스(예: 참여자, 텍스트), 그 특성, 그리고 데이터 집합이 있다면 그 데이터 집합들 간의 관계(예: 내장된 설계)를 명확하게 식별하라. • 혼합 연구에서 순차 설계를 사용하는 경우, 설계유형에 사용된 절차 순서대로 데이터의 출처를 기재하라(예: 탐색적 순차 설계에서 질적 출처를 먼저 기재한 후 양적 출처를 기재함).	• 저자: 수집된 데이터의 출처가 여럿이므로 서로 다른 경우 샘플에 대한 별도의 설명이 필요하다. 질적 출처와 양적 출처를 구분하는 표가 도움이 된다. 이 표에는 데이터 유형, 데이터 수집 시기 및 데이터 수집자가 포함될 수 있다. 이 표에는 각 데이터 소스에 대한 연구 목표/연구 질문과 예상되는 연구 결과도 포함될 수 있다. 혼합 방법 연구에서는 이 표를 종종 구현 매트릭스(implementation matrix)라고 부른다. • 저자: 데이터를 숫자 대 단어로 표현하는 것보다 데이터의 출처를 개방형 정보(예: 질적 인터뷰) 및 폐쇄형 정보(예: 양적 도구)로 기술하는 것이 더 낫다.
-연구자에 대한 설명	• "질적 학술지 논문의 보고 기준" 및 "양적 학술지 논문의 보고 기준"을 참조하라.	• 심사자: 혼합 방법 연구를 수행하기 위한 전제 조건으로, 질적 연구와 양적 연구 모두에 대한 연구자의 경험(또는 연구팀의 경험)을 출간 시 확정하는 것이 도움이 된다. • 저자: 혼합 방법 연구에는 질적 연구가 포함되며, 질적 연구에는 반영적 사고(reflexivity)가 포함되는 경우가 많으므로, 연구자의 배경이 연구에 어떤 영향을 미치는지에 대해 설명하는 것이 좋다.

◈ 표 A9.1. (계속)

논문 섹션 또는 요소	보고할 정보에 대한 설명	저자가 고려해야 할 권장사항 및 심사자를 위한 참고사항
–참여자 모집		
ㅇ참여자 표집 및 선정	• "질적 학술지 논문의 보고 기준" 및 "양적 학술지 논문의 보고 기준"을 참조하라. • 질적 및 양적 표집을 별도의 섹션에서 기술하라. • 섹션의 순서는 혼합 방법 설계 유형에서 사용한 절차와 관련짓는다.	
ㅇ참여자 모집	• "질적 학술지 논문의 보고 기준" 및 "양적 학술지 논문의 보고 기준"을 참조하라. • 혼합 방법 연구에서 질적 연구와 양적 연구를 위한 모집 전략을 별도로 논의한다.	
–자료 수집		
ㅇ자료 수집/식별 절차	• "질적 학술지 논문의 보고 기준" 및 "양적 학술지 논문의 보고 기준"을 참조하라.	
ㅇ기록 및 자료 변환	• "질적 학술지 논문의 보고 기준" 및 "양적 학술지 논문의 보고 기준"을 참조하라.	

◈ 표 A9.1. (계속)

논문 섹션 또는 요소	보고할 정보에 대한 설명	저자가 고려해야 할 권장사항 및 심사자를 위한 참고사항
–데이터 분석	• "질적 학술지 논문의 보고 기준" 및 "양적 학술지 논문의 보고 기준"을 참조하라. • 질적 데이터 분석, 양적 데이터 분석 및 혼합 방법 분석에 별도의 섹션을 할애한다. 혼합 방법 분석은 사용되는 혼합 방법 설계의 유형(예: 수렴적 설계로 병합되고, 설명적 순차 설계와 탐색적 순차 설계로 연결됨)에 따라 양적 및 질적인 결과들을 "혼합" 또는 통합하는 방식으로 구성된다.	
–타당도, 신뢰도와 방법론적 무결성	• "질적 학술지 논문의 보고 기준" 및 "양적 학술지 논문의 보고 기준"을 참조하라. • 방법론적 무결성, 양적 타당도와 신뢰도, 혼합된 방법의 타당도 또는 정당성을 명시한다. 혼합 방법 무결성에 대한 추가 평가는 또한 연구 과정의 품질과 양적 및 질적 데이터의 교차점으로부터 도출된 추론을 보여 주기 위해 명시한다.	

◈ **표 A9.1.** (계속)

논문 섹션 또는 요소	보고할 정보에 대한 설명	저자가 고려해야 할 권장사항 및 심사자를 위한 참고사항
■ 주요 발견들/결과		
-발견사항/결과 하위 섹션	• "질적 학술지 논문의 보고 기준" 및 "양적 학술지 논문의 보고 기준"을 참조하라. • 질적 결과와 양적 결과가 어떻게 "혼합" 또는 통합되었는지 명시한다(예: 논의내용; 결합된 표시들의 표; 그래프; 질적인 텍스트, 코드 또는 주제가 양적인 수 또는 변인으로 변환되는 등, 한 형태의 데이터가 다른 형태로 변환됨)	• 저자: 혼합 방법 연구에서 결과 섹션에는 통상적으로 질적 결과, 양적 결과 및 혼합 방법 결과에 대한 하위 섹션이 포함된다. 이 섹션은 순서 측면에서 혼합 방법 설계의 유형을 반영해야 한다(즉, 양적 결과 또는 질적 결과 중 어느 것이 먼저인지, 두 가지가 동시에 모아진다면, 질적 결과나 양적 결과 중 어느 것이 먼저 제시될 수 있는지). • 심사자: 혼합 방법 결과 섹션(또는 뒤에 나오는 논의 절)에서 저자는 양적 결과(예: 범주형 또는 연속형 데이터) 옆에 질적 결과를 배치하는 "공동 제시(joint display)"표 또는 그래프를 통해 혼합 방법 분석의 결과를 전달한다. 이는 연구자가 결과를 직접 비교하거나 양적 및 질적 결과가 어떻게 통합되었는지 알 수 있도록 한다.
■ 논의		
-논의 하위 섹션	• "질적 학술지 논문의 보고 기준" 및 "양적 학술지 논문의 보고 기준"을 참조하라.	• 저자: 통상적으로 논의 절에서는 방법과 결과 절에서처럼 혼합 방법 설계 유형에서 사용된 절차를 순서대로 반영한다. 또한 두 방법 전반에 걸쳐 통합된 결과가 갖는 시사점에 대해서도 설명한다.

◈ 표 A9.2. 양적 연구를 위한 학술지 논문 보고 기준(JARS-Quant): 연구 설계와 관계없이 새로운 데이터 수집을 보고하는 원고에 포함되도록 권장하는 정보

논문 섹션과 주제	설명
■ 제목과 페이지	
-제목	• 조사 중인 주요 변수와 이론적 쟁점 및 이들 간의 관계를 식별하라. 연구대상 모집단을 식별하라.
-저자 노트	• 다음과 같은 특별한 상황에 대한 고지 및 설명을 제공하라. – 연구가 등록된 경우 등록 정보 – 이전 간행물에서도 나타난 데이터 사용 – 학위논문 또는 학술대회 발표문에서 기본 데이터를 사전 보고한 경우 – 연구비 재원 또는 기타 지원 출처 – 이해 상충으로 인식될 수 있는 관계 또는 소속 기관 – 저자의 이전(또는 현재) 소속이 연구가 수행된 장소와 다른 경우 – 교신저자의 연락처 정보 – 본 문서의 다른 섹션에 적절하게 포함되지 않을 수도 있는 독자에게 중요한 추가 정보
■ 초록	
-목적	• 다음을 포함하여 조사 중인 문제에 대해 서술하라. – 주요 가설
-참여자	• 이 연구에 관련된 대상(동물 연구의 경우) 또는 참여자(인간 연구의 경우)에 대한 특성을 기술하라: 동물 연구에서는 종과 속의 이름을 포함한다. 참여자들에 대한 부분은 논문의 본문에 더 자세히 설명된다
-방법	• 다음을 포함하여 연구 방법을 기술하라. – 연구 설계(예: 실험, 관찰연구) – 표본 크기 – 사용된 재료(예: 측정도구, 장치) – 성과 척도 – 2차적인 데이터 원천에 대한 간략한 설명을 포함한 데이터 수집 절차 – 연구가 2차 데이터 분석인 경우에는 이를 명시한다.
-결과	• 효과 크기 및 신뢰 구간 또는 통계적 유의 수준을 포함하여 결과를 보고하라.
-결론	• 단순한 결과를 넘어 결론을 진술하고, 시사점이나 적용점에 대해 보고하라.

◈ 표 A9.2. (계속)

논문 섹션과 주제	설명
■ 서론	
-문제	• 조사 중인 주요 변수와 이론적 이슈 및 이들 사이의 관계를 파악하라. 연구된 모집단을 식별하라.
-관련된 학문 전통에 대한 검토	• 다음과 같은 특별한 상황에 대한 고지 및 설명을 제공하라. – 이전 작업과의 관계 – 이 연구의 일부 측면이 이전에 보고된 적이 있다면, 현재 연구와의 차이점
-가설, 목표 및 목적	• 다음과 같은 사항을 포함한 가설, 목표, 목적을 기술하라. – 가설을 이끌어 내기 위해 사용한 이론 또는 다른 수단 – 1차적 그리고 2차적 가설 – 다른 계획된 분석들 • 가설과 연구설계가 서로 어떻게 관련되어 있는지 설명하라.
■ 연구방법	
-포함 및 제외	• 인구통계학적 특성에 따른 제한 사항을 포함하여, 포함 및 제외 기준을 보고하라.
-참여자 특성	• 주요 인구통계학적 특성(예: 연령, 성별, 인종, 사회경제적 지위)과 중요한 주제의 고유한 특성(예: 교육 개입 연구의 성취 수준)을 보고하라. • 동물연구의 경우 속, 종, 균주번호 등을 보고하거나 공급자 이름, 소재지, 재고 호칭 등 구체적인 식별정보를 보고하라. 동물의 수와 동물의 성별, 나이, 몸무게, 생리학적 상태, 유전자 변형 상태, 유전자형, 건강-면역 상태, 약물 또는 검사에 대한 순응성(알려진 경우), 동물이 받았을 수 있는 이전 절차를 제시하라.
-표집 절차	• 다음을 포함하여 참여자를 선택하는 절차를 기술하라. – 체계적인 표집계획을 실행했다면 표집방법 – 접근한 샘플 중 실제로 참여한 비율 – 연구에 스스로 참여했는지 여부(개인 또는 학교 같은 단위에서 참여했는지 여부) • 데이터가 수집된 설정 및 위치뿐 아니라 수집된 일자를 기술하라. • 참여자들에게 고지된 동의와 연구참여 대가에 대해 기술하라. • 기관심의위원회(IRB)의 동의, 윤리적 기준 충족, 그리고 안전 모니터링에 대해 기술하라.

◈ 표 A9.2. (계속)

논문 섹션과 주제	설명
–표본 크기, 검정력, 정밀도	• 다음을 포함하여 표본 크기, 검정력, 정밀도를 기술하라. – 의도된 표본 크기 – 의도된 표본 크기와 다르다면 달성한 표본 크기 – 다음을 포함하여 표본크기를 결정 ○ 모수 추정치의 정밀도 결정을 위해 사용된 검정력 분석 또는 방법 ○ 사용된 중간 분석 및 중단 규칙에 대한 설명
–측정값 및 공변량	• 수집되었지만 이 보고서에 포함되지 않은 측정치를 포함하여 모든 1차 및 2차 측정치과 공변량을 정의하라.
–데이터 수집	• 데이터 수집을 위해 사용한 방법을 기술하라.
–측정의 질	• 다음을 포함하여 측정 품질을 향상시키는 데 사용되는 방법을 기술하라. – 데이터 수집자의 훈련과 신뢰도 – 다양한 관측값을 사용
–측정 도구	• 개별 연구를 위해 생성된 타당화된 도구 또는 임시 도구에 대한 정보를 제공하라(예: 심리 측정 및 생체 인식 특성).
–마스킹 (Masking: 눈가림)	• 실험 조작을 관리하거나 결과를 평가하는 이들은 참여자가 조건 할당을 알고 있는지 여부를 보고하라. • 마스킹이 이루어진 경우, 마스킹을 수행한 방법과 성공 여부 및 평가 방법에 대한 설명을 제공하라.
–심리측정 (Psychometrics)	• 가능한 경우 분석된 점수(예: 연구자의 표본)에 대한 신뢰성 계수를 추정하고 보고하라. 관련이 있는 경우 수렴 및 변별 타당도 추정치를 제공하라. • 다음을 포함한 측정치의 신뢰도와 관련된 추정치를 보고하라. – 주관적으로 채점된 측정치와 평정에 대한 평정자 간 신뢰도 – 재검사 간격이 연구에 사용된 측정 일정에 해당하는 종단연구에서의 검사–재검사 계수 – 이 지표가 연구에 사용되는 도구의 본질을 이해하는 데 적합한 복합 척도에 대한 내적 일관성 계수 • 검증 매뉴얼 또는 도구의 표준화 정보에 설명된 것과 같이 해당 샘플의 신뢰도 또는 타당도 계수를 보고하는 경우, 다른 표본의 기본 인구통계학적 특성을 보고하라.

◈ **표 A9.2. (계속)**

논문 섹션과 주제	설명
-조건과 설계	• 조건을 조작하였는지(manipulated) 또는 자연스럽게 관찰되었는지 여부를 서술하라. 현재 양적 학술지 논문의 보고 기준 표와 일치하는 설계 유형을 보고하라. – 무작위 참여자에 대한 실험적 조작 ○ 표 2와 모듈 A – 무작위 배정 없는 실험 조작 ○ 표 2와 모듈 B – 무선화된 임상적 실험 ○ 표 2와 모듈 A와 C – 무선화되지 않은 임상적 실험 ○ 표 2와 모듈 B와 C – 비실험적 설계(즉, 실험조작이 없음): 관찰 설계, 역학적 설계, 자연적 역사 등(단일 그룹 설계 또는 다중 그룹 비교) ○ 표 3 – 종단 설계 ○ 표 4 – 하나의 연구 속 여러 개의 설계 ○ 표 5 – 반복연구 ○ 표 6 – 현재 양적 학술지 논문의 보고 기준에서 다루지 않는 설계에 부여된 일반 명칭을 보고하라.
-데이터 진단	• 다음을 포함하여 계획된 데이터 진단에 대해 기술하라. – 만일 있다면, 데이터 수집 후 참여자의 배제기준 – 누락된 데이터를 추론할 시기를 결정하는 기준 및 누락된 데이터의 추론에 사용되는 방법 – 통계적 이상치의 정의 및 처리 – 데이터의 분포 분석 – 만일 있다면, 사용할 데이터 전환
-분석 전략	• 아래 항목들에 대해, 추론 통계 및 실험적 오류에 대한 보호를 위한 분석 전략을 기술하라. – 1차적 가설 – 2차적 가설 – 탐색적 가설

◈ **표 A9.2.** (계속)

논문 섹션과 주제	설명
■ 결과	
-참여자 흐름 (변화)	• 참여자의 흐름(변화)을 보고하라. – 연구의 각 단계에서 각 그룹에 속한 총 참여자 수 – 연구의 각 단계를 거치는 참여자의 흐름(가능한 경우 흐름을 묘사하는 그림을 포함하라; 그림 2 참조)
-참여자 모집	• 모집 시기들과 반복적인 측정 또는 후속 측정을 정의한 일자를 제공하라.
-통계 및 데이터 분석 결과	• 다음을 포함하여 사용된 통계 및 데이터 분석 방법을 자세히 설명하는 정보를 제공하라. – 결측 데이터 ○ 결측 데이터의 빈도 또는 백분율 ○ 누락된 데이터의 원인에 대한 경험적 증거 및/또는 이론적 주장–예를 들면, 무작위로 완전히 누락, 무작위적 누락 또는 비무작위적 누락 ○ 만일 있는 경우, 누락된 데이터를 처리하는 데 실제로 사용된 방법 표기 – 사례 수, 셀 평균, 기준 편차 및 사용된 데이터의 특성을 나타내는 기타 측정치를 포함하는 총 표본 및 각 하위집단을 포함하는 각 1차 및 2차적 산출물에 대한 설명 – 다음을 포함한 추론 통계 ○ 귀무 가설 통계 검증 방법이 사용되었다면, 시험을 구성하는 데 필요한 최소한의 통계치들(예: *dfs*, 평균제곱[*MS*] 효과, *MS* 오류)과 정확한 *p* 값을 포함하여 수행된 모든 추론 검증의 결과 ○ 가능한 경우 수행된 각 추론 검정에 해당하는 추정치에 대한 효과 크기 추정치 및 신뢰 구간 ○ 1차 가설과 그 검정 및 추정치, 2차 가설과 그 검정 및 추정치, 탐색적 가설과 그 검정 및 추정치 간의 명백한 차이 – 다음을 포함한 복잡한 데이터 분석–예를 들어 구조 방정식(표 8 참조), 위계적 선형 분석, 요인 분석, 다변량 분석 등 ○ 추정된 모델의 세부 내용들 ○ 관련된 분산–공분산(또는 상관 관계) 행렬 또는 행렬들 ○ 분석 실행에 사용되는 통계 소프트웨어 식별(예: SAS PROC GLM, 특정 R 라이브러리 프로그램)

◈ 표 A9.2. (계속)

논문 섹션과 주제	설명
	– 추정 문제(예: 수렴 실패, 추정치 산출 여지 없음), 회귀 진단 또는 감지된 분석 이상 징후와 그 문제에 대한 해결책 – 조정된 분석을 포함하여, 계획되거나 계획되지 않은 것이 명시되어 수행된 기타 데이터 분석(1차 분석의 세부 수준에서 반드시 필요한 것은 아니지만)을 포함한다. • 조사결과의 타당도에 영향을 미칠 수 있는 통계적 가정 그리고/또는 데이터 분포에 문제가 있는 경우 보고하라.
■ 논의	
-원래 가설의 지지	• 다음을 포함하여 1차이든, 2차이든 모든 가설에 대한 지지 또는 비지지 진술을 제공하라. – 1차 가설과 2차 가설에 따른 구별 – 실질적인 결과와 통제되지 않을 수 있는 오류율 측면에서 탐색적 분석의 의미에 대해 논의함
-결과의 유사성	• 보고된 결과와 다른 작업 간의 유사성과 차이점에 대해 논의하라.
-해석	• 다음을 고려하여 결과에 대한 해석을 제공하라. – 내적 타당도 및 통계적 타당도에 대한 잠재적 편향 및 위협 요인 – 측정 프로토콜의 부정확성 – 전체 검정의 수 또는 검정 간 중복 – 표본 크기의 적절성 및 표집 타당도
-일반화	• 다음을 고려하여 결과의 일반화 가능성(외적 타당도)을 논의하라. – 목표 모집단(표집 타당도) – 다른 맥락적 이슈들(설정, 측정, 시기; 생태적 타당도)
-시사점	• 향후 연구, 프로그램 또는 정책에 대한 시사점을 논의하라.

주. 표는 포괄적이고 광범위하게 적용되도록 설계되었다. 개별 보고의 경우 저자는 특정 연구에 적용되는 항목을 선택해야 한다. The APA Publications and Communications Board Task Force Report," by M. Appelbaum, H. Cooper, R. B. Kline, E. Mayo-Wilson, A. M. Nezu, and S. M. Rao, 2018, *American Psychologist, 73*(1), pp. 6–8 (https://doi.org/10.1037/amp0000191). Copyright 2018 by the American Psychological Association.

제10장

글의 수사적(rhetorical) 스타일과 방법론적 무결성 고려하기: 문제해결 및 출판과 심사를 위한 팁

수사적(rhetoric) 스타일은 다음과 같은 이유로 보고할 때 중요하다:

- 독자들이 연구에 대한 접근법을 이해하지 못하고 연구자의 글쓰기 스타일에 일관성이 없다면, 독자들은 연구자가 연구 목적을 정말로 달성했는지를 판단하기 어려울 것이다.
- 만약 연구자가 연구에 대한 접근법을 이해하지 못하고 있다면, 어떤 정보가 가장 중요한지 선택하고 일관된 목소리로 보고서를 작성하는 것이 어려울 것이다.

질적 학술지 논문의 보고 기준(Levitt, Bamberg et al., 2018)은 연구를 소통하고 연구 결과를 보고하는 방법을 고려할 때 유용하게 참고할 수 있다. 이들 기준은 논문 내에서 보고해야 할 요소에 초점을 맞추고 있다. 이 기준이 질적 연구를 설계하거나 검토하는 방법에 주 초점을 맞추지 않는다고 하더라도 연구 설계의 측면은 보고 양식과 원고가 접수되는 방식에 영향을 미칠 수 있다. 이 책 전반에서 논의된 바와 같이, 질적 연구를 보고하는 것은 스토리텔링 과정과 유사하다고 생각할 수 있다. 좋은 스토리텔링의 한 측면은 자신의 작품을 소비할 다양한 독자들(예: 해당 분야의 동료 연구자들, 심사위원들, 편집자들)을 고려하고 여러분의 작품을 맞춤 제작하여 여러분의 작품을 가장 잘 감상할 수 있도록 하는 것이다(또는 다른 집단에 당신의 이야기를 말해 주는 것과도 같다는 점을 고려하라!).

질적 방법은 절차, 언어, 인식론적 입장에 따라 구분될 수 있지만, 질적 방법을 어떻게 설계했는지를 설명할 때 연구자에게도 도움이 되고 검토 과정에도 영향을 미치는 일반적인 프로세스들이 있는 것 같다(예: Elliott,

Fischer, & Rennie, 1999; Levitt, Bamberg, et al., 2018; Parker, 2004; Stiles, 1993; Wertz et al., 2011; Williams & Morrow, 2009). 앞서 설명한 바와 같이 'Society for Qualitative Inquiry in Psychology(APA 제5분과)'는 질적 문헌을 검토하고 질적 연구를 설계하고 평가하기 위한 공통 원칙을 명확히 하기 위해 연구자들을 모아 태스크포스 팀을 구성하였다. 광범위하게 다양한 방법과 이슈를 다루는 주요 질적 연구자들의 의견을 수렴하여, 질적 연구의 설계 및 검토 과정에서 충실도와 유용성을 평가하는 방법을 설명하는 논문을 작성하였다(Levitt, Motulsky, Wertz, Morrow, & Ponterotto, 2017).

이 논문의 핵심은 연구를 평가하는 것은 연구의 목표를 이해하는 데 달려 있다는 생각이었고, 연구의 목표는 종종 사용 중인 탐구의 전통과 관련된다. 연구자들은 합법적으로 다양한 목적을 향해 연구를 수행할 수 있기 때문에, 연구 목적을 성공적으로 달성했는지 여부를 판단할 때는 연구 목적을 이해하는 것이 필요하다. 이러한 연구 프로젝트들 중 일부에서는 연구 노력이 현실을 반영하기 위한 시도로 간주되기도 하고, 다른 일부는 연구자와 참여자가 함께 구성하거나 특정 이론에 의해 주도되거나 또는 해석 과정에 집중이 되는 것으로 간주되기도 한다.

연구자가 채택하는 탐구 접근 방식은 프로젝트의 목표와 관련이 있을 수 있다. 예를 들어, 어떤 경험이 인식되는 방식에 대한 깊은 이해, 체계적인 프로세스가 사회적으로 구성되는 방식을 밝혀내는 것, 현상의 안정적인 측정을 위한 신뢰할 수 있는 항목을 개발하는 것, 실무에 유용한 가이드라인을 제공하는 것, 역사에 걸쳐 담론이 어떻게 변화하는지를 기록하는 것 등이 그 목표일 수 있다. 이러한 연구 프로젝트의 다양한 목적을 고려할 때 탐구 접근방식이 다를 수 있으며, 연구 결과를 보고하는 데 사용되는 언어도 다를 수 있다(Rennie, 1995). 어떤 프로젝트에서는, 연구 결과가 누구나 알 수 있는 것처럼 제시되는 반면, 다른 프로젝트에서는 해석 과정, 연구 결과 개발에 사용된 이론, 참여자와 연구자가 연구 결과를 만들어 낸 방식이 발표의 핵심 부분이다.

이 장에서는 탐구 과정에 대한 이러한 신념이 연구자의 언어와 주장을 뒷받침하는 논거에 어떤 영향을 미칠 수 있는지 생각해 보기로 한다. 이 논의는 2장에서 설명한 탐구 전통에 대한 설명을 기반으로 하며, 보고 스타일과 연구 목적에 대한 가정 간의 일관성을 고려하기 위한 몇 가지 가이드라인을 제공한다. 이 장에서는 무엇을 보고해야 하는지 알려주는 것이 아니라, 자신이 지지하는 인식론적 가정과 일관된 방식으로 연구를 보고할 것을 장려한다. 즉, 자신의 인식의 한계, 세계관, 기대치가 연구 결과의 생성에 어느 정도 영향을 미칠 수 있는지에 대한 가정을 고려하는 데 도움이 된다.

객관주의와 구성주의 입장을 바탕으로 한 심리학 연구 보고

다음 사항을 반영하는 수사적 스타일을 채택하기 위해,

- 사용 중인 인식론적 접근 및 방법론적 접근 방식과,
- 사용 중인 언어의 철학적 함의에 대한 인식이 중요하다.

질적 보고서를 작성할 때는 일관된 방식으로 작성할 수 있도록 연구자가 연구에 대해 가지고 있는 가정을 가장 잘 의식하고 있는지를 심사숙고하는 것이 중요하다. 연구 보고에 대한 다양한 접근법이 있지만, 여기서는 연구자의 탐구 접근 방식과 교차하는 경향이 있는 두 가지 주요 보고 스타일을 설명한다. 객관주의적 글 표현 스타일은 저자의 가치, 신념, 관심사가 연구 결과에 영향을 미치지 않거나 영향을 미쳐서는 안 된다는 것으로, 종종 후기 실증주의 또는 비판적 현실주의적 탐구 접근 방식을 반영한다. 반대로 주관주의 또는 구성주의적 수사 스타일은 연구 결과가 저자의 가치, 신념 또는 관심사에 영향을 받는다고 제안하며, 이는 종종 구성주의, 비판적 또

는 사회구성주의적 탐구 접근 방식을 반영한다.

지금 나는 독자들이 스타일의 차이에 민감하게 반응하도록 하기 위해 두 가지 입장을 대조하고 있지만, 연구자들은 다른 인식론적 관점이나 실용적인 연구 접근법 내에서 일관성을 유지할 수 있도록 자신의 연구 결과를 가장 잘 보고하는 방법을 고려할 수 있다. 접근 방식에 따른 이러한 의사소통 양식의 목적을 이해하면 수사적 스타일 전반에 걸쳐 이중적 언어를 사용할 수 있다(예: Maxwell, 2010; McMullen, 2002). 실제로, 탐구에 있어 신뢰할 수 있는 다양한 전통이 있다는 인식이 확산되면서 심리학 분야의 질적 연구가 성장할 수 있는 토대가 마련되었다.

객관주의적 글 표현 방식

객관주의는 연구자와 과학적 과정 사이의 독립적인 입장을 전달하기 위해 편견이나 사심을 드러내지 않고 객관적인 방식으로 연구를 보고하는 글쓰기 표현 양식에 반영되어 있다. 이는 연구자의 기대가 연구 대상(예: 화학물질, 물리적 물체 또는 중력과 같은 무생물)의 행동에 영향을 미치지 않는다고 믿으며, 연구 대상은 의도적으로 자기 표현을 바꿀 수 있는 여력이 없다고 보는 자연과학의 전통에 호소하는 것이다. 물론 심리학 연구자들이 자신의 지각적 한계와 기대가 연구 결과에 영향을 미친다는 데 거의 동의하기도 하지만(Fine, 2013; Levitt, Surace, et al., 2018; Shadish, 1995), 이러한 방식의 보고는 심리학에서 오랜 역사를 가지고 있기 때문에 종종 설득력이 있는 것으로 간주된다. 객관주의적 글 표현 방식은 연구자의 영향력에 대한 논의를 최소화하는 경향이 있으며 연구자의 관점에 관계없이 연구 결과에 대한 동의를 입증하는 데 중점을 둔다. 이는 조사를 수행할 수 있는 중립적인 과학적 입장에 대한 열망을 보여 준다. 차츰 객관주의적 보고 양식에서 벗어나(연구자에 대한 1인칭 관점을 허용하는 것처럼) 변천해 왔지만, 여전히 양적 연구에서는 지배적인 보고 스타일으로 남아 있다.

구성주의적 글 표현 방식

객관주의의 가치에 대한 의문이 제기되면서 사회과학과 철학의 여러 분야에서 객관주의에 대한 대안이 등장하였다. 과학자로서 우리의 관점과 우리가 사용하는 탐구 방법을 중립적인 것으로 보는 대신, 우리는 점점 더 우리의 관점을 특정 신념 체계에 근거한 것으로 인식하고 있다. 구성주의적 글쓰기는 연구자의 관점, 문화적 가정, 기대와 관련하여 연구 결과가 어떻게 발전했는지를 논의하는 경향이 있다. 연구자가 던진 질문, 심화된 이해, 참여자와의 관계와 관련하여 연구 결과가 어떻게 발전했는지를 보여 주는 데 중점을 둔다. 질적 연구자들은 맥락을 고려하는 반성적 글쓰기를 발전시키는 것 대신 객관주의적 어조로 자동적으로 글을 작성하고 외형은 최소화하는 원칙에 의문을 제기하였다(Gough & Madill, 2012).

구성주의적 글 표현 방식을 사용하는 인식론에는 심리학에 대한 사회구성주의적, 비판적, 구성주의적 접근 방식이 있으며, 이들은 모두 심리적 지식이 가치와 무관한 맥락에서 생산된다는 관점에 의문을 제기한다. 사회구성주의 심리학자들은 우리의 경험에 대한 이해가 정신 논리 과학이 전파하는 지식을 포함하여 사회구조와 시스템에 의해 어떻게 구조화되는지 지적해 왔다(예: K. J. Gergen, 1973; Harré, 1991). 여성주의와 다문화 심리학자들을 중심으로 한 비판적 심리학자들은 우리의 연구 결과가 문화적으로 위치하며 다른 사람들을 희생시키면서 특정 가치관을 조장한다는 점을 분명히 해 왔다(Hesse-Biber & Griffin, 2015; Prilleltensky, 1989; Sue & Sue, 2013). 구성주의 심리학자들은 지식이 어떻게 생산되는지, 인간이 어떻게 의미를 생성하는지에 대한 과정을 탐구해 왔으며(예: Hardison & Neimeyer, 2012; Kelly, 1955), 심리학은 반영적 사고의 절차를 통합하는 다른 학문들로부터 영향을 받아왔다. 질적 방법과 절차는 사회학, 철학, 간호학, 인류학 및 기타 사회과학에서 채택되어, 심리학에서 수행되는 연구의 유형을 풍성하게 만들었다.

이러한 전통과 관행의 근간이 되는 철학적 가정에는 차이가 있지만, 이 장에서 구성주의라는 용어는 연구에 대한 주관주의적 접근법을 포괄하는 범주로 볼 수 있으므로, 이러한 이데올로기 전반의 공통된 글 표현 스타일을 지칭하는 데 사용된다. 이 보고 스타일을 사용하여 과학자들은 세계를 이해하는 데 사용하는 개념을 어떻게 형성하는지 인정하고 명시적으로 검토하는 방식으로 연구를 제시하고 있다.

질적 탐구의 전통(즉, 후기실증주의, 구성주의-해석적, 비판적-이념적, 실용주의적 전통)에서, 연구자가 탐구 대상에 대한 개인적인 경험, 가치, 신념을 가지고 연구를 수행한다는 믿음은 드문 일이 아니며 질적 연구를 가장 잘 표현하는 방법에 대한 논의로 이어져 왔다(Rennie, 1995). 이러한 출발점은 이원론적인 참여자-연구자 구분과 순수 객관주의적 입장에서 보고를 평가하는 입장에 도전한다. 대신 질적 보고는 연구자의 관점과 연구 결과를 산출하는 분석에서 연구자의 관점이 어떻게 다루어졌는지에 대한 투명한 토론을 강조한다. 하지만 결과에서 이러한 고려 사항을 어느 정도 강조하는지는 연구자 자신의 인식론적 신념의 문제이므로, 연구자는 연구 과정에서 자신의 역할을 어떻게 이해하고 있는지를 고려하는 것이 중요하다.

보고 스타일을 결정하는 방법

일관된 보고 방식을 채택하기 위하여,

- 객관주의적이고 구성주의적인 보고의 언어적 특징을 알아야 한다.

보고 스타일을 개발할 때, 자신의 연구 접근 방식이 객관주의적인지 혹은 구성주의적인지를 고려해야 한다. 글의 어떤 부분에서는 자신의 관점에 거의 영향을 받지 않은 결과를 제시하고, 다른 부분에서는 자신의 관점에 영향을 받은 결과를 제시한다면 논문이 원활하게 읽히지 않을 것이다. 어떤 입장에 있든 연구자는 일관성 있게 글을 쓸 수 있는 결정을 내리고 싶을 것이다.

객관주의적 보고의 특징

첫째, 대부분의 심리학자들이 처음에 훈련받는 접근 방식인 객관주의적 글쓰기에 대한 인식을 배우는 것이 도움이 될 수 있다. 객관주의적 글쓰기는 심리학에서 매우 널리 자연스레 퍼져 있기 때문에, 이러한 종류의 글쓰기의 특징이 무엇인가를 알아차리는 것이 사실 어려울 수 있다. 실제로 나는 양적 심리학에 대해 처음 교육을 받은 사람으로서 이러한 글쓰기 방식이 자연스러워져서 질적 연구를 할 때에도 종종 이런 글쓰기에 빠져드는 것을 발견한다. 객관주의적 글쓰기 스타일에 빠져들 때 이를 자각하는 데에는 약간의 노력이 필요할 수 있다.

객관주의적 보고 방식을 사용할 때 연구자는 연구 과정과 무관하거나 중립적인 입장을 취함으로써 자신의 주장을 강화하고자 한다. 객관주의적 글쓰기에는 다음과 같은 전략이 포함되는 경향이 있다:

- 보고서에서 조사자에 대한 초점을 최소화하거나 조사자를 지칭할 때 3인칭을 사용한다. 예를 들어, "이 연구의 목표는 학습 활동의 맥락에서 학생들이 칭찬을 경험하는 방식을 조사하는 것이었다."라고 쓴다.
- 연구 결과가 연구 주제에 기반하고 연구자의 해석 과정과는 무관함을 암시하는 언어를 사용한다. 예를 들어, "우리는 학생들의 칭찬이 건설

적인 피드백과 결합되었을 때 더 진정성이 있다고 평가하고, 그것이 성과 향상으로 이어진다는 경향을 확인하였다."라고 쓴다.

- 연구가 맥락 또는 연구자의 입장과 별개로 세상 속에 존재하는 하나의 실제적 진실에 접근하고 묘사하고 있음을 암시하는 용어를 사용한다. 예를 들어, "연구 결과 학생들은 칭찬과 비판이 모두 포함된 맥락에서 가장 잘 학습하는 것으로 나타났다."라고 쓴다.

종종 연구자들은 양적 심리학의 용어에 친숙한 독자층에 호소하기 위해 양적 심리학에서 유래한 용어를 사용하기도 한다. 예를 들어, 연구자는 자신이 탐구하는 주제를 요인 또는 변수로 지칭하거나 일반화 또는 외적 타당도와 같은 개념을 사용하여 연구 기여도를 평가할 수 있다. 질적 연구 분야는 질적 방법과 보고 기준을 받아들이고 이해하는 데 있어 과도기에 있기 때문에, 질적 연구자는 종종 더 널리 이해되는 용어를 사용할지 아니면 자신이 사용하는 접근 방식을 더 잘 반영하는 용어를 사용할지 결정해야 한다.

구성주의적 보고의 특징

구성주의적 관점에서 글을 쓰면 연구 과정에서 연구자의 역할이 투명하게 드러난다. 연구자는 연구 결과의 맥락을 강조하고 인용문, 연구 결과 및 연구 결과에 대한 함의를 설명하기 위해 노력한다. 구성주의적 글쓰기에는 다음과 같은 요소가 포함되는 경향이 있다:

- 연구자에 집중하여 연구 과정을 보고한다. 예를 들어, "연구자들은 학생들이 칭찬에 잘 반응한다는 교실의 관찰에 착안하여 칭찬이 학생들의 학습 경험에 어떤 영향을 미치는지 조사하기 위해 본 연구를 설계하였다."라고 쓴다.

- 결론에 도달한 과정을 투명하게 드러내는 언어를 사용한다. 예를 들어, "칭찬 경험에 대한 학생들의 설명, 즉 학생 자신에게 잘 맞추어주고 사려깊고 돌봄적이며 정직함이 담긴 건설적인 피드백과 함께 받은 칭찬 경험에 대해 설명한 것을 보면서, 우리는 이러한 피드백 경험의 정의를 '진정성을 특징으로 하는 피드백'이라고 해석하게 되었다."라고 쓴다.
- 보고서가 특정 맥락과 관점 내에서 의미 있는 결과를 기술하고 있음을 암시하는 용어를 사용한다. 예를 들어, "우리는 공립 특수교육 수업에서 학생들의 학습이 칭찬과 비판의 맥락에서 이루어질 때 향상되는 것을 발견하였다."와 같이 표현한다.
- 연구자의 상황을 더 잘 파악할 수 있는 정보를 보고하고 연구 과정에서 연구자가 기대들을 어떻게 다루었지를 설명한다. 예를 들어, 연구 주제와 관련된 다음 사항들에 대해 성찰한 내용이 포함된다: 개인의 입장과 특성(예: "나는 백인 여성 레즈비언 연구자이며 LGBTQ(레즈비언, 게이, 양성애자, 트랜스젠더, 퀴어 등) 공동체 내에서 성별에 대한 경험을 조사하는 연구 프로그램을 오랫동안 수행해 왔다."), 선입견(예: "나는 소수자 스트레스 요인이 이러한 참가자들에게 영향을 미칠 것이라고 믿었지만, 그들의 커뮤니티에서 낙인이 그들의 대처에 어떤 영향을 미칠지는 확신할 수 없었다."), 그리고 자신의 믿음을 제외시키려는 연구자의 노력("나는 참여자들의 경험에 집중하기 위해 연구자 자신의 선입견을 알아차리고자 괄호치기(bracketing)를 하고자 하였다.") 또는 분석 과정에서 자신의 관점을 사용할 수도 있다(예: "나는 내러티브 분석에서 암묵적 성차별, 이성애, 인종차별을 식별하기 위해 여성주의적-다문화적 관점을 사용하였다."). 구성주의적 연구자들은 종종 이 과정을 돕기 위해 사용한 도구나 절차(예: 일기, 메모, 현장 노트, 비주도적이거나 개방적인 질문, 다른 사람과의 기대에 대한 토론)를 기술한다. 연구자는 연구 과정에서 자신의 신념이나 가치관이

어떻게 도전받거나 변화했는지 설명할 수 있다. 심리치료 내담자의 경험에 관한 연구들을 가지고 수행된 질적 메타분석(Levitt, Pomerville, & Surace, 2016)에 따르면, 조사 대상 질적 연구의 80% 이상이 연구자의 입장과 기대 또는 반성적 과정에 대한 설명 또는 두 가지 모두를 포함하고 있어 질적 연구 보고에서 이러한 관행이 규범이 된 것으로 보인다.

- 연구에 통합한 절차의 목적을 설명한다(Levitt, Pomerville, Surace, & Gravowski, 2017 참조). 보다 객관주의적인 접근 방식을 취하는 연구자들은 감수자, 합의 프로세스 또는 참여자 피드백 과정과 같은 절차를 사용하여 여러 사람이 데이터 해석에 동의할 수 있음을 입증하는, 즉 연구 결과의 객관성을 확립하는 데 주력하는 경향이 있다. 반면, 보다 구성주의적인 접근 방식을 취하는 연구자들은 이러한 절차를 통해 관점의 차이가 조사 결과에 어떤 영향을 미치는지 인식하고 대안적인 의미를 고려하거나 특정 관점 및 맥락에 비추어 의미를 구성할 수 있는 가능성을 넓혀주기 때문에, 그리고 특정한 관점 또는 맥락을 조명하는 의미를 구성하거나 대안적인 의미를 고려할 수 있는 잠재력을 확장시키기 때문에 이러한 절차를 가치 있다고 여긴다.

이들 요소는 구성주의적 보고를 특징짓는 요소들이지만, 각 요소의 강조 정도는 상당히 다양할 수 있다. 예를 들어, 어떤 논문에는 연구자의 기대에 대해 몇 문장으로 짧게 설명하는 반면, 어떤 논문에는 연구자의 초기 신념, 분석 과정에서 그 신념을 다룬 방식, 연구 과정에서 영향을 받은 방식에 대해 여러 페이지에 걸쳐 설명하는 내용이 포함될 수 있다. 질적 연구에서 구성주의적인 보고 방식을 점점 더 선호하는 추세이기는 하지만, 다음 섹션에 설명된 대로 보고 스타일을 결정할 때의 여러 가지 요소들을 고려할 수 있기를 바란다.

논문 게재에 적합한 보고 스타일 결정하기

논문 게재에 적합한 보고 스타일을 개발하기 위해, 다음 사항을 고려하라:

- 방법론적 접근 방식을 보고할 때 통상적으로 사용되는 보고 스타일
- 과학에 대한 연구자의 신념에 가장 잘 맞는 탐구 전통
- 논문을 게재하고자 하는 학술지의 보고 스타일

연구 보고서는 특정 분야의 전문가로 구성된 청중들과 소통하는 목적을 가지고 있다. 과학적 글쓰기의 특징인 명확성과 정확성에 더해, 선택한 청중에게 설득력 있는 증거를 제공한다는 점에서 높은 평가를 받을 수 있다. 보고서는 전문 학술지에 게재되며 동료 검토 과정을 거쳐 그 기여도를 평가받는다. 학술지의 소논문 원고는 일반적으로 해당 분야의 전문가 3인이 검토하며, 이들은 원고가 이러한 기준과 내용에 대한 기준을 충족하는지 여부를 평가한다. 예를 들어, 심사위원은 연구에 대한 설명이 최선의 것인지, 연구 결과가 해당 분야를 발전시키는 지식을 전달하는지, 연구가 설득력이 있는지 등을 확인할 수 있다.

앞서 언급하였듯이, 내 자신의 보고 스타일은 나의 커리어 전반에 걸쳐 계속 발전해 왔다. 마찬가지로 학술지도 구성주의적 글쓰기 스타일로 작성된 논문을 더 많이 받아들이고 질적 방법 및 결과 섹션에서 요구하는 상세한 설명을 허용함에 따라 변화해 왔다. 또한 내 커리어가 발전하고 연구자, 심사위원, 편집자 역할을 오가면서 내 자신도 변화를 겪었다. 다음은 연구자들이 질적 연구방법의 여정을 시작하거나 계속할 때 드릴 수 있는 나의 조언이다.

선호하는 방법의 버전이 어떻게 보고되는지 점검하라

질적 연구자로서 여러분이 고려하고 있는 질적 방법과 접근법의 창시자들의 글을 읽는 것이 결정적으로 도움이 될 수 있다. 심리학의 많은 방법들은 독특한 인식론적 입장을 가진 연구자들에 의해 재형성되어 왔다(예: Glaser & Strauss, 1967, vs. Charmaz, 2014; Giorgi, 2009, vs. Smith, Flowers, & Larkin, 2009). 이들은 서로 다른 절차와 언어를 사용하며 그들의 연구 목표를 뚜렷하게 바라볼 수 있다. 이들의 글쓰기를 비교하면 자신에게 가장 적합한 스타일을 찾을 수 있다.

심리학 연구에서의 탐구의 전통에 대해 읽어 보라

질적 방법론자들의 연구를 읽으면 어떤 관점이 자신에게 가장 적합한지 결정하는 데 도움이 될 수 있다. 인식론적 입장을 분류하고 그것이 연구 과정에 미치는 영향을 고려하기 위해 다양한 체계가 사용되어 왔다(예: Guba & Lincoln, 2005; Levitt, Motulsky et al., 2017; Madill & Gough, 2008; Parker, 2004; Ponteroto, 2005b). 이들은 매혹적인 문헌이고 연구 접근 방식에 대한 결정을 내릴 수 있는 자유를 줄 수 있다. 연구과정에 쏟은 노력에 대해 소중히 여기는 신념을 알면 이를 존중하기 위해 사용할 프로세스에 대한 결정을 내리는 데 도움이 될 수 있다. 또한 연구자가 어느 학술지에 게재할 수 있겠는지에 대한 정보를 알 수 있으며, 논문의 작성, 검토, 출판 과정에서 연구자의 인식론적 접근 방식의 정당성에 대해 명확하게 소통할 수 있게 해준다.

게재하고자 하는 학술지의 질적 연구 논문을 읽어 보라

연구자는 자신의 신념이 무엇이든 간에 다른 가정과 신념을 가진 독자층 또는 편집자가 있는 학술지에 게재하기를 원할 수 있다. 일부 학술지는 질적 연구를 출판하는 데 익숙하고 이러한 접근 방식의 논리에 부합하는 기준을 가지고 있는 반면, 다른 학술지는 질적 방법에 대해 잘 알고 있는 편집진이나 관행이 없을 수도 있다(편집자가 변경될 수 있다는 점을 고려하여, 논문을 제출할 편집자의 편집 정책과 발간된 논문들을 살펴보는 것이 좋음). 그들은 질적 연구를 검토하는 방법을 모르거나 양적 연구 전통에 근거한 잘못된 보고 스타일을 사용할 수 있다. 나는 논문을 제출할 때 학술지의 보고 관행을 숙지하는 것이 도움이 된다는 것을 알게 되었다. 이러한 인식을 갖는 데 도움이 되는 방법에는 여러 가지가 있다:

- 학술지의 관점을 수용하고 여러분의 독자(편집자, 심사자 및 소비자)의 인식론적 신념에 호소하기 위해 보고서 작성 스타일을 변경할 수 있다.
- 자신의 스타일을 유지하되 독자가 사용 중인 논리를 이해할 수 있도록 본문에 정당화 또는 설명을 추가할 수 있다. 자신의 보고 스타일을 합당한 것으로 제시하고 사용 중인 전통을 자세히 설명한 다른 사람의 글을 인용할 수 있다.
- 심사 과정을 심사자 또는 편집자에게 자신의 보고 스타일을 교육하는 기회로 활용할 수도 있다. 학술지의 과거 출간물에 대해 자세히 알면 편집자와 심사자의 질적 연구에 대한 수용도와 지식 수준을 알 수 있다. 이 장의 다음 절에서는 이러한 기준에 따라 취할 수 있는 조치에 대해 설명한다.

질적 연구에 익숙하지 않거나, 사용 중인 연구방법이나 전통에 익숙하지 않은 학술지에 투고하는 것이 항상 나쁜 생각은 아니다. 학술지가 질적 연구를 검토할 준비가 되어 있지 않은 경우 거절당할 수도 있지만(그래서 몇 달의 추가 지연이 연구자의 게재 목표에 어떤 영향을 미칠지를 판단해야 할 수도 있음), 때로는 위험을 감수할 가치가 있는 경우도 있다. 연구를 출판할 수 있는 새로운 출구가 열리고 연구가 새로운 독자에게 도달할 수도 있다. 학술지에서 이러한 방법을 교육받고 유능하게 검토할 수 있는 편집자나 심사자를 채용하도록 장려할 수도 있다. 또한 해당 분야의 동료들과 여러 가지 면에서 도움이 될 수 있는 방법에 대한 대화를 나눌 수 있다. 다음 섹션에서는 이러한 교류에 초점을 맞춘다.

학술지와 소통하기

질적 연구를 출간하는 것에 대해 학술지과 소통할 때,

- 편집자에게 보내는 논문 소개 글(cover letter)에 연구자의 연구 방법에 대한 정보를 포함하라.
- 편집자와 심사자에게 방법론적 접근에 대해 교육할 준비를 하라.
- 논문, 논문 소개글 및 수정 요청에 대한 답변에서 연구 작업의 방법론적 무결성에 대한 근거를 명확히 밝히라.

질적 방법의 설계 및 검토를 위한 심리학 분야 질적 연구학회(Society for Qualitative Inquiry in Psychology: SQIP)의 권고안(Levitt, Motulsky et al., 2017), 질적 학술지 논문의 보고 기준 가이드라인, APA 교육 웹사이트에 있는 동영상(APA, 2016), 그리고 질적 연구방법에 대한 엄청난 양의 저술이 등장하면서 학술지 편집자와 심사자는 원고를 검토하는 과정을 지원하는 풍부한 자원을 확보하게 되었다. 다음은 논문을 제출하거나 수정 요청에 응답할 때 고려할 수 있는 아이디어로, 출판 과정에 도움이 될 수 있다.

논문 소개 글(cover letter)에 방법에 대한 정보를 포함하라

특별히 질적 연구를 전문으로 하지 않는 학술지에 처음 연구를 제출하는 경우, 논문 소개글에 연구자가 사용한 연구방법과 전통(예: 비판적 연구, 구성주의적 질적 연구)을 명시하고 유사한 접근법을 사용하는 심사자에게 명시적으로 요청하는 메모를 포함하면 도움이 될 수 있다. 일반적으로 편집자는 연구에 사용된 방법과 콘텐츠 영역에 대한 전문성을 갖춘 심사자를 찾으므로, 이 문구를 통해 심사자가 투고자의 방법에 주목할 수 있다. 또한 노트에 질적 학술지 논문의 보고 기준 가이드라인을 준수했다는 점을 명시하여 자신의 연구가 인정된 전문적 기준 내에서 제시되고 있음을 확인할 수 있다. 또한 해당 학술지에 이미 게재한 연구를 인용하거나 해당 학술지에 지향하는 바를 담은 글(일반적으로 학술지 웹사이트에 있음)에 자신의 연구가 어떻게 부합하는지 설명하는 등 자신의 연구가 해당 학술지에 적합하다고 생각하는 이유를 명시할 수 있다. 많은 학술지에서는 저자가 심사위원을 추천하도록 요청하므로, 자신의 연구방법과 주제에 대한 전문성을 갖춘 심사위원을 선택하는 것이 도움이 될 수 있다. 학술지 프로세스에서 허용하는 경우, 저자가 제안하는 편집위원의 전문성에 대해, 학술지 편집위원장에게 전달하는 것이 도움이 된다.

편집자 및 심사자에게 여러분의 방법 및 접근 방식에 대해 전달하라

학술지 편집장이 모든 연구방법과 접근 방식에 대한 전문지식을 갖추기를 기대할 수는 없다. 이러한 불가능성 때문에 학술지에는 편집장의 전문 분야 외의 원고 검토를 지원하는 부편집장 또는 자문 편집자가 있는 경우가 많다. 나는 편집장으로 활동하면서 내가 관리하는 심사를 통해 연구방법에 대해 배우게 된다. 심사자와 저자 모두 논문을 더 공정하게 평가할 수 있는 정보를 공유해 주었고, 양쪽 모두로부터 배울 수 있어 감사하게 생각한다. 저자로서 나는 심사 과정에 대한 내 관점을 심사자와 편집장에게 전달함으로써 이 분야를 발전시킬 수 있는 기회로 여기는 것이 도움이 된다는 것을 알게 되었다. 내가 심사자와 편집장에게 질적 방법에 대해 교육할 수 있다면 내 글 한 편을 넘어선 영향력을 행사하는 셈이 되기도 한다. 최근까지 나는 이 과정을 통해 내가 질적 연구를 가장 잘 옹호할 수 있다고 느꼈다. 또한 검토 과정이 대화와 상호 학습의 과정으로 재구성된다는 점에서 큰 힘이 될 수 있다.

학술지와 소통할 때 방법론적 무결성의 기초를 명확히 밝히라

논문 소개글과 논문 자체에 방법론적 무결성 측면에서 논문의 강점을 명시할 수 있다. 논문을 엄격한 방법을 사용한 분석으로 제시하면 질적 분석에 익숙하지 않은 편집장에게 도움이 될 수 있다. 또한 연구자의 논문의 강점을 주장하기 위해 방법론적 무결성의 프레임워크를 사용할 수 있다. 사실 SQIP 권고안(Levitt, Motulsky et al., 2017)에는 심사 과정을 조율할 때 저자와 심사자에게 실마리를 제공하기 위해 의도적으로 작성된 원칙이 포함되어 있다. 이러한 실마리 중 다수는 덜 전통적이거나 개별 연구의 특성에 맞게 조정된 심사 절차 내에서 올바른 방법론적 선택을 정당화하는 데 도움이 되는 논거로 활용될 수 있다. 이 권고사항은 나와 다른 SQIP TF 구성원들이 우리가 마주쳤던 일반적인 문제적 심사 의견에 반박하기 위해 사용했던 많은 논거 제공이 가능하게 해 주었다.

질적 연구의 보고 기준에 대한 앞으로의 방향

질적 연구를 위한 보고 기준이 통합되면서 우리 학문 분야에 새로운 시대가 열렸다. 질적 학술지 논문의 보고 기준은 질적 연구를 학술지에 투고하려는 연구자뿐만 아니라 이러한 투고원고를 평가하는 편집자 및 심사자에게도 가이드라인을 제공한다. 이는 방법론적 정교함뿐만 아니라 심리학 연구방법과 인식론에 대한 다원적 접근을 포용하기 위한 중요한 단계이다.

방법론적 무결성을 높이기 위한 혁신 및 맞춤형 지원을 위한 유연한 보고 기준

질적 학술지 논문의 보고 기준 가이드라인은 다양한 연구방법과 탐구 전통을 사용하는 글쓰기를 지원할 수 있는 유연한 구조를 제공하기 위해 의도적으로 개발되었다. 글쓰기 스타일의 개방성은 연구자가 은유를 탐구하고 한계에 도전하는 표현 방식을 찾을 수 있게 해 준다(Richardson, 1994). 질적 학술지 논문의 보고 기준은 엄격한 섹션 형식을 규정하기보다는 질적 보고 전반에 걸쳐 명료성을 강화하는 공통된 특징을 고려함으로써 유연성을 허용한다. 공통 프로세스에 기반한 기준은 다음과 같이 여러 장점이 있다:

- 급성장하는 예술 연구 전통과 같은 새로운 방법의 혁신을 가로막을 수도 있는 특정한 질적 방법의 독점화를 방지한다(Bhattacharya & Payne, 2016; M. M. Gergen & Gergen, 2012).
- 이를 통해 연구자는 탐구하고자 하는 특정 연구 질문과 개별 연구의 특성에 맞게 정해진 방법과 탐구전통을 맞춤화할 수 있게 된다.
- 탐구 중인 전통과 쟁점을 고려하지 않은 채 고정된 체크리스트를 제시하는 것이 아니라, 질적 연구 보고 방식에 내재된 논리를 이해하도록

장려한다.

- 연구설계를 맞춤화하면 방법론적 무결성이 극대화되는 반면, 특정 설계를 식별하는 보다 엄격한 접근 방식은 제약을 받을 수 있다.

질적 학술지 논문의 보고 기준 작업 그룹의 긍정적인 측면은 우리가 다른 사람들의 관점과 생각을 중요시하고 현장에 도움이 되는 기준을 만드는 데 관심을 가지고 함께 모였다는 점이다. 향후 보고 기준의 반복 작업을 통해 우리가 수행한 작업이 계속 개선될 것으로 기대하지만, 기준이 계속 만들어지고 발전하기를 바란다. 우리는 우리 분야에 존재하는 방법론적 관점과 전통의 다양성에 대한 개방성을 유지하도록 우리들 스스로 상기하며, 우리 자신의 관점에 특권을 부여하지 않으려 애써왔다. 시간이 지남에 따라 우리의 작업에 미흡한 점이 있다면 보완되기를 바라며, 다양한 전통에 대한 전문성을 갖춘 사람들의 참여를 통해 방법론적, 인식론적 다양성 모두에 강한 관심을 가지길 장려한다.

앞으로 질적 심리학 연구 분야의 향후 발전을 위해서는 방법론과 인식론 측면에서 다양성과 다원성을 지키기 위해 노력해야 한다. 우리가 복합적인 사상가가 되려면 자신의 이론뿐만 아니라 경쟁이론도 이해하는 것이 도움이 된다고 생각한다. 다른 관점에 대해 배우면 우리 자신의 한계와 장점을 더 잘 볼 수 있을 뿐 아니라 다른 사람의 관점도 이해할 수 있다. 우리는 접근 방식 간의 상호 보완성을 추구하고 차이점이 존재하는 이유와 그 기능을 이해함으로써 배울 수 있다(나에게 이러한 실천은 연구 접근 방식을 넘어 연구 분야, 심리치료의 방향, 문화, 정체성 등 우리 삶의 여러 측면에 대한 투자로까지 확장된다). 질적 방법의 보고를 발전시키기 위해서는 학생들에게 다양성을 소중히 여기고 다양한 관점을 깊이 있게 이해할 수 있도록 지속적으로 교육해야 한다. 즉, 교육과정, 모델링, 멘토, 연구 실습 기회 등 익숙하지 않은 다른 사고방식을 접할 수 있는 구조적 지원을 마련해야 한다.

수용성의 변화

보고 스타일을 결정할 때, 심리학계에서 질적 연구에 대한 수용성이 개선되고 있다는 점을 염두에 두면 도움이 될 수 있다. 수행 중인 연구의 무결성을 높이기 위해 혼합 방법 연구를 요구하는 지원 기관이 점점 더 많아지고 있다(예: Creswell, Klassen, Clark, & Smith, 2011). 최근의 한 질적 연구에 의하면, 선도적인 양적 그리고 질적 연구자들은 과학적 방법의 목표인 순진한 객관성에 회의적인 것으로 나타났다. 대신 이들은 과학의 목표를 여러 연구자 및 방법론에 걸친 연구 결과의 융합으로 보는 경향이 있었다(Levitt, Surace 등, 2018). 이러한 관점에서 볼 때, 과학은 질적 연구자와 양적 연구자가 서로 동의할 수 있는 지식을 개발하기 위해 함께 노력할 때 가장 강화된다.

그러나 선도적인 방법론자들이 가지고 있는 의견과 입문 수준의 교육에서 공유되는 정보 유형 사이에는 차이가 있는 것으로 보인다. Eagly와 Riger(2014)가 10권의 인기 있는 심리학 방법론 교재를 검토한 결과, 인식론에 대한 논의는 단 한 번, 그리고 인식론에 대한 언급은 단 한 번만 있었다. 이들은 학생들이 보다 현실적인 과학 교육을 통해 심리학 연구를 시작할 수 있도록 입문 수준에서 질적 방법과 인식론적 문제에 대해 보다 심도 있게 논의할 것을 촉구하였다. 학부 및 대학원의 연구 수업에서 질적 방법에 대한 더 많은 관심이 필요하다.

질적 연구에 대한 교육

전문적 수준에서 질적 연구에 대한 수요가 증가함에 따라 대학원 교육에서의 질적 방법에 대한 훈련도 증가하고 있다(Ponteroto, 2005a). 질적 연구를 평가할 수 있는 전문성을 갖춘 학술지도 확대되고 있다. 연구자들은 보고 기준에 대한 학습 외에도 다음과 같은 내용을 더 많이 배울 것을 권장한다. 즉 질적 연구 수행 과정에 착수할 때 사용할 방법과 절차에 대해 고민하고 수퍼비전을 구해야 한다. 심리학자들이 통계학 수업을 듣고 초기에 양적 분석에 대한 지원을 받기 위해 수퍼비전을 받는 것처럼, 질적 연구자의 발전을 위해서도 비슷한 과정이 필요하다. 양적 연구의 심사자가 이러한 요건을 충족하고 스스로 양적 연구를 수행한 경력이 있어야 하는 것처럼, 학술지 심사위원과 편집자는 질적 연구를 위해 적절한 수준의 전문성을 갖추어야 한다. 많은 편집자와 심사위원이 대학원 교육에서 질적 연구방법론을 배우기 전에 방법론 교육을 받았기 때문에, 심리학에서 질적 연구방법을 수용하는 과정이 점진적으로 이루어진 면이 있다. 그러나 질적 방법에 대한 교육이 증가하고 방법론 교육의 일부로 자리잡으면서 질적 및 혼합 방법 연구에 대한 전문성을 갖춘 심사자의 수가 계속 증가하고 있다(교육에 대한 권고는 Rubin, Bell, & McCleland, 2017를 참조).

또한 질적 학술지 논문의 보고 기준 가이드라인은 학술지가 질적 방법 보고에 정통하게 되고 질적 보고에 익숙해지도록 조력하기 때문에 이미 진전 중인 이 과정은 더욱 속도를 낼 것이다. 중요한 변화는 이 기준이 의도적으로 다양한 인식론적 접근법을 위한 공간을 마련하여 다양한 탐구 전통의 수용, 글 표현의 수사적 유연성, 질적 전통의 지속적인 발전을 장려한다는 점이다. 방법에 대한 다원적 접근이 확대됨에 따라 연구 노력과 과학에 대한 우리의 비전에 가져올 수 있는 다양한 도구와 관점에 대한 가치도 높아질 것이다.

부록

본문에 예시된 15개 소논문들의 초록

lth Psychology
5, Vol. 34, No. 4, 314–327

0278-6133/15/$12.00 http://dx.doi.org/10.1037/hea0000216

Responsible Men, Blameworthy Women: Black Heterosexual Men's Discursive Constructionsof Safer Sex and Masculinity

Lisa Bowleg, AndreaL. Heckert, Tia L. Brown, and Jenné S. Massie
The George Washington University

Objective: Although Black heterosexual men (BHM) in the United States rank among those most affected by HIV, research about how safer sex messages shape their safer sex behaviors is rare, highlighting the need for innovative qualitative methodologies such as critical discursive psychology (CDP). This CDP study examined how (a) BHM construct safer sex and masculinity; (b) BHM positioned themselves in relation to conventional masculinity; and (c) discursive context (individual interview vs. focus group) shaped talk about safer sex and masculinity. ***Method:*** Data included individual interviews (n = 30) and 4 focus groups (n = 26) conducted with 56 self-identified Black/African American heterosexual men, ages 18 to 44. ***Results:*** Analyses highlighted 5 main constructions: (a) condoms as signifiers of "safe" women; (b) blaming women for STI/responsibility for safer sex; (c) relationship/trust/knowledge; (d) condom mandates; and (e) public health safer sex. Discourses positioned BHM in terms of conventional masculinity when talk denied men's agency for safer sex and/or contraception, or positioned women as deceitful, or apathetic about sexual risk and/or pregnancy. Notably, discourses also spotlighted alternative masculinities relevant to taking responsibility for safer sex or sexual exclusivity. Discursive context, namely the homosocial nature of focus group discussions, shaped how participants conversed about safer sex, and masculinity but not the content of that talk. ***Conclusion:*** In denying BHM's responsibility for safer sex, BHM's discourses about safer sex and masculinity often mirror public health messages, underscoring a critical need to sync these discourses to reduce sexual risk, and develop gender-transformative safer sex interventions for BHM.

Keywords: critical discursive psychology, safer sex, masculinity, Black men, homosociality

Journal of Counseling Psychology
2017, Vol. 64, No. 2, 192–205

0022-0167/17/$12.00 http://dx.doi.org/10.1037/cou000C

The Complexities of Power in Feminist Multicultural Psychotherapy Supervision

Alexis V. Arczynski
University of Oklahoma

Susan L. Morrow
University of Utah

The goal of the present study was to understand how current feminist multicultural supervisors understand and implement their feminist multicultural principles into clinical supervision. We addressed this aim by answering the following research question: How do self-identified feminist multicultural psychotherapy supervisors conceptualize and practice feminist supervision that is explicitly multicultural? The perspectives of 14 participant supervisors were obtained by using semistructured initial interviews, follow-up interviews, and feedback interviews and were investigated via a feminist constructivist grounded theory design and analysis. Most participants identified as counseling psychologists (n = 12), women (n = 11) and temporarily able-bodied (n = 11); but they identified with diverse racial/ethnic, sexual, spiritual/religious, generational, and nationality statuses. A 7-category empirical framework emerged that explained how the participants anticipated and managed power in supervision. The core category, the complexities of power in supervision, explained how participants conceptualized power in supervisory relationships. The 6 remaining categories were bringing history into the supervision room, creating trust through openness and honesty, using a collaborative process, meeting shifting developmental (a)symmetries, cultivating critical reflexivity, and looking at and counterbalancing the impact of context. Limitations of the study, implications for research, and suggestions to use the theoretical framework to transform supervisory practice and training are discussed.

Public Significance Statement

The results of the present study revealed that the strategies employed by self-identified feminist multicultural supervisors were used to anticipate and manage power within and external to the supervisory triad. The strategies, use of historical and social contexts, reflexivity, and developmental attunement, were used via transparency and collaboration, were subsumed under the mantle of power and served to reconfigure good supervision practices.

Keywords: psychotherapy supervision, multiculturalism, feminism, counseling psychology, qualitative research

hotherapy
, Vol.53, No. 1, 78–89

0033-3204/16/$12.00 http://dx.doi.org/10.1037/pst0000040

The Journey of an Integrationist: A Grounded Theory Analysis

Tomas Rihacek and Ester Danelova
Masaryk University

Surveys among psychotherapists tend to show a high preference for integrationism/eclecticism. There is, however, a lack of empirical studies exploring the process by which these psychotherapists arrive at this orientation. To answer this question, 22 autobiographies published by integrative psychotherapists were analyzed using grounded theory analytic procedures. The analysis resulted in a 3-stage developmental model, consisting of (a) the Adherence Phase, (b) the Destabilization Phase, and (c) the Consolidation Phase. The results are discussed in relation to several speculative models of psychotherapist development toward integration, as well as empirical literature on psychotherapist development. The results suggest that the tendency toward integration is best regarded as a natural part of the process of psychotherapist development.

Keywords: psychotherapy integration, psychotherapist development, personal psychotherapeutic approach, grounded theory

Journal of Family Psychology
2011, Vol. 25, No. 1, 1–10

0893-3200/11/$12.00 http://dx.doi.org/10.1037/a002

Stigma and Intimacy in Same-Sex Relationships: A Narrative Approach

David M. Frost
San Francisco State University

Lesbian, gay, and bisexual individuals in romantic relationships experience stigma, prejudice, and discrimination stemming from widespread social devaluation of same-sex relationships. Research on same-sex couples has demonstrated a negative association between experiences of stigma and relationship quality. However, critical questions remain unanswered regarding how experiences of stigma become more or less meaningful within the context of same-sex relationships. This paper presents a study of the stories that a purposive sample of 99 individuals in same-sex relationships wrote about their relational high points, low points, decisions, and goals, as well as their experiences of stigma directly related to their relationships. Narrative analysis of these stories revealed that participants utilized several psychological strategies for making meaning of their experiences of stigma within the context of their relationships. Some participants framed stigma as having a negative impact on their relationships, while others framed stigma as relevant, but external to their lives. Some participants saw stigma as providing an opportunity to (re)define notions of commitment and relational legitimacy. Additionally, many participants framed stigma as bringing them closer to their partners and strengthening the bond within their relationships. The results of this study illuminate the psychological strategies individuals in same-sex couples use to make meaning of, cope with, and overcome societal devaluation thereby furthering understandings of the association between stigma and intimacy within marginalized relationships.

Keywords: relationships, narrative, stigma, minority stress, intimacy

th Psychology
, Vol. 34, No.4,407–416

0278-6133/15/$12.00 http://dx.doi.org/10.1037/hea0000151

Chronotope Disruption as a Sensitizing Concept for Understanding Chronic Illness Narratives

Tim Gomersall
University of Sheffield

Anna Madill
Universityof Leeds

Objectives: This article aims to elaborate chronotope disruption —a changed relation to time and space— as a sensitizing concept for understanding chronic illness narratives. ***Method:*** Sixteen men and 16 women with Type 2 diabetes were purposefully sampled. Each was interviewed about his or her experience of diabetes self-management using the biographical-narrative interview method. Transcripts were inspected for key moments defined as emotionally laden stories relevant to the purpose of the research. We present dialogically inflected discursive analysis of exemplar extracts. ***Results:*** The analysis demonstrates how the concept of chronotope disruption helps identify, and understand, important aspects of patients' chronic illness narratives. First, we investigate how medical advice can conflict with embodied experience and how progressive bodily deterioration can provoke a reevaluation of past illness (self-mis)management. Second, the increasing temporal and spatial intrusion of chronic illness into participants' lives is examined. Finally, we focus on the masquerade of health as an attempt to manage, hide, or deny that one is physically challenged. ***Conclusions:*** Chronotope disruption offers a useful sensitizing concept for approaching chronic illness narratives and around which to organize analytical insights and to develop practice. Chronotope analysis fills an important gap in the science through compensating current health sciences' focus on rationality, cognition, and *prospective* time (prediction) with a patient-oriented focus on emotionality, embodiment, and *retrospective* time (nostalgia). Chronotope disruption could be used to develop practice by gaining empathic understanding of patients' life-worlds and provides a tool to examine how new technologies change the way in which the chronically ill have "being" in the world.

Keywords: diabetes, self-management, illness narratives, qualitative methods, chronotope

Journal of Consultingand Clinical Psychology
2007, Vol. 75, No. 6, 875–887

0022-006X/07/$12.00 http://dx.doi.org/10.1037/0022-006X.75.

Emotional Processing in Experiential Therapy: Why "the Only Way Out Is Through"

Antonio Pascual-Leone
University of Windsor

Leslie S. Greenberg
York University

The purpose of this study was to examine observable moment-by-moment steps in emotional processing as they occurred within productive sessions of experiential therapy. Global distress was identified as an unprocessed emotion with high arousal and low meaningfulness. The investigation consisted of 2 studies as part of a task analysis that examined clients processing distress in live video-recorded therapy sessions. Clients in both studies were adults in experiential therapy for depression and ongoing interpersonal problems. Study 1 was the discovery-oriented phase of task analysis, which intensively examined 6 examples of global distress. The qualitative findings produced a model showing: global distress, fear, shame, and aggressive anger as undifferentiated and insufficiently processed emotions; the articulation of needs and negative self-evaluations as a pivotal step in change; and assertive anger, self-soothing, hurt, and grief as states of advanced processing. Study 2 tested the model using a sample of 34 clients in global distress. A multivariate analysis of variance showed that the model of emotional processing predicted positive in-session effects, and bootstrapping analyses were used to demonstrate that distinct emotions emerged moment by moment in predicted sequential patterns.

Keywords: emotional processing, emotion-focused therapy, distress, task analysis, change mechanisms

nal of Counseling Psychology
, Vol. 58, No. 2, 210–221

0022-0167/11/$12.00 http://dx.doi.org/10.1037/a0022251

Sexual Orientation Microaggressions: The Experience of Lesbian, Gay, Bisexual, and Queer Clients in Psychotherapy

Kimber Shelton and Edward A. Delgado-Romero
University of Georgia

Psychological research has shown the detrimental effects that overt heterosexism have on lesbian, gay, bisexual, and queer (LGBQ) clients and on the psychotherapeutic relationship. However, the effects of subtle forms of discrimination, specifically sexual orientation microaggressions, have on LGBQ clients and the therapeutic relationship have not been addressed. This study used qualitative methodology to explore the phenomenon of sexual orientation microaggressions with 16 self-identified LGBQ psychotherapy clients. Results of this study support the existence of sexual orientation microaggressions within the therapeutic environment and provide a descriptive account of 7 sexual orientation microaggression themes, channels of microaggression communication, and the impact microaggressions have on therapy and clients.

Keywords: sexual orientation microaggressions; psychotherapy with lesbian, gay, bisexual, and queer clients; covert heterosexism

Health Psychology
2017, Vol.36, No. 2, 143–151

0278-6133/17/$12.00 http://dx.doi.org/10.1037/hea000

The Psychological Challenges of Living With an Ileostomy: An Interpretative Phenomenological Analysis

Jonathan A. Smith
Birkbeck, Universityof London

Johanna Spiers
University of Hull

Phillip Simpson
York Teaching Hospital, York, United Kingdom

Adam R. Nicholls
University of Hull

Objectives: Ileostomy, in which the small intestine is redirected out of an abdominal wall so that waste is collected using a bag, is used to treat conditions including inflammatory bowel disease and colorectal cancer. This article reports an in-depth idiographic analysis of the experience of living with an ileostomy. ***Method:*** Twenty-one participants took part in semistructured interviews about their lives and relationships. Those interviews were transcribed verbatim and analyzed using the experiential qualitative methodology interpretative phenomenological analysis. ***Results:*** Two superordinate themes arose from the data: ileostomy's intrapersonal impact and the impact of ileostomy on relationships with others. The authors found that ileostomy may destabilize the sense of self, disrupt body image, and alter experience of age and sexuality. Other participants were able to use their illness to positively reframe the self. Disclosure of ileostomy status was difficult for some. Intimate and friend relationships were often challenged by stoma status, whereas other family relationships were largely characterized as supportive. ***Conclusions:*** Ileostomy may impact upon both intra- and interpersonal aspects of the lives of those who live with it, in both negative and positive ways. Consequently, the sense of self can appear challenged, and relationships with partners, family members and friendships could be causes of distress. On the other hand, some partners were supportive, and children were found to be sources of comfort.

Keywords: ileostomy, phenomenology, qualitative, relationships, self

Supplemental materials: http://dx.doi.org/10.1037/hea0000427.supp

bilitation Psychology
, Vol. 59, No. 4, 386–398

0090-5550/14/$12.00 http://dx.doi.org/10.1037/rep0000011

Work-Related Social Skills: Definitions and Interventionsin Public Vocational Rehabilitation

Brian N. Phillips and AshleyA. Kaseroff
University of Wisconsin-Madison

Allison R. Fleming
Universityof Kentucky

Garrett E. Huck
University of Wisconsin-Madison

Objective: Social skills play an important role in employment. This study provides a qualitative analysis of salient work-related social skills and interventions for addressing social skills in public vocational rehabilitation (VR). ***Research Design:*** A modified consensual qualitative research (CQR) approach was taken to understand the elements and influence of work related social skills in public VR. Thirty-five counselors, supervisors, and administrators participated in semistructured interviews to provide their perspectives of work-related social skills and the interventions they use for addressing these skills. ***Results:*** Multiple aspects of work-related social skills were described as being important for VR consumer success. The most common work-related social skills across all participants were nonverbal communication and the ability to connect with others. Primary social interventions included informal social skills training (SST), systems collaboration, and creating an appropriate job match. ***Conclusions:*** Public rehabilitation agency staff, constantly faced with addressing work-related social skills, possess many insights about salient skills and interventions that can benefit future research and practice. Agencies currently address social skills deficits by providing interventions to both person and environment. The research provides directions for future research related to identification of social skills and interventions to address related deficits.

Keywords: social skills, social skills training, vocational rehabilitation, rehabilitation counseling

Professional Psychology: Research and Practice
2006, Vol. 37, No. 4, 359–366

0735-7028/06/$12.00 http://dx.doi.org/10.1037/0735-7028.37.

Listening to Parents' Voices: Participatory Action Research in the Schools

Christine J. Ditrano
Rockland County Board of Cooperative Educational Services

Louise Bordeaux Silverstein
Yeshiva University

How can schools and parents work together more effectively? This article describes a participatory action research (PAR) project with a group of parents whose children had been classified as having emotional disabilities. As the parents shared their stories of trying to navigate the special education system, they developed critical consciousness about their experiences of stress, powerlessness, and alienation. They became mobilized and obtained information about testing, diagnostic classification, and educational options for their children. Armed with this information, they developed and implemented an action plan to improve family–school relationships at the local, community, and state levels. The article concludes with an example of how the PAR model can be exported to a variety of mental health settings.

Keywords: qualitative research, participatory action research, family–school collaboration

hological Bulletin
, Vol.142, No. 8, 801–830

0033-2909/16/$12.00 http://dx.doi.org/10.1037/bul0000057

A Qualitative Meta-Analysis Examining Clients' Experiences of Psychotherapy: A New Agenda

Heidi M. Levitt
University of Massachusetts Boston

Andrew Pomerville
University of Michigan

Francisco I. Surace
University of Massachusetts Boston

This article argues that psychotherapy practitioners and researchers should be informed by the substantive body of qualitative evidence that has been gathered to represent clients' own experiences of therapy. The current meta-analysis examined qualitative research studies analyzing clients' experiences within adult individual psychotherapy that appeared in English-language journals. This omnibus review integrates research from across psychotherapy approaches and qualitative methods, focusing on the cross-cutting question of how clients experience therapy. It utilized an innovative method in which 67 studies were subjected to a grounded theory meta-analysis in order to develop a hierarchy of data and then 42 additional studies were added into this hierarchy using a content meta-analytic method—summing to 109 studies in total. Findings highlight the critical psychotherapy experiences for clients, based upon robust findings across these research studies. Process-focused principles for practice are generated that can enrich therapists' understanding of their clients in key clinical decision-making moments. Based upon these findings, an agenda is suggested in which research is directed toward heightening therapists' understanding of clients and recognizing them as agents of change within sessions, supporting the client as self-healer paradigm. This research aims to improve therapists' sensitivity to clients' experiences and thus can expand therapists' attunement and intentionality in shaping interventions in accordance with whichever theoretical orientation is in use. The article advocates for the full integration of the qualitative literature in psychotherapy research in which variables are conceptualized in reference to an understanding of clients' experiences in sessions.

Keywords: psychotherapy, qualitative study, psychotherapy clients, metasynthesis, meta-analysis

Health Psychology
2015, Vol. 34, No. 4, 381–397

0278-6133/15/$12.00 http://dx.doi.org/10.1037/hea000

Reducing Youth Screen Time: Qualitative Metasynthesis of Findings on Barriers and Facilitators

Karl E. Minges
Yale University

Neville Owen
Baker IDI Heart and Diabetes Institute, Melbourne, Australia and Universityof Melbourne

Jo Salmon
Deakin University

Ariana Chao
Yale University

David W. Dunstan
Baker IDI Heart and Diabetes Institute, Melbourne, Australia, and Monash University

Robin Whittemore
Yale University

Objective: An integrated perspective on the relevant qualitative findings on the experience of screen time in youth can inform the development of hypotheses to be tested in future research and can guide the development of interventions to decrease sedentary behavior. The purpose of this qualitative metasynthesis was to explore parent, youth, and educational professionals' perceptions of barriers to, and facilitators of, reducing youth screen time. ***Method:*** Qualitative metasynthesis techniques were used to analyze and synthesize 15 qualitative studies of screen time among youth (11–18 years) meeting inclusion criteria. The phrases, quotes, and/or author interpretations (i.e., theme or subtheme) were recorded in a data display matrix to facilitate article comparisons. Codes were collapsed into 23 categories of similar conceptual meaning and 3 overarching themes were derived using thematic analysis procedures. ***Results:*** Study sample sizes ranged from 6 to 270 participants from 6 countries. Data collection methods included focus groups ($n = 6$), interviews ($n = 4$), focus groups and interviews ($n = 4$), and naturalistic observation ($n = 1$) with youth and/or parents. Data analysis techniques included thematic analysis ($n = 9$), content analysis ($n = 3$), grounded theory ($n = 1$), observation ($n = 1$), and interpretive phenomenological analysis ($n = 1$). Three thematic categories were identified: (a) youth's norms—screen time is an integral part of daily life, and facilitates opportunities for entertainment, social interaction, and escapism; (b) family dynamics and parental roles—parents are conflicted and send mixed messages about the appropriate uses and amounts of screen time; and, (c) resources and environment—engagement in screen time is dependent on school, community, neighborhood, and home environmental contexts. ***Conclusions:*** Screen time is an established norm in many youth cultures, presenting barriers to behavior change. Parents recognize the importance of reducing youth screen time, but model and promote engagement themselves. For youth and parents, mutually agreed rules, limits, and parental monitoring of screen time were perceived as likely to be effective.

Keywords: television time, sedentary behavior, youth, qualitative, review

nal of Counseling Psychology
, Vol. 56, No. 4, 521–536

0022-0167/09/$12.00 http://dx.doi.org/10.1037/a0016905

Making Cross-Racial Therapy Work: A Phenomenological Study of Clients' Experiences of Cross-Racial Therapy

Doris F. Chang and Alexandra Berk
New School for Social Research

A phenomenological and consensual qualitative study of clients' lived experiences of cross-racial therapy was conducted to enhance the understanding of whether, how, and under what conditions race matters in the therapy relationship. The sample consisted of 16 racial and/or ethnic minority clients who received treatment from 16 White, European American therapists across a range of treatment settings. Participants who reported a satisfying experience of cross-racial therapy ($n = 8$) were examined in relation to gender-matched controls and, in most cases, race/ethnicity-matched controls ($n = 8$) who reported an overall unsatisfying experience. Therapy satisfaction was assessed during the screening process and was confirmed during the research interview. Therapy narratives were analyzed with consensual qualitative research to identify client, therapist, and relational factors that distinguished satisfied participants from unsatisfied participants. Findings reveal substantial differences at the level of individual characteristics and relational processes, providing evidence of both universal (etic) as well as culture- or context-specific (emic) aspects of healing relationships. Recommendations for facilitating positive alliance formation in cross-racial therapy are provided, based on clients' descriptions of facilitative conditions in the therapy relationship.

Keywords: racial/ethnic matching, psychotherapy, therapeutic alliance, phenomenology

Rehabilitation Psychology
2013, Vol. 58, No. 4, 377–385

0090-5550/13/$12.00 http://dx.doi.org/10.1037/a003

Accessing Crisis Intervention Services After Brain Injury: A Mixed Methods Study

Cara Meixner and CynthiaR. O'Donoghue
James Madison University

Michelle Witt
Crossroads to BrainInjury Recovery, Inc., Harrisonburg, Virginia

Purpose: To understand empirically the perceived barriers to accessing crisis intervention services for individuals with acquired brain injury. ***Method:*** This action research design encompassed 2 phases of mixed methods data collection and analysis. Phase 1 consisted of the electronic distribution of a survey comprised primarily of quantitative items, launched to a nonrandom sample of 226 providers with a response rate of 49% ($n = 110$). Phase 2 entailed 7 focus group interviews with 25 participants, designed to add explanatory power to Phase 1 results. ***Results:*** Quantitative results revealed an array of major barriers significant to persons with brain injury, such as funding for services, coexisting diagnoses, and limited self-advocacy. Organizationally specific barriers included funding for services, limited training and education, and systems resources (e.g., personnel). Adding depth and insight, qualitative findings triangulated with these results, also highlighting the prevalence of the funding barrier and pointing to additional barriers relative to the individual, the family, and external stigma. ***Conclusions:*** The need for convenient, cost-effective, and applicable training and education is paramount. Opportunities for interagency cross training and education, particularly around risk assessment, psychosocial adjustment symptoms, and the biomechanical causes of psychiatric symptoms may alleviate perceived disconnections, improve provider confidence, and mitigate crises. Developing interprofessional teams of providers to maximize access to services, either face-to-face or virtual, is integral. These perspectives highlight opportunities to improve access to services and to strengthen relationships across providers and agencies.

Keywords: brain injury, access, barriers, crisis, mixed methods

velopmental Psychology
0, Vol. 46, No. 3, 602–618

0012-1649/10/$12.00 http://dx.doi.org/10.1037/a0018201

Academic Trajectories of Newcomer Immigrant Youth

Carola Suárez-Orozco
New York University and Institutefor Advanced Study,
Princeton, New Jersey

Francisco X. Gaytán
Northeastern Illinois University

Hee Jin Bang
William T. Grant Foundation, New York,New York

Juliana Pakes
Harvard University

Erin O'Connor
New York University

Jean Rhodes
University of Massachusetts, Boston

Immigration to the United States presents both challenges and opportunities that affect students' academic achievement. Using a 5-year longitudinal, mixed methods approach, we identified varying academic trajectories of newcomer immigrant students from Central America, China, the Dominican Republic, Haiti, and Mexico. Latent class growth curve analysis revealed that although some newcomer students performed at high or improving levels over time, others showed diminishing performance. Multinomial logistic regressions identified significant group differences in academic trajectories, particularly between the high-achieving youth and the other groups. In keeping with ecological–developmental and stage–environment fit theories, School Characteristics (school segregation rate, school poverty rate, and student perceptions of school violence), Family Characteristics (maternal education, parental employment, and household structure), and Individual Characteristics (academic English proficiency, academic engagement, psychological symptoms, gender, and 2 age-related risk factors, number of school transitions and being overaged for grade placement) were associated with different trajectories of academic performance. A series of case studies triangulate many of the quantitative findings as well as illuminate patterns that were not detected in the quantitative data. Thus, the mixed methods approach sheds light on the cumulative developmental challenges that immigrant students face as they adjust to their new educational settings.

Keywords: immigrants, adolescence, academic trajectories, mixed methods

Supplemental materials: http://dx.doi.org/10.1037/a0018201.supp

참고문헌

American Psychological Association. (2020). *Publication manual of the American Psychological Association* (7th ed.). https://doi.org/10.1037/0000165-000

American Psychological Association. (Producer). (2016). *How to review qualitative research* [Video]. http://www.apa.org/pubs/journals/resources/review-manuscriptce-video.aspx

Angus, L. E., & McLeod, J. (2004). *The handbook of narrative and psychotherapy: Practice, theory, and research*. Sage. https://doi.org/10.4135/9781412973496

Appelbaum, M., Cooper, H., Kline, R. B., Mayo-Wilson, E., Nezu, A. M., & Rao, S. M. (2018). Journal article reporting standards for quantitative research in psychology: The APA Publications and Communications Board Task Force report. *American Psychologist*, *73*(1), 3–25. https://doi.org/10.1037/amp0000191

Arczynski, A. V., & Morrow, S. L. (2017). The complexities of power in feminist multicultural psychotherapy supervision. *Journal of Counseling Psychology*, *64*(2), 192–205. https://doi.org/10.1037/cou0000179

Bamberg, M. (2012). Narrative analysis. In H. Cooper, P. M. Camic, D. L. Long, A. T. Panter, D. Rindskopf, & K. Sher (Eds.), *APA handbook of research methods in psychology* (Vol. 2, pp. 85–102). American Psychological Association.

Bamberg, M., & Georgakopoulou, A. (2008). Small stories as a new perspective in narrative and identity analysis. *Text & Talk*, *28*(3), 377–396. https://doi.org/10.1515/TEXT.2008.018

Bhattacharya, K., & Payne, R. (2016). Mixing mediums, mixing selves: Artsbased contemplative approaches to border crossings. *International Journal of Qualitative Studies in Education*, *29*(9), 1100–1117. https://doi.org/10.1080/09518398.2016.1201163

Bowleg, L., Heckert, A. L., Brown, T. L., & Massie, J. S. (2015). Responsible men, blameworthy women: Black heterosexual men's discursive constructions of safer sex and masculinity. *Health Psychology*, *34*(4), 314–327. https://doi.org/10.1037/hea0000216

Braun, V., & Clarke, V. (2006). Using thematic analysis in psychology. *Qualitative Research in Psychology*, *3*(2), 77–101. https://doi.org/10.1191/1478088706qp063oa

Bruner, J. S. (1990). *Acts of meaning*. Harvard University Press.

Bryant, A., & Charmaz, K. (Eds.). (2010). *The Sage handbook of grounded theory*. Sage.

Castro, F. G., & Coe, K. (2007). Traditions and alcohol use: A mixed-methods analysis. *Cultural Diversity & Ethnic Minority Psychology*, *13*(4), 269–284. https://doi.org/10.1037/1099-9809.13.4.269

Chang, D. F., & Berk, A. (2009). Making cross-racial therapy work: A phenomenological study of clients'experiences of cross-racial therapy. *Journal of Counseling Psychology*, *56*(4), 521–536. https://doi.org/10.1037/a0016905

Chang, D. F., & Yoon, P. (2011). Ethnic minority clients'perceptions of the significance of race in cross-racial therapy relationships. *Psychotherapy Research*, *21*(5), 567–582. https://doi.org/10.1080/10503307.2011.592549

Charmaz, K. (2014). *Constructing grounded theory* (2nd ed.). Sage.

Churchill, S. D. (2018). Explorations in teaching the phenomenological method: Challenging psychology students to "grasp at meaning" in human science research. *Qualitative Psychology, 5*(2), 207–227. https://doi.org/10.1037/qup0000116

Churchill, S. D., & Wertz, F. J. (2015). An introduction to phenomenological research in psychology: Historical, conceptual, and methodological contributions. In K. J. Schneider, J. F. Pierson, & J. F. T. Bugental (Eds.), *The handbook of humanistic psychology: Leading edges in theory, research, and practice* (pp. 275–296). Sage.

Cooper, H. (2020). *Reporting quantitative research in psychology: How to meet APA Style journal article reporting standards* (2nd ed. Rev. ed.). American Psychological Association. https://doi.org/10.1037/0000178-000

Creswell, J. W. (2013). *Research design: Qualitative, quantitative, and mixed methods approaches*. Sage.

Creswell, J. W. (2018). *Qualitative inquiry and research design: Choosing among five approaches* (4th ed.). SAGE Publications.

Creswell, J. W., Klassen, A. C., Clark, V. L. P., & Smith, K. C. (2011). *Best practices for mixed methods research in the health sciences.* Office of Behavioral and Social Sciences Research, National Institutes of Health. https://obssr.od.nih.gov/training/online-training-resources/mixed-methods-research/

Ditrano, C. J., & Silverstein, L. B. (2006). Listening to parents'voices: Participatory action research in the schools. *Professional Psychology: Research and Practice*, *37*(4), 359–366. https://doi.org/10.1037/0735-7028.37.4.359

Dixon-Woods, M., Cavers, D., Agarwal, S., Annandale, E., Arthur, A., Harvey, J., Hsu, R., Katbamna, S., Olsen, R., Smith, L., Riley, R., Sutton, A. J. (2006). Conducting a critical interpretive synthesis of the literature on access to healthcare by vulnerable groups. *BMC Medical Research Methodology*, *6*, Article 35. https://doi.org/10.1186/1471-2288-6-35

Eagly, A. H., & Riger, S. (2014). Feminism and psychology: Critiques of methods and epistemology. *American Psychologist*, *69*(7), 685–702. https://doi.

org/10.1037/a0037372

Elliott, R., Fischer, C. T., & Rennie, D. L. (1999). Evolving guidelines for publication of qualitative research studies in psychology and related fields. *British Journal of Clinical Psychology*, *38*(3), 215–229. https://doi.org/10.1348/014466599162782

Farrelly, S., & Lester, H. (2014). Therapeutic relationships between mental health service users with psychotic disorders and their clinicians: A critical interpretive synthesis. *Health & Social Care in the Community*, *22*(5), 449–460. https://doi.org/10.1111/hsc.12090

Fassinger, R. E. (2005). Paradigms, praxis, problems, and promise: Grounded theory in counseling psychology research. *Journal of Counseling Psychology*, *52*(2), 156–166. https://doi.org/10.1037/0022-0167.52.2.156

Fetters, M. D., & Freshwater, D. (2015). Publishing a methodological mixed methods research article. *Journal of Mixed Methods Research*, *9*(3), 203–213. https://doi.org/10.1177/1558689815594687

Fine, M. (2013). Echoes of Bedford: A 20-year social psychology memoir on participatory action research hatched behind bars. *American Psychologist*, *68*(8), 687–698. https://doi.org/10.1037/a0034359

Finfgeld-Connett, D. (2014). Use of content analysis to conduct knowledge-building and theory-generating qualitative systematic reviews. *Qualitative Research*, *14*(3), 341–352. https://doi.org/10.1177/1468794113481790

Fishman, D. B., & Westerman, M. A. (2011). A key role for case studies: Theory building. *Pragmatic Case Studies in Psychotherapy*, *7*(4), 434–439. https://doi.org/10.14713/pcsp.v7i4.1111

Freud, S. (1900). *The interpretation of dreams*. Norton.

Frost, D. M. (2011). Stigma and intimacy in same-sex relationships: A narrative approach. *Journal of Family Psychology*, *25*(1), 1–10. https://doi.org/10.1037/a0022374

Gallagher Tuleya, L. (2007). *Thesaurus of psychological index terms*. American Psychological Association.

Gelo, O. C. G., Pritz, A., & Rieken, B. (Eds.). (2015). *Psychotherapy research: Foundations, process and outcome*. Springer.

Gergen, K. J. (1973). Social psychology as history. *Journal of Personality and Social Psychology*, *26*(2), 309–320. https://doi.org/10.1037/h0034436

Gergen, K. J. (2014). Pursuing excellence in qualitative inquiry. *Qualitative Psychology*, *1*(1), 49–60. https://doi.org/10.1037/qup0000002

Gergen, K. J., Josselson, R., & Freeman, M. (2015). The promises of qualitative inquiry. *American Psychologist*, *70*(1), 1–9. https://doi.org/10.1037/a0038597

Gergen, M. M., & Gergen, K. J. (2012). *Playing with purpose: Adventures in performative social science*. Left Coast Press.

Gilligan, C. (1977). In a different voice: Women's conceptions of self and of morality. *Harvard Educational Review*, *47*(4), 481–517. https://doi.org/10.17763/haer.47.4.g6167429416hg5l0

Gilligan, C. (2015). The Listening Guide method of psychological inquiry. *Qualitative Psychology*, *2*(1), 69–77. https://doi.org/10.1037/qup0000023

Giorgi, A. (2009). *The descriptive phenomenological method in psychology: A modified Husserlian approach*. Duquesne University Press.

Glaser, B. G., & Strauss, A. L. (1967). *The discovery of grounded theory: Strategies for qualitative research*. Aldine.

Gomersall, T., & Madill, A. (2015). Chronotope disruption as a sensitizing concept for understanding chronic illness narratives. *Health Psychology*, *34*(4), 407–416. https://doi.org/10.1037/hea0000151

Gough, B., & Madill, A. (2012). Subjectivity in psychological science: From problem to prospect. *Psychological Methods*, *17*(3), 374–384. https://doi.org/10.1037/a0029313

Greene, J. C. (2007). *Mixed methods in social inquiry*. Wiley.

Griffith, A. N. (2016). Trajectories of trust within the youth program context. *Qualitative Psychology*, *3*(1), 98–119. https://doi.org/10.1037/qup0000049

Guba, E. G., & Lincoln, Y. S. (2005). Paradigmatic controversies, contradictions, and emerging confluences. In N. K. Denzin & Y. S. Lincoln (Eds.), *The Sage handbook of qualitative research* (pp. 191–215). Sage.

Hardison, H. G., & Neimeyer, R. A. (2012). Assessment of personal constructs: Features and functions of constructivist techniques. In P. Caputi, L. L. Viney, B. M. Walker, & N. Crittenden (Eds.), *Personal construct methodology* (pp. 3–51). John Wiley & Sons.

Harré, R. (1991). Metaphysics and methodology. In R. Jessor (Ed.), *Perspectives on behavioral science: The Colorado lectures* (pp. 19–33). Westview Press.

Haverkamp, B. E. (2005). Ethical perspectives on qualitative research in applied psychology. *Journal of Counseling Psychology*, *52*(2), 146–155. https://doi.org/10.1037/0022-0167.52.2.146

Hesse-Biber, S., & Griffin, A. F. (2015). Feminist approaches to multimethod and mixed methods research: Theory and praxis. In S. Hesse-Biber & R. B. Johnson (Eds.), *The Oxford handbook of multimethod and mixed methods research inquiry* (pp. 72–90). Oxford University Press. https://doi.org/10.1093/oxfordhb/9780199933624.001.0001

Hesse-Biber, S. N. (2010). *Mixed methods research: Merging theory with practice*. Guilford Press.

Hill, C. E. (2012). *Consensual qualitative research: A practical resource for investigating social science phenomena*. American Psychological Association.

Hoshmand, L. T. (2005). Narratology, cultural psychology, and counseling research. *Journal of Counseling Psychology*, *52*(2), 178–186. https://doi.org/10.1037/0022-0167.52.2.178

Husserl, E. (1977). *Phenomenological psychology: Lectures, summer semester, 1925* (J. Scanlon, Trans.). Martinus Nijhoff. (Original work published 1925) https://doi.org/10.1007/978-94-010-1083-2

Josselson, R. (2007). The ethical attitude in narrative research: Principles and practicalities. In D. J. Clandinin (Eds.), *Handbook of narrative inquiry: Mapping a methodology* (pp. 537–566). Sage. https://doi.

org/10.4135/9781452226552.n21

Josselson, R. (2013). *Interviewing for qualitative inquiry: A relational approach*. Guilford Press.

Josselson, R., Lieblich, A., & McAdams, D. P. (Eds.). (2007). *The meaning of others: Narrative studies of relationships*. American Psychological Association. https://doi.org/10.1037/11580-000

Kelly, G. A. (1955). *The psychology of personal constructs.* Norton.

Kidd, S. A., & Kral, M. J. (2005). Practicing participatory action research. *Journal of Counseling Psychology*, *52*(2), 187–195. https://doi.org/10.1037/0022-0167.52.2.187

Labov, W. (2006). Narrative pre-construction. *Narrative Inquiry*, *16*(1), 37–45. https://doi.org/10.1075/ni.16.1.07lab

Levitt, H. M. (1999). The development of wisdom: An analysis of Tibetan Buddhist experience. *Journal of Humanistic Psychology*, *39*(2), 86–104. https://doi.org/10.1177/0022167899392006

Levitt, H. M. (2015). Interpretation-driven guidelines for designing and evaluating grounded theory research: A constructivist–social justice approach. In O. C. G. Gelo, A. Pritz, & B. Rieken (Eds.), *Psychotherapy research: Foundations, process and outcome* (pp. 445–484). Springer.

Levitt, H. M. (2016). Qualitative approaches. In J. C. Norcross, G. R. VandenBos, D. K. Freedheim, & B. O. Olatunji (Eds.), *APA handbook of clinical psychology* (Vol. 2, pp. 335–348). American Psychological Association.

Levitt, H. M., Bamberg, M., Creswell, J. W., Frost, D. M., Josselson, R., & Suárez-Orozco, C. (2018). Journal article reporting standards for qualitative primary, qualitative meta-analytic, and mixed methods research in psychology: The APA Publications and Communications Board Task Force report. *American Psychologist*, *73*(1), 26–46. https://doi.org/10.1037/amp0000151

Levitt, H. M., Bamberg, M., Creswell, J. W., Frost, D. M., Josselson, R., Suárez-

Orozco, C., & APA Publications & Communications Board Qualitative Article Reporting Standards Working Group. (2016, August). *Qualitative reporting standards for research in psychology.* Poster session presented at the annual meeting of the American Psychological Association, Denver, CO.

Levitt, H. M., Butler, M., & Hill, T. (2006). What clients find helpful in psychotherapy: Developing principles for facilitating moment-to-moment change. *Journal of Counseling Psychology*, *53*(3), 314–324. https://doi.org/10.1037/0022-0167.53.3.314

Levitt, H. M., Gerrish, E., & Hiestand, K. (2003). The misunderstood gender: A model of modern femme identity. *Sex Roles*, *48*(3–4), 99–113. https://doi.org/10.1023/A:1022453304384

Levitt, H. M., Kannan, D., & Ippolito, M. R. (2013). Teaching qualitative methods using a research team approach: Publishing grounded theory projects with your class. *Qualitative Research in Psychology*, *10*(2), 119–139. https://doi.org/10.1080/14780887.2011.586101

Levitt, H. M., Motulsky, S. L., Wertz, F. J., Morrow, S. L., & Ponterotto, J. G. (2017). Recommendations for designing and reviewing qualitative research in psychology: Promoting methodological integrity. *Qualitative Psychology*, *4*(1), 2–22. https://doi.org/10.1037/qup0000082

Levitt, H. M., Pomerville, A., & Surace, F. I. (2016). A qualitative meta-analysis examining clients'experiences of psychotherapy: A new agenda. *Psychological Bulletin*, *142*(8), 801–830. https://doi.org/10.1037/bul0000057

Levitt, H. M., Pomerville, A., Surace, F. I., & Grabowski, L. M. (2017). Metamethod study of qualitative psychotherapy research on clients'experiences: Review and recommendations. *Journal of Counseling Psychology*, *64*(6), 626–644. https://doi.org/10.1037/cou0000222

Levitt, H. M., Surace, F. I., Wu, M. B., Chapin, B., Hargrove, J. G., Herbitter, C., … Hochman, A. L. (2018). *The meaning of scientific objectivity and subjectivity: From the perspective of methodologists.* Manuscript submitted for publication.

Levitt, H. M., & Ware, K. (2006). "Anything with two heads is a monster": Religious leaders'perspectives on marital equality and domestic violence. *Violence Against Women*, *12*(12), 1169–1190. https://doi.org/10.1177/1077801206293546

Levitt, H. M., & Williams, D. C. (2010). Facilitating client change: Principles based upon the experience of eminent psychotherapists. *Psychotherapy Research*, *20*(3), 337–352. https://doi.org/10.1080/10503300903476708

Lincoln, Y. S., & Guba, E. G. (1985). *Naturalistic inquiry*. Sage.

Madill, A. (2015a). Conversation analysis and psychotherapy process research. In O. C. G. Gelo, A. Pritz, & B. Rieken (Eds.), *Psychotherapy research: Foundations, process and outcome* (pp. 501–515). Springer.

Madill, A. (2015b). Let a thousand flowers bloom. *The Psychologist*, *28*, 656–658.

Madill, A., & Gough, B. (2008). Qualitative research and its place in psychological science. *Psychological Methods*, *13*(3), 254–271. https://doi.org/10.1037/a0013220

Madill, A., Widdicombe, S., & Barkham, M. (2001). The potential of conversation analysis for psychotherapy research. *The Counseling Psychologist*, *29*(3), 413–434. https://doi.org/10.1177/0011000001293006

Maslow, A. H. (1968). *Toward a psychology of being*. Van Nostrand Reinhold.

Maxwell, J. A. (1992). Understanding and validity in qualitative research. *Harvard Educational Review*, *62*(3), 279–300. https://doi.org/10.17763/haer.62.3.8323320856251826

Maxwell, J. A. (2010). Using numbers in qualitative research. *Qualitative Inquiry*, *16*(6), 475–482. https://doi.org/10.1177/1077800410364740

McCrudden, M. T., Stenseth, T., Bråten, I., & Strømsø, H. I. (2016). The effects of topic familiarity, author expertise, and content relevance on Norwegian students'document selection: A mixed methods study. *Journal of Educational Psychology*, *108*(2), 147–162. https://doi.org/10.1037/

edu0000057

McLeod, J. (2011). *Qualitative research in counseling and psychotherapy*. Sage.

McMullen, L. M. (2002). Learning the languages of research: Transcending illiteracy and indifference. *Canadian Psychology/Psychologie canadienne*, *43*(3), 195–204. https://doi.org/10.1037/h0086916

Meixner, C., & O'Donoghue, C. R. (2013). Accessing crisis intervention services after brain injury: A mixed methods study. *Rehabilitation Psychology*, *58*(4), 377–385. https://doi.org/10.1037/a0033892

Merriam, S. B. (2014). *Qualitative research: A guide to design and implementation* (3rd ed.). Wiley.

Mertens, D. M. (2010). Mixed methods and the politics of human research: The transformative–emancipatory perspective. In A. Tashakkori & C. Teddlie (Eds.), *Handbook of mixed methods in social and behavioral research* (2nd ed., pp. 135–164). Sage.

Minges, K. E., Owen, N., Salmon, J., Chao, A., Dunstan, D. W., & Whittemore, R. (2015). Reducing youth screen time: Qualitative metasynthesis of findings on barriers and facilitators. *Health Psychology*, *34*(4), 381–397. https://doi.org/10.1037/hea0000172

Morgan, D. L. (2007). Paradigms lost and pragmatism regained: Methodological implications of combining qualitative and quantitative methods. *Journal of Mixed Methods Research*, *1*(1), 48–76. https://doi.org/10.1177/2345678906292462

Morrow, S. L. (2005). Quality and trustworthiness in qualitative research in counseling psychology. *Journal of Counseling Psychology*, *52*(2), 250–260. https://doi.org/10.1037/0022-0167.52.2.250

Noblit, G., & Hare, R. (1988). *Meta-ethnography: Synthesizing qualitative studies*. Sage. https://doi.org/10.4135/9781412985000

O'Brien, B. C., Harris, I. B., Beckman, T. J., Reed, D. A., & Cook, D. A. (2014). Standards for reporting qualitative research: A synthesis of recommendations. *Academic Medicine*, *89*(9), 1245–1251. https://doi.

org/10.1097/ACM.0000000000000388

Onwuegbuzie, A. J. (2012). Introduction: Putting the MIXED back into quantitative and qualitative research in educational research and beyond: Moving toward the radical middle. *International Journal of Multiple Research Approaches*, *6*(3), 192–219. https://doi.org/10.5172/mra.2012.6.3.192

Osbeck, L. M. (2014). Scientific reasoning as sense making: Implications for qualitative inquiry. *Qualitative Psychology*, *1*(1), 34–46. https://doi.org/10.1037/qup0000004

Parker, I. (2004). Criteria for qualitative research in psychology. *Qualitative Research in Psychology*, *1*(2), 95–106. https://doi.org/10.1191/1478088704qp010oa

Parker, I. (2015). *Psychology after discourse analysis: Concepts, methods, critique*. Routledge.

Pascual-Leone, A., & Greenberg, L. S. (2007). Emotional processing in experiential therapy: Why "the only way out is through." *Journal of Consulting and Clinical Psychology*, *75*(6), 875–887. https://doi.org/10.1037/0022-006X.75.6.875

Paterson, B. L., Thorne, S., Canam, C., & Jillings, C. (2001). *Meta-study of qualitative health research: A practice guide to meta-analysis and meta-synthesis*. Sage. https://doi.org/10.4135/9781412985017

Patton, M. J. (2015). *Qualitative research and evaluation methods: Integrating theory and practice* (4th ed.). Sage.

Pea, R. D. (1993). Learning scientific concepts through material and social activities: Conversational analysis meets conceptual change. *Educational Psychologist*, *28*(3), 265–277. https://doi.org/10.1207/s15326985ep2803_6

Phillips, B. N., Kaseroff, A. A., Fleming, A. R., & Huck, G. E. (2014). Work-related social skills: Definitions and interventions in public vocational rehabilitation. *Rehabilitation Psychology*, *59*(4), 386–398. https://doi.org/10.1037/rep0000011

Polkinghorne, D. E. (1988). *Narrative knowing and the human sciences*. State University of New York Press.

Ponterotto, J. G. (2005a). Integrating qualitative research requirements into professional psychology training programs in North America: Rationale and curriculum model. *Qualitative Research in Psychology*, *2*(2), 97–116. https://doi.org/10.1191/1478088705qp035oa

Ponterotto, J. G. (2005b). Qualitative research in counseling psychology: A primer on research paradigms and philosophy of science. *Journal of Counseling Psychology*, *52*(2), 126–136. https://doi.org/10.1037/0022-0167.52.2.126

Ponterotto, J. G. (2005c). Qualitative research training in counseling psychology: A survey of directors of training. *Teaching of Psychology*, *32*, 60–62.

Ponterotto, J. G. (2006). Brief note on the origins, evolution, and meaning of the qualitative research concept "thick description."*Qualitative Report*, *11*, 538–549.

Potter, J., Edwards, D., & Wetherell, M. (1993). A model of discourse in action. *American Behavioral Scientist*, *36*(3), 383–401. https://doi.org/10.1177/0002764293036003008

Potter, J., & Wetherell, M. (1987). *Discourse and social psychology*. Sage.

Prilleltensky, I. (1989). Psychology and the status quo. *American Psychologist*, *44*(5), 795–802. https://doi.org/10.1037/0003-066X.44.5.795

Rennie, D. L. (1995). On the rhetorics of social science: Let's not conflate natural science and human science. *The Humanistic Psychologist*, *23*(3), 321–332. https://doi.org/10.1080/08873267.1995.9986833

Rennie, D. L. (2012). Qualitative research as methodical hermeneutics. *Psychological Methods*, *17*(3), 385–398. https://doi.org/10.1037/a0029250

Richardson, L. (1994). Writing: A method of inquiry. In N. K. Denzin & Y. S. Lincoln (Eds.), *Handbook of qualitative research* (pp. 516–529). Sage.

Ricoeur, P. (1984). *Time and narrative* (Vol. 1, K. McLaughlin & D. Pellauer, Trans.). University of Chicago Press.

Rihacek, T., & Danelova, E. (2016). The journey of an integrationist: A grounded theory analysis. *Psychotherapy*, *53*(1), 78–89. https://doi.org/10.1037/

pst0000040

Riley, S. C. E., Sims-Schouten, W., & Willig, C. (2007). The case for critical realist discourse analysis as a viable method in discursive work. *Theory & Psychology*, *17*(1), 137–145. https://doi.org/10.1177/0959354307073156

Rubin, J. D., Bell, S., & McClelland, S. I. (2017). Graduate education in qualitative methods in U.S. psychology: Current trends and recommendations for the future. *Qualitative Research in Psychology*, *15*(1), 29–50. https://doi.org/10.1080/14780887.2017.1392668

Sandelowski, M., & Barroso, J. (2007). *Handbook for synthesizing qualitative research*. Springer.

Shadish, W. R. (1995). Philosophy of science and the quantitative–qualitative debates: Thirteen common errors. *Evaluation and Program Planning*, *18*(1), 63–75. https://doi.org/10.1016/0149-7189(94)00050-8

Shelton, K., & Delgado-Romero, E. A. (2011). Sexual orientation microaggressions: The experience of lesbian, gay, bisexual, and queer clients in psychotherapy. *Journal of Counseling Psychology*, *58*(2), 210–221. https://doi.org/10.1037/a0022251

Small, M. L. (2011). How to conduct a mixed methods study: Recent trends in a rapidly growing literature. *Annual Review of Sociology*, *37*, 57–86. https://doi.org/10.1146/annurev.soc.012809.102657

Smith, J. A. (2004). Reflecting on the development of interpretive phenomenological analysis and its contribution to qualitative research in psychology. *Qualitative Research in Psychology*, *1*, 39–54.

Smith, J. A., Flowers, P., & Larkin, M. (2009). *Interpretive phenomenological analysis: Theory, method and research*. Sage.

Smith, J. A., Spiers, J., Simpson, P., & Nicholls, A. R. (2017). The psychological challenges of living with an ileostomy: An interpretative phenomenological analysis. *Health Psychology*, *36*(2), 143–151. https://doi.org/10.1037/hea0000427

Staller, K. M. (2013). Epistemological boot camp: The politics of science and what every qualitative researcher needs to know to survive in the academy. *Qualitative Social Work: Research and Practice*, *12*(4), 395–413. https://doi.org/10.1177/1473325012450483

Steinberg, S. R., & Cannella, G. S. (2012). *Critical qualitative research reader*. Peter Lang.

Stiles, W. B. (1993). Quality control in qualitative research. *Clinical Psychology Review*, *13*(6), 593–618. https://doi.org/10.1016/0272-7358(93)90048-Q

Suárez-Orozco, C., Gaytán, F. X., Bang, H. J., Pakes, J., O'Connor, E., & Rhodes, J. (2010). Academic trajectories of newcomer immigrant youth. *Developmental Psychology*, *46*(3), 602–618. https://doi.org/10.1037/a0018201

Sue, D. W., & Sue, D. (2013). *Counseling the culturally diverse: Theory and practice* (6th ed.). John Wiley & Sons.

Suzuki, L. A., Ahluwalia, M. K., Mattis, J. S., & Quizon, C. A. (2005). Ethnography in counseling psychology research: Possibilities for application. *Journal of Counseling Psychology*, *52*(2), 206–214. https://doi.org/10.1037/0022-0167.52.2.206

Tashakkori, A., & Teddlie, C. (2010). *Sage handbook of mixed methods research in social and behavioral research* (2nd ed.). Sage.

Tong, A., Sainsbury, P., & Craig, J. (2007). Consolidated Criteria for Reporting Qualitative Research (COREQ): A 32-item checklist for interviews and focus groups. *International Journal of Qualitative Health Care*, *19*(6), 349–357. https://doi.org/10.1093/intqhc/mzm042

Walsh, R. G. (2015). Making discursive space in psychology for qualitative reportwriting. *Qualitative Psychology*, *2*(1), 29–49. https://doi.org/10.1037/qup0000020

Wanat, M., Boulton, M., & Watson, E. (2016). Patients'experience with cancer recurrence: A meta-ethnography. *Psycho-Oncology*, *25*(3), 242–252. https://doi.org/10.1002/pon.3908

Wendt, D. C., & Gone, J. P. (2012). Decolonizing psychological inquiry in

American Indian communities: The promise of qualitative methods. In D. K. Nagata, L. Kohn-Wood, & L. A. Suzuki (Eds.), *Qualitative strategies for ethnocultural research* (pp. 161–178). American Psychological Association. https://doi.org/10.1037/13742-009

Wertz, F. J. (2005). Phenomenological research methods for counseling psychology. *Journal of Counseling Psychology*, *52*(2), 167–177. https://doi.org/10.1037/0022-0167.52.2.167

Wertz, F. J. (2014). Qualitative inquiry in the history of psychology. *Qualitative Psychology*, *1*(1), 4–16. https://doi.org/10.1037/qup0000007

Wertz, F. J. (2015). Phenomenology: Methods, historical development, and applications in psychology. In J. Martin, J. Sugarman, & K. L. Slaney (Eds.), *The Wiley handbook of theoretical and philosophical psychology: Methods, approaches, and new directions for social sciences* (pp. 85–101). John Wiley & Sons. https://doi.org/10.1002/9781118748213.ch6

Wertz, F. J., Charmaz, K., McMullen, L., Josselson, R., Anderson, R., & McSpadden, E. (2011). *Five ways of doing qualitative analysis: Phenomenological psychology, grounded theory, discourse analysis, narrative research, and intuitive inquiry*. Guilford Press.

Williams, E. N., & Morrow, S. L. (2009). Achieving trustworthiness in qualitative research: A pan-paradigmatic perspective. *Psychotherapy Research*, *19*(4–5), 576–582. https://doi.org/10.1080/10503300802702113

Wolcott, H. F. (2008). *Ethnography: A way of seeing* (2nd ed.). AltaMira Press.

Yin, R. K. (2014). *Case study research design and methods* (5th ed.). Sage.

Zimmer, L. (2006). Qualitative meta-synthesis: A question of dialoguing with texts. *Journal of Advanced Nursing*, *53*(3), 311–318. https://doi.org/10.1111/j.1365-2648.2006.03721.x

찾아보기

인명

내용

저자 소개

Heidi M. Levitt 박사는 매사추세츠대학교 보스턴 캠퍼스 심리학과의 임상심리학 전공 교수이다. 그녀는 질적 연구를 위한 학술지 논문 보고 기준에 관한 미국심리학회(APA) 출판 및 커뮤니케이션 위원회의 워킹 그룹(JARS-Qual Working Group; Levitt et al., 2018)의 의장을 지냈다. 2017년부터 2018년까지는 미국심리학회 제5분과인 양적 및 질적 방법 분과 소속인 심리학 질적 탐구 학회(Society for Qualitative Inquiry in Psychology: SQIP)의 회장을 역임하였다. 또한 질적 연구의 설계 및 심사를 위한 권장 사항에 관한 백서를 개발하기 위하여 SQIP 특별전문위원회의 의장을 맡았으며, 『Qualitative Psychology and Psychotherapy Research』 학술지의 부편집위원장을 역임하였다. 그녀는 APA Division 5(Quantitative and Qualitative Methods), Division 29(Society for Advancement of Psychotherapy), Division 32(Humanistic Psychology), Division 44(Society for the Psychology of Sexual Orientation and Gender Diversity)의 펠로우이기도 하다.

역자 소개

박승민

서울대학교 대학원 교육학과에서 교육상담 전공으로 박사학위 취득 후, 현재 숭실대학교 기독교학과 상담심리 전공 교수로 재직 중이다.

심리상담 전문가로서 상담과 교육, 연구의 자리에서 살고 있으며, 상담자로서 내담자와 함께 인생 이야기 속 삶의 지혜를 탐구할 때, 그리고 교수로서 학부생 및 대학원생들과 함께 수업하고 공부할 때 보람과 행복을 느낀다. 박사논문 주제를 연구하기 위해 접한 질적 연구방법론에 깊은 매력을 느껴, 지금까지 다양한 질적 연구를 수행하고 다수의 논문을 학술지에 게재하였다. 상담학을 비롯한 사회과학 분야의 국내 연구자들이 보다 쉽고 명료하게 질적 연구방법을 배우고 이해하도록 돕는 것에 관심을 두고, 워크숍과 세미나 등 교육에 매진하고 있다. 한국상담학회와 한국상담심리학회, 한국질적탐구학회 정회원으로서 다양한 학술 활동에 꾸준히 참여하고 있으며, 한국상담학회의 법인이사 및 분과학회인 심리치료상담학회 회장을 역임하였다.

APA 출판 매뉴얼 7판에 맞춘 개정판

APA 스타일로
질적 연구 논문 작성하기

Reporting Qualitative Research in Psychology:
How to Meet APA Style Journal Article Reporting Standards, Revised Edition

2026년 1월 10일 1판 1쇄 인쇄
2026년 1월 15일 1판 1쇄 발행

지은이 • Heidi M. Levitt
옮긴이 • 박승민
펴낸이 • 김진환
펴낸곳 • (주) 학지사
04031 서울특별시 마포구 양화로 15길 20 마인드월드빌딩
대 표 전 화 • 02)330-5114 팩스 • 02)324-2345
등 록 번 호 • 제313-2006-000265호

홈 페 이 지 • http://www.hakjisa.co.kr
인스타그램 • https://www.instagram.com/hakjisabook

ISBN 978-89-997-3580-6 93370

정가 20,000원